国家社科基金项目"构建和谐劳动关系的司法保障研究"

（项目编号：14BFX099）的最终研究成果

构建和谐劳动关系的司法保障研究

GOUJIAN HEXIE LAODONG GUANXI DE
SIFA BAOZHANG YANJIU

刘焱白　著

湖南大学出版社·长沙

内 容 简 介

司法是参与构建和谐劳动关系工作机制的重要力量，因而建立保障和谐劳动关系的公正高效司法审判制度至关重要。本书分为四个部分。首先，论述了劳动争议司法最终处理原则这一关乎劳动关系司法保障的地位问题。其次，通过建立劳动关系司法保障社会评估指标并对现有司法审判质效进行评价，分析了我国劳动关系司法保障的实践效果。再次，以劳动争议司法裁判标准为中心论述了劳动法律的正确适用问题。最后，通过对裁审关系、司法调解、小额速裁、智能裁判等问题的论述，探讨了公正高效的劳动关系司法保障制度的构建。

图书在版编目（CIP）数据

构建和谐劳动关系的司法保障研究/刘焱白著.—长沙：湖南大学出版社，2021.3

（百家文库）

ISBN 978-7-5667-2086-3

Ⅰ.①构… Ⅱ.①刘… Ⅲ.①劳动关系—劳动法—研究—中国 Ⅳ.①D922.504

中国版本图书馆 CIP 数据核字（2020）第 241031 号

构建和谐劳动关系的司法保障研究
GOUJIAN HEXIE LAODONG GUANXI DE SIFA BAOZHANG YANJIU

著　　者：刘焱白
责任编辑：谌鹏飞
印　　装：广东虎彩云印刷有限公司
开　　本：710 mm×1000 mm　1/16　印张：17.25　字数：310 千
版　　次：2021 年 3 月第 1 版　印次：2021 年 3 月第 1 次印刷
书　　号：ISBN 978-7-5667-2086-3
定　　价：68.00 元

出 版 人：李文邦
出版发行：湖南大学出版社
社　　址：湖南·长沙·岳麓山　　邮　编：410082
电　　话：0731-88822559（营销部），88821691（编辑室），88821006（出版部）
传　　真：0731-88822264（总编室）
网　　址：http://www.hnupress.com
电子邮箱：presschenpf@163.com

引　言

　　劳动关系是最重要的社会关系之一。劳动关系不和谐、不稳定，则社会关系不和谐、不稳定，对整个社会经济发展也将极具负面影响。当前，我国经济社会仍处于转型期，在从传统社会向现代社会转变的过程中，社会经济结构在领域、区域、阶层、组织、利益和观念上都发生了迅速的分化，劳动关系的主体及其利益诉求越来越多元化，再加上新一轮科技革命和产业变革不断深入，数字经济、共享经济等新业态蓬勃发展，企业组织形式、管理模式、运作方式及用工方式等发生了深刻变化，劳动关系的确立与运行、劳动者权益的维护和保障等面临许多新情况和新问题，劳动关系矛盾凸显，劳动争议案件居高不下。这些都从根本上影响了和谐劳动关系的构建。

　　和谐劳动关系的构建，是一项社会系统工程，需要全社会的通力合作。中共中央、国务院在《关于构建和谐劳动关系的意见》（2015）中指出，应当在党和政府领导下，本着以人为本、依法构建、共建共享、改革创新的原则，从各方面建立工作机制，力促和谐劳动关系的建立。主要措施包括：一是加强调整劳动关系的法律、体制、制度、机制和能力建设；二是加快健全党委领导、政府负责、社会协同、企业和职工参与、法治保障的工作体制；三是加快形成源头治理、动态管理、应急处置相结合的工作机制；四是有效预防和化解劳动关系矛盾。通过这些举措，实现劳动用工更加规范，职工工资合理增长，劳动条件不断改善，职工安全健康得到切实保障，社会保险全面覆盖，人文关怀日益加强，建立规范有序、公正合理、互利共赢、和谐稳定的劳动关系。

　　司法是全面参与构建和谐劳动关系工作机制的重要力量，尤其是在化解劳动关系矛盾方面，在构建和谐劳动关系中发挥着积极作用。司法是国家权力机关通过适用法律解决社会领域纠纷的活动，是国家提供给争议双方当事人用非武力解决争议的手段，是公力救济的一种方法。① 在劳动关系的运行中，劳动争议的发生不可避免，要维护劳动关系的和谐稳定，需要建立高效便捷的纠纷解决机制或采取有效的途径。劳资双方虽然可以通过自行协商、社会调解、行政处理等方式解决纠纷，但如果这些途径仍然不能让纠纷平息，司法审判就成为最终的必然选择。因此，司法审判作为劳动关系矛盾的最终处理手段，在劳动关系领域的风险防范化解以及维护劳动关系的和谐稳定方面处于不可替代的地位。

作为最终处理手段的司法审判能否让劳动争议定分止争，还有赖于司法审判机制是否公正高效。只有建立了公正高效、运行良好的审判机制，才能依法有效化解各类劳动争议，才能让劳资双方，尤其是劳动者，感受到公平正义，从而使得劳动争议平息，恢复劳动关系的和谐稳定。然而，劳动争议审判中面临诸多问题，例如，案多人少、裁审不衔接、法律法规政策繁杂且不配套不统一、同案不同判现象严重，而便民的诉讼机制尚付阙如。如何才能在劳动争议审判中实现公正高效，如何才能提高党的十八届四中全会在《全面推进依法治国若干重大问题的决定》中所指出的司法公信力，如何才能保障每一个劳动争议案件的实体公正和程序公正，如何才能在保障公正的前提下实现更高的审判效率，需要我们对此予以深入系统的研究。这种系统研究，既可以拓展和丰富劳动关系司法保障机制的理论研究，也可以为建立保障劳动关系的公正高效的司法审判制度提供强有力的智力支持和政策指导。

本书从司法保障的角度切入，采取"由点揭面、点面结合"的方法，对当前我国构建和谐劳动关系司法保障进行系统研究，揭示我国和谐劳动关系司法保障的共通性理论基础与制度选择之路径。本书的主要写作方法和主要理论思路如下：首先，通过文献梳理和理论分析方法，总结境内外经验，搭建和谐劳动关系司法保障的基本理论框架；其次，立足司法审判实践，对我国劳动争议审理情况进行实证调查并做出量化分析，采取后果取向法、价值导向分析法、比较分析法等方法，探寻我国劳动关系司法保障的实效，分析其优劣和内外成因；最后，既充分运用劳动法、诉讼法、行政法等部门法学相结合的交叉研究方法，又采用跨学科、综合性、实证性的研究方法，并通过一般原理和规则研究与类型化个案研究相结合的方式，探索设计符合现实国情的公正高效的司法保障的具体制度，对制度设计的必要性、可行性、合理性、有效性进行分

---

① 关于司法的定义，有广义与狭义之说。广义说认为，司法是指国家相关机关运用国家法律解决争议的行为，主要包括审判机关、检察机关。狭义说则认为，司法是指享有国家司法权的审判机关对争议做出判决的活动。本书取狭义，仅将司法定位为法院的审判活动。

析和论证。

　　本书力求适应劳动关系变化新趋势，及时研判劳动关系司法审判的新动向、新特征和新问题，对司法审判作为处理劳动争议的最终机制的地位问题、社会保险争议的司法处理问题、群体劳动争议司法处理问题、小微企业劳动关系的差别化司法保障问题、司法审判与劳动监察的关系问题、劳动争议裁审衔接问题、劳动争议司法裁判尺度统一问题、劳动争议司法调解机制构建问题、劳动争议小额速裁机制问题、劳动争议诉讼中电子证据的认定问题、智慧法院下劳动争议智能裁判问题等进行了专门研究，形成了具有一定创新性的理论体系、学术观点与政策建议，从而有助于积极化解劳动关系矛盾、保障和谐劳动关系的司法审判制度的构建。

　　当然，构建和谐劳动关系司法保障是一个复杂而庞大的系统工程，其复杂程度和需要研究的内容之丰富远非本书所能囊括。限于篇幅，本书仅能择其重点予以阐述，不可避免会留下一些遗憾。再者，某些观点尚待认真锤炼，个别论证不够充分缜密，笔者希望今后能够进一步拓宽视野，在该领域深入研究下去。

目　次

第一编　司法保障在构建和谐劳动关系中的地位

第一章　劳动争议司法最终处理原则的确立 …………………………… 2

一、劳动争议解决机制的多元化 ………………………………………… 2

二、劳动争议司法最终处理原则的含义 ………………………………… 4

三、确立劳动争议司法最终处理原则的意义 …………………………… 5

第二章　社会保险争议的可诉性研究 …………………………………… 9

一、社会保险法律关系及其所生争议 …………………………………… 9

二、社会保险争议处理的不同观点与做法 ……………………………… 11

三、社会保险争议行政处理与司法处理的比较 ………………………… 19

四、社会保险争议处理的制度设计 ……………………………………… 22

第三章　群体劳动争议的司法处理探析 ………………………………… 24

一、群体劳动争议的定义与特征 ………………………………………… 24

二、群体劳动争议多发的原因分析 ……………………………………… 28

三、群体劳动争议处理的总体思路 ……………………………………… 33

四、群体劳动争议处理模式的选择 ……………………………………… 37

第四章　劳动监察与司法处理关系之探究 ……………………………… 43

一、劳动监察的优缺点 …………………………………………………… 43

二、劳动监察与司法处理的重合 ………………………………………… 46

三、劳动监察与司法处理的冲突 ………………………………………… 49

四、劳动监察与司法处理的协调 ………………………………………… 51

第二编　劳动关系司法保障的实践效果

第五章　劳动争议审判质效的社会评价 ……………………… 56

　一、法院内部审判质效的评价标准及其分析 ………………… 56

　二、本书对调研评价指标的选择 …………………………… 61

　三、调研结果 ………………………………………………… 65

　四、简要结论 ………………………………………………… 77

第六章　劳动者追索加班工资争议的司法实践调查 ……… 80

　一、调查范围与方式 ………………………………………… 80

　二、基本情况 ………………………………………………… 80

　三、简要评析 ………………………………………………… 90

第七章　劳动规章制度效力审查的司法实践调查 ………… 94

　一、调查范围与方式 ………………………………………… 94

　二、基本情况 ………………………………………………… 95

　三、简要评析 ………………………………………………… 103

第三编　司法审判中对劳动法律的正确适用

第八章　劳动争议司法裁判标准统一问题研究 …………… 108

　一、司法裁判标准统一的含义 ……………………………… 108

　二、劳动争议司法裁判标准统一的必要性 ………………… 110

　三、劳动争议"同案不同判"的原因分析 ………………… 112

　四、劳动争议司法裁判标准统一机制的构建 ……………… 115

第九章　用人单位违法解雇赔偿金责任的司法认定 ……… 120

　一、问题的提出 ……………………………………………… 120

　二、违法解雇赔偿金的功能重塑 …………………………… 121

　三、违法解雇赔偿金的数额确定 …………………………… 126

　四、违法解雇赔偿金的适用限制 …………………………… 134

第十章　用人单位年休假民事责任的司法认定 …………… 137

　一、问题的提出 ……………………………………………… 137

二、用人单位年休假民事责任制度的缺陷 ·············· 139

三、用人单位年休假民事责任制度的完善 ·············· 145

第十一章　小微企业劳动关系的差别化司法保障研究 ·············· 154

一、问题的提出 ·············· 154

二、国外劳动法调整模式的比较研究 ·············· 155

三、我国小微企业劳动关系劳动法调整模式的选择 ·············· 160

四、差别调整模式的两难困局及其破解 ·············· 162

五、完善我国劳动法调整模式的进路 ·············· 165

第四编　公正高效的劳动关系司法保障制度的构建

第十二章　我国劳动争议裁审关系研究 ·············· 172

一、对我国劳动争议裁审关系的质疑 ·············· 172

二、我国劳动争议仲裁的存在价值 ·············· 175

三、我国劳动争议裁审关系的定位 ·············· 177

四、构建新型裁审关系的具体制度设计 ·············· 181

第十三章　劳动争议司法调解制度研究 ·············· 193

一、劳动争议司法调解概述 ·············· 193

二、劳动争议司法调解的重要意义 ·············· 196

三、我国劳动争议司法调解的现状与问题 ·············· 198

四、我国劳动争议司法调解制度的完善 ·············· 204

第十四章　繁简分流下劳动争议小额速裁机制研究 ·············· 213

一、劳动争议小额速裁的界定 ·············· 213

二、劳动争议小额速裁的意义 ·············· 215

三、劳动争议小额速裁的司法实践 ·············· 217

四、劳动争议小额速裁机制的缺陷分析 ·············· 220

五、劳动争议小额速裁机制的完善 ·············· 223

第十五章　劳动争议诉讼中电子证据的认定 ·············· 230

一、劳动争议诉讼中电子证据认定的现状与问题 ·············· 230

二、劳动争议诉讼中电子证据真实性的采信规则 ·············· 232

三、劳动争议诉讼中电子证据关联性的采信规则 ·············· 236

四、第三方电子证据存证平台的适用 …………………………………… 239

第十六章　智慧法院下劳动争议智能裁判研究 …………………… 243

一、劳动争议智能裁判的司法实践 ……………………………………… 243

二、智能裁判对劳动争议司法处理的重要意义 ………………………… 247

三、劳动争议智能裁判存在的问题 ……………………………………… 253

四、劳动争议智能裁判的完善建议 ……………………………………… 256

结　论 ………………………………………………………………… 260

一、劳动关系司法保障的地位 …………………………………………… 260

二、劳动关系司法保障的实践效果 ……………………………………… 261

三、司法审判中对劳动法律的正确适用 ………………………………… 261

四、公正高效的劳动关系司法保障制度的构建 ………………………… 262

第一编

司法保障在构建和谐劳动关系中的地位

第一章 劳动争议司法最终处理原则的确立

法谚道:"有权利必有救济。"司法救济是最为重要的争议解决方式之一。司法最终处理原则,是现代司法的一项基本原则,其意指任何争议都可经由当事人诉诸司法机关予以处理,且这种司法处理具有最终的效力,当事人不可再通过其他第三方对纠纷予以裁断。

作为最重要的社会关系之一,劳动关系的运行不可能总是和谐稳定的,劳动争议的发生实属正常。对于劳动争议的双方当事人,除了允许他们自力解决纠纷之外,设置其他有效的解决纠纷的途径或渠道,是维护劳动关系和谐稳定的关键,尤其是需要树立任何劳动争议皆须通过司法予以最终裁断的原则,即确立劳动争议的司法最终解决原则或司法最终处理原则。

一、劳动争议解决机制的多元化

在社会运行中必然存在各种矛盾纠纷,需要多元化的纠纷解决机制。在劳动关系领域,也一直存在诸多纠纷,尤其是当前社会经济转型导致劳动关系各类主体及其利益诉求愈发多样化且日益呈现对立和冲突,劳资内部矛盾多发且显性,劳动纠纷常年居高不下。因而,亟须建立多元化的劳动纠纷解决机制。主要如下:

第一,劳资双方自力救济机制。所谓自力救济,就是劳动争议双方当事人依靠自己的力量寻求纠纷的解决,主要就是自行协商和解,无须第三方的介入,也无须受制于任何程序性或实体性的规定。

第二,劳动争议社会调解机制。所谓社会调解,即由第三方组织或个人居中协调,依据一定的道德和法律规范,促使劳资双方当事人在互谅互让的基础上,达成解决纠纷的协议。社会调解主体范围较为广泛,主要有企业内设的劳动争议调解组织、人民调解委员会、司法所、工会、街道或居委会等。在中共中央、国务院《关于构建和谐劳动关系的意见》（2015）中，明确提出的坚持预防为主、基层为主、调解为主的处理劳动纠纷的工作方针，就是强调劳动争议社会调解机制的建设。该意见要求，健全各类调解机制的建设，包括建立人民调解、行政调解、仲裁调解、司法调解的联动工作体系，充分发挥协商、调解在处理劳动争议中的基础性作用。企业劳动争议调解委员会，乡镇（街道）、村（社区）劳动争议调解组织，依托工会、商（协）会的行业性、区域性劳动争议调解组织，是建设的重点。尤其是工会、资方组织与政府的三方协商机制，是有效调处因签订集体合同而发生的争议和集体停工事件的较好方式。

第三，劳动争议行政救济机制。所谓行政救济，就是在劳资双方向相关行政部门申诉的情况下，由相关行政部门依据职权来裁断劳动纠纷，保障当事人的合法权益。目前，我国劳动争议行政救济主要有三种类型：一是劳动行政部门救济。劳动者在权益受损后，直接向劳动行政部门投诉并要求其进行处理。劳动行政部门会查明用人单位违法事实，并对违法的用人单位进行行政处罚，要求其承担行政责任。同时，要求用人单位赔偿劳动者的损失。对于违反劳动合同、劳动基准的一般性违法活动，诸如非法用工、使用童工、强迫劳动、拒不支付劳动报酬等，由劳动监察依据职权予以查处；而对于违反社会保险的特殊违法活动，由社保经办机构依据职权予以查处。二是信访部门救济。所谓信访，本是"人民来信来访"的简称。根据国务院于 2005 年颁布的《信访条例》的规定，信访是指公民、法人或者其他组织采用书信、电子邮件、传真、电话、走访等形式，向各级人民政府、县级以上人民政府工作部门反映情况，提出建议、意见或者投诉请求，依法由有关行政机关处理的活动。也就是说，信访部门为行政部门，但不限于哪个具体部门，其根据申诉的事项而定。在地方政府中，还专设了信访接待部门，作为协调信访事宜和向相关行政部门转送信访的行政部门。劳动争议当事人也常常通过信访方式寻求救济。有一些劳动争议本来已经进入诉讼程序，或者已经经过司法机关的裁断，但一些劳动者仍然不满意司法机关的作为或裁断结果，转而向党政机关投诉，希望获得诉讼程序之外的处理结果。甚至一些劳动者因为诉求相同或类似，还抱团维权，共同通过信访投诉方式向党政机关施压。三是党政领导牵头并联合各相关行政部门以及社团组织（工会、企业家联合会、工商联等），共同处理劳动争议。这是一种应急处置方式，主要针对那些社会影响较大的群体性劳动纠纷，且由多部门联合参与，容易形成应急处置的工作合力。

第四，劳动争议司法救济机制。通过诉讼方式解决劳动争议，即为司法救济。这是一种公力救济，需要通过国家强制力保障的司法机关的裁决解决纠纷，在劳动争议处理的各种方式中，这种救济方式在正规性、权威性和有效性上是最好的。当然，在劳动争议处理中，如需获得司法救济，还需历经劳动争议仲裁这一前置程序，因而司法救济有别于其他的争议救济，在劳动争议司法救济中，劳动争议仲裁有其独特的地位。原本仲裁是一种社会救济手段，是当事人依据自愿原则将其纠纷交由仲裁机构居中裁决，但在劳动争议处理中，裁审连在一起，没有仲裁就没有后续的司法审判，即只有经过劳动争议仲裁，当事人不满意才可向法院提起诉讼，且裁审的各自程序、标准、后果基本上都差异不大。因而，劳动争议仲裁具有了准司法的性质。

二、劳动争议司法最终处理原则的含义

在这些纠纷化解机制中，司法处理应为最终手段。即"所有涉及个人自由、财产、隐私甚至生命的事项，不论是属于程序性的还是实体性的，都必须由司法机构通过亲自'听审'或者'聆讯'做出裁判，而且这种程序性裁判和实体性裁判具有最终的权威性"[1]。也就是说，一切纠纷，不管是否因适用法律而引发，皆可由法院通过司法程序即诉讼程序进行裁决，且法院对于纠纷的裁决是最终的裁决。[2] 因此，司法最终处理原则的本质或核心就是，对于任何争议，司法裁判机关都可行使其最终的解决权，且所有进入司法程序并经过裁判的争议处理结果都具有终局性，非经法定程序不得变更或撤销，也不得另行处理。[3]

司法最终处理原则的含义具体如下：一是确立司法最终处理权。一旦发生争议，当事人可以循各种途径或机制解决，但无论已经采取了何种救济机制，也无论该纠纷是否已被化解，以及当事人是否已经达成和解协议，当事人都可要求司法机关予以最终处理。例如，劳动者权益受到侵害，即便劳动监察已经进行了处理，如果劳动者对处理结果不满意，仍然可以向司法机关申请仲裁或诉讼，由法院作出最终处理。不能以任何理由，尤其是以已经过社会救济、行政救济了，从而替代或排斥司法救济，导致当事人不能获得司法的最终救济。确立司法最终处理权，对于劳动者的救济权利而言意义重大，只有完整的救济机制，才可能最大限度地保障劳动者的权益。二是赋予司法裁判的终极效力。

---

① 陈瑞华：《刑事诉讼的前沿问题》，中国人民大学出版社 2000 年版，第 225 页。
② 宋炉安：《司法最终权——行政诉讼引发的思考》，载《行政法学研究》1999 年第 4 期。
③ 程琥：《司法最终原则与涉法涉诉信访问题法治化解决》，载《人民司法》2015 年第 5 期。

必须确立一个最终的权威处理方式，否则，争议可能永远都无法得到妥善处理。司法处理具有最高的权威性和公信力，其执行亦是由国家强制力作为保障的，因而确立司法处理的最高效力，赋予司法处理作为整个社会的最终稳定器的地位，实属必要。虽然当事人可以选择多种救济机制来维护自己的权益，亦可在一种救济方式结束后再寻其他的救济方式，但一旦争议经过司法裁判，则此司法裁判即为最终的处理结果。司法机关遵循既定规则和程序解决纠纷，一经作出确定的裁判，处理程序即宣告终结。非依法律明确规定并经法定程序，任何主体或任何机构不得忽视司法裁判的终局效力，而针对同一争议另行向其他机构申诉，其他机构也不得对同一争议再作出处理。一旦其他机构受理审查已经生效的司法裁判，事实上就侵犯了司法最终解决权。当事人必须尊重生效的司法裁判，除非符合申请再审的法定情形，否则不得反复申请再审。①

三、确立劳动争议司法最终处理原则的意义

作为现代法治国家普遍确立和实行的基本法律原则，也是权利救济的基本模式，司法最终处理原则应适用于任何争议，包括劳动争议。而且，劳动争议的司法最终处理具有特殊意义。理由主要如下。

第一，司法最终处理成为劳动关系主体利益的最终调节器。作为最重要的社会关系，劳动关系的和谐稳定决定着社会的和谐稳定，劳动关系不和谐、不稳定就意味着社会的不和谐、不稳定。当前，市场经济体制改革下，社会结构分层及分化明显，社会利益关系也日趋复杂，导致劳动关系主体的利益也不断出现分化与冲突。过往的那种以行政支配为主的管控手段已经让位于市场化的利益调节手段。市场经济下各主体的利益定然是不一致的，因而利益调节是市场经济下各主体的利益协调与衡平的基础。如果缺乏有效的利益调节手段，就意味着各主体的利益的对立与冲突难以协调，将不可避免导致社会秩序受到破坏而难以被修复。劳动关系主体的利益同样存在一定的对立与冲突，这就需要构建多元化的协调救济机制，让受到损害的劳动关系得到修复，让失去平衡的利益得到调整。

司法手段，可以抑制非法利益，也可以平衡合法利益。有些主体利用不合法或不合理手段获取的利益谓之非法利益，而依法或依约定应当获得的利益谓之合法利益。在劳动关系中，表现最为明显的就是，用人单位借助其优势地位

---

① 程琥：《司法最终原则与涉法涉诉信访问题法治化解决》，载《人民司法》2015 年第 5 期。

采取非法手段侵害劳动者利益的情形大量存在。司法权的行使就是要抑制这种非法手段侵害利益的行为。例如，用人单位为了节约经营成本，恶意降低劳动者的劳动条件，甚至低于劳动基准，危及劳动者的生存和发展。司法就是要抑制用人单位这种压低劳动条件损害劳动者权益的行为，具体就是通过刑事诉讼、行政诉讼与民事诉讼等程序来实现。除了非法利益需要通过司法手段抑制之外，当事人之间的合法利益有时也会存在冲突。这是因为各主体权益的多样性和交叉性，造成了主体间合法利益的冲突性。例如，劳动者职业稳定的权利与用人单位经营自主减少雇佣数的权利，劳动者自由流动的权利与用人单位商业秘密保护和要求劳动者遵守竞业限制的权利等，这些都是合法利益之间的冲突。某一主体行使合法权利时超越了权利界限，就是对权利的滥用，这就需要对合法利益进行必要的协调和衡平，司法手段无疑是重要的手段之一。对于冲突的利益，司法调整时所遵循的基本原则是，尽可能协调各方利益，并尽可能照顾各方利益，同时减少各方不必要的损失，以便在利益衡量中体现社会正义原则。

第二，司法最终处理可以对劳动关系主体行为进行有效调控。防范当事人自主选择影响社会稳定的冲突行为。每个主体的行为都应在规范有序的范围内，但由于不同主体之间的利益诉求并不一样，也就不可能要求所有人都采取相向的或一致的行为。然而，任由每个主体随心所欲地自我行为，社会秩序就得不到基本保障。在劳动关系中亦是如此。用人单位基于其用工自主权而随意解雇劳动者，且不遵守法律规定的程序和条件，或者用人单位随意拖欠劳动者的劳动报酬，使劳动者陷入生存困境，影响社会稳定。因此，社会的有序运行必然有赖于对社会成员进行必要的社会调控。

所谓社会调控制度，是指"保证其成员按照被期待、被认可的方式行动的一套方法"①。庞德认为，社会调控可以从道德、宗教、法律等多个维度进行。② 其中，道德和宗教的调控，以内心信念、外在舆论、内心戒律、习惯礼仪和文化习俗等形式固化社会公众的行为习惯，虽然不具强制力，但能对人们内心形成一定压力，并表达出社会对某一行为的肯认或否定，从而对人的行为予以调控。但是这两种调控手段的弊端过于明显，那就是缺乏必要的强制性，且标准也不一样，缺乏普适性。而法律调控并不如此，其主要以国家强制力为后盾，具有强烈的规范性、权威性和强制性的特征，尤其是法律调控中的司法

---

① ［美］伊恩·罗伯逊：《社会学》（上册），黄育馥译，商务印书馆1990年版，第77页。

② ［美］罗·庞德：《通过法律的社会控制、法律的任务》，沈宗灵、董世忠译，商务印书馆1984年版，第15页。

裁判，更是以最终处理结果向社会公示，并在当事人拒不履行的情况下，由国家机器强制执行，并给予拒不履行的当事人以惩戒。这种调控手段非常直接，效果非常明显，任何其他人都可从个案中获得明确的指引，了解这一行为的后果，也知道如何救济自己受损的权益。这对于社会秩序的恢复至关重要。在劳动关系领域，劳资地位强弱不同，如果没有司法等法律调控手段，劳动者的权益就得不到维护，必然造成一个弱肉强食的世界。

第三，司法最终处理可以给予劳动争议诉争双方较为完整和公正的处理。劳动争议发生之后，存在多元化的争议处理程序。既有诉讼方式，也有非诉讼方式；既有方便快捷的调解程序，亦有严肃冗长的司法程序。劳动争议的性质决定了处理机制的健全与完整的重要性。这是因为，劳动争议对于社会关系中最为重要的劳动关系影响甚大，处理不好就会导致劳资双方矛盾激化，进而影响社会稳定。这一判断早已有许多案例予以证明了。一些劳资争议甚至造成了对社会破坏极大的群体性事件。为此，使劳动争议在秩序的范围内得到有效调控，实现劳动关系的稳定和良性运行，需要多方面的处理机制的协力。其中，司法处理就是不可或缺的重要一环，也是最终一环。缺失了这一环节，劳动争议处理机制既不健全，也不完整。在各种劳动争议处理机制中，无论是自力救济中的自行和解，还是寻求第三方组织或机构的居中调解，抑或是行政部门依职权进行的处理，这些方式无论是在程序适用上，还是在法律适用上，都没有司法处理那么具有权威性，也没有司法处理那么具有正规性。实际上，程序与法律是实现公平正义的前提，缺乏权威性和完整性的程序与法律的适用，难以带给当事人以公平正义之感。在纠纷解决中，程序的完整与程序的公正至关重要，这就要求：一是裁判者居于中立。裁判者不能在纠纷中拥有自己的利益，不能当自己的裁判者，也不能与任何一方当事人存在利益输送，并可能因此而产生好恶偏见。二是充分听取与劝导。任何一方当事人都应知晓解决机制的运作以及注意事项，裁判者应当充分听取各方的意见、观点、辩论和证据，各方当事人都有平等的表达机会。三是裁决。裁判应以理性推衍为依据，并建立在当事人的意见、观点、辩论和证据的基础上。考察各种纠纷解决机制可知，唯有司法程序才拥有这种最为完整的程序。

当然，许多学者认为，非诉讼的救济机制更为有效，且对劳资双方的负面影响更小。例如，劳动争议处理是为解决矛盾，并不一定追求"一拍两散"，为维护劳动关系的和谐稳定，劳动者通过非诉讼方式解决争议的意愿更为强烈。据调查，多达80%的劳动者愿意通过协商调解等方式解决纠纷。[①] 因为协

---

① 秦中忠、赵雪飞：《健全劳动争议调解机构当有新思路》，载《工人日报》2006年5月30日。

商调解这种方式可以较好弥合当事人的关系，使得双方当事人不至于因劳动纠纷而翻脸，危及劳动者的"饭碗"。况且，只要劳动者的权益得到一定满足，受"和为贵"历史文化传统的影响，劳动者也不愿将争议诉诸司法程序。而进入司法程序，劳资双方对簿公堂，也就意味着双方关系已经恶化，要想恢复劳动关系的和谐稳定已非易事。事实上，只要劳动争议进入司法程序，则劳动者在用人单位的工作基本上难以持续。劳动争议的特点决定了需要简便、快速地处理争议，这样才能为维持劳动关系稳定带来可能。[①] 而诉讼程序的冗长将导致快速处理的目的不可能实现。而"争议不出厂""争议不出街道"等和解、斡旋、调解、行政处理方式，可以就近地快速处理争议，达到大事化小、小事化了、不使矛盾激化和冲突扩大的目的，有利于受到损害的劳动关系尽快得到恢复。我们也认同这一观点。但肯定司法程序的重要性，并不是否定非诉讼机制的重要性，只是，司法程序应当作为最终的保底手段，且将在多种救济机制中选择何种手段的权利交予当事人，但那种对当事人保障力度与保障完整性最为充分的司法程序不能缺失。

[①] 张宪民、郭文龙：《论我国劳动争议处理机制的调整》，载《中国劳动》2006 年第 8 期。

第二章 社会保险争议的可诉性研究

根据司法最终处理原则,劳动者与用人单位之间发生的任何争议,最终都可循司法审判予以处理,无论该争议是劳动争议还是其他性质的争议。当然,如是劳动争议,就需要适用劳动争议处理程序予以处理;如是其他争议,则依循其他司法程序予以处理。然而,一些关乎劳资双方切身利益的争议事项,在司法实践中却被排除在司法最终处理之外,不具可诉性,仅能通过行政方式处理或通过沟通协调方式处理,这种方式剥夺了当事人通过诉讼获得救济的权利。其中,就包括因社会保险而发生在劳动者、用人单位与相关行政部门之间的争议。实际上,社保争议对和谐稳定的劳动关系影响深远,其是否可以诉诸司法,一直以来都是整个社会关注的焦点问题。

一、社会保险法律关系及其所生争议

从保险的视角来看,社会保险也是保险,其主体也应包括保险人、投保人、被保险人和受益人。在社会保险中,保险人是社会保险经办机构。我国《社会保险费征缴暂行条例》规定,劳动保障行政部门下设社会保险经办机构,为获得法律授权的行政主体,具体行使社会保险费征收、社会保险基金管理、社会保险金给付、社会保险待遇提供等职责。投保人是用人单位和劳动者。目前,来自用人单位和劳动者的缴费是社保基金的主要来源,但劳动者的缴费具有特殊性,劳动者不直接缴费,而是由用人单位代扣代缴,因而劳动者有没有缴费总是"被动的",完全受制于用人单位的行为。最为重要的是,这种投保及缴费并非私法上的自愿行为,而是具有公法性质的强制行为,投保人的缴费义务是对社会的义务,具有鲜明的社会属性,属于因社会法而产生的社会义务,应受公法的调整。被保险人和受益人是劳动者。建立社会保险体系的目的在于扶助处于社会弱势地位的群体,以维护社会的和谐稳定。在社会保险项目中,有些项目是专门针对劳动者而设计的,例如,工伤保险、失业保险等。一旦发生工伤事故或出现非自愿失业，劳动者则可以请求获得社会保险的保障，可以请求社会保险经办机构给予社会保险待遇。因此，劳动者与用人单位形成劳动关系而成为被保险人和受益人。这种社会保险法律关系的建立是以劳动关系为前提和基础的。

在《社会保险法》《社会保险费征缴暂行条例》等法律法规的规定下，劳动者、用人单位、相关行政部门之间产生的纵横交错的法律关系，是一种社会保险法律关系。社会保险法律关系具有一定的特殊性和复杂性。这是因为，社会保险法律关系主体既有用人单位与劳动者，也有社会保险服务机构与社会保险行政机构。这些主体之间形成了较为复杂的多种法律关系，主要包括：一是社会保险基础法律关系，即因收取和缴纳社会保险费、支付和享受社会保险待遇而在当事人之间形成的权利义务关系；① 二是社会保险行政法律关系，即社会保险行政机构与行政管理相对人之间的权利义务关系；三是社会保险监督法律关系，即社会保险监督管理机构与被监督者之间的权利义务关系。②

从劳动者的视角来看，社会保险法律关系可以表现为：一是劳动者与用人单位之间的关系。在这种关系中，用人单位应当为劳动者办理社保登记手续，并依法足额购买社保，而劳动者既有权要求用人单位承担缴纳社保的义务，也负有自己缴纳社保的义务。如果由于用人单位应当为劳动者缴纳社保而未缴纳，导致劳动者无法享受社保待遇，劳动者当然可以要求用人单位予以赔偿。二是社保经办机构与劳动者、用人单位之间的关系。鉴于社保的强制缴纳，社保经办机构拥有征收和管理社会保险费的职权，劳动者与用人单位皆负有缴纳社保费用的义务。当然，劳动者并不直接向社保经办机构缴纳，而通过用人单位代扣代缴。如果用人单位没有缴纳社保费用，社保经办机构可以依法强制催缴，并可加收滞纳金。三是劳动者与社会保险服务机构之间的关系。用人单位已为劳动者购买社保的，当劳动者发生社保规定的事由时，就可以向社会保险服务机构要求相应的社保待遇，社会保险服务机构应当为劳动者提供相应的社保待遇，所提供的待遇和服务需要符合劳动者的缴费级别。

由于社会保险法律关系的复杂性，既有立足于劳动关系的社会保险基础法律关系，亦有涉及社会保险行政部门的行政管理关系，因此，基于社会保险法律关系而发生的社保争议，还可具体细分如下：一是补缴社会保险争议。这种争议既可能发生在劳动者与用人单位之间，亦可能发生在用人单位与社会保险经办机构之间。当用人单位应当缴纳社保而没有缴纳时，劳动者有请求用人单

---

① 管火明：《劳动和社会保障法》，中国政法大学出版社 2005 年版，第 192 页。

② 种明钊：《社会保障法律制度研究》，法律出版社 2000 年版，第 112~122 页。

位缴纳社保的权利，社会保险经办机构也可向用人单位催缴社保。二是给付社会保险待遇的争议。这类争议同样既可能在劳动者与用人单位之间发生，亦可能在劳动者与社会保险经办机构之间发生。也就是说，劳动者应当获得社保待遇而未获得，其既可要求用人单位赔偿，也可要求社会保险经办机构支付相应的工资待遇。

二、社会保险争议处理的不同观点与做法

社保争议中，如有劳动者和用人单位作为当事人参与其中，是否属于劳动争议？进而，是否可以适用司法最终处理原则而可诉？学界和实务界对此争议较大。

第一种观点认为，劳动者与用人单位因缴纳社会保险费是否足额而发生争议的，应通过劳动保障行政处理方式予以解决，而不具可诉性，即通过劳动争议仲裁、民事诉讼来解决。其理由主要在于：第一，此类纠纷不是劳动争议。社保经办机构对用人单位征缴社保费用，是其所承担的社会管理职权，带有强烈的社会管理性质，属于征收与缴纳之间的纠纷，而不是劳动者与用人单位之间发生的劳动争议。因此，不宜将此类争议纳入司法审判范畴。如果劳动者对用人单位因欠缴社会保险费或者缴费年限、缴费数额等发生争议的，劳动者应向相关行政部门申诉，而不能申请劳动争议仲裁并进而向法院提起诉讼。第二，社保缴纳具有强制性，用人单位必须缴纳，并非需要法院作出最终判决才可。因此，只要劳动关系成立，就强制要求用人单位必须缴纳社会保险费，社保经办机构也应当向用人单位征缴，无需法院作出判决用人单位才需缴纳。而且，无论是为劳动者办理社保手续，还是不按规定为劳动者交纳社会保险费；无论是欠缴，还是拒缴，都可由社保经办部门依法强制实施。第三，社保经办机构是具体处理社保缴纳事宜的主体，法院不能也不便针对具体缴纳事项作出判决。法院即便判决用人单位需要缴纳社保费用，但缴费数额、年限、是否收取滞纳金等事项，仍需社保经办机构来具体处理，法院没必要也不能查清并作出判决。因此，将争议交由社保经办机构这样的行政部门予以处理，更为方便也更为合理。第四，司法职责权限与行政职责权能的区分与合作。法院的司法权与社保行政部门的行政权是分工合作的关系，两者有明确的界限范围。根据《社会保险法》《社会保险费征缴暂行条例》等的规定，社会保险行政部门负责和管理社保登记、缴费、发放社保费用等，如果司法权强行介入社保的具体管理，可能妨碍社会保险经办部门的管理功能的正常运行，也不利于司法权与

行政权的合理划分，甚至导致两者的权限重叠，不利于对劳动者社保权益进行有效的保护。因此，只有那些未被《社会保险法》《社会保险费征缴暂行条例》明确纳入社会保险管理部门处理的事项，相关主体因发生争议的，才应纳入法院的受案范围。也就是说，司法审判与行政权力是分工合作的关系，两者各自负责一块，权限并不重合。

第二种观点认为，无论社保争议属于劳动争议还是属于其他类型的争议，都可循司法最终处理原则而可交由法院审判。根据《劳动争议调解仲裁法》第2条的规定，用人单位与劳动者因社会保险而发生的争议，属于劳动争议，适用该法调整。根据《最高人民法院关于审理劳动争议案件适用法律若干问题的解释（一）》第1条的规定，劳动者退休后，与尚未参加社会保险统筹的原用人单位因追索养老金、医疗费、工伤保险待遇和其他社会保险费而发生的纠纷，属于劳动争议。也就是说，用人单位没有参加社保统筹导致劳动者无法享受社保待遇，可以适用劳动争议予以处理。根据《最高人民法院关于审理劳动争议案件适用法律若干问题的解释（二）》第6条的规定，劳动者因工伤、职业病请求用人单位依法承担给予工伤保险待遇的争议，经劳动争议仲裁委员会仲裁后，当事人依法起诉的，人民法院应予受理。也就是说，这种争议也是可诉的。根据《最高人民法院关于审理劳动争议案件适用法律若干问题的解释（三）》第1条的规定，劳动者以用人单位未为其办理社会保险手续，且社会保险经办机构不能补办导致其无法享受社会保险待遇为由，要求用人单位赔偿损失而发生争议的，人民法院应予受理。《实施〈中华人民共和国社会保险法〉若干规定》第27条也规定，职工与所在用人单位发生社会保险争议的，可以依照《中华人民共和国劳动争议调解仲裁法》《劳动人事争议仲裁办案规则》的规定，申请调解、仲裁，提起诉讼。也就是说，用人单位没有办理社保，劳动者与用人单位的相关争议具有可诉性。另外，根据《社会保险法》第83条的规定，针对社会保险费征收机构的诸如不依法办理社会保险登记、核定社会保险费、支付社会保险待遇、办理社会保险转移接续手续等行为，用人单位或劳动者也可以提起行政诉讼。也就是说，对于社保争议，司法仍然拥有最终处理权。有人认为，从《最高人民法院关于审理劳动争议案件适用法律若干问题的解释》（以下简称"《司法解释》"）关于社会保险争议处理的规定中并不能得出法院不予受理用人单位不足额缴纳社保的相关争议的结论。究其原因，乃《司法解释（一）》的规定是专门针对达到或超过了法定退休年龄的劳动者而言，①《司法解释（二）》的规定也是针对退休人员所做出的，② 但与劳动者发生争议的是社保经办机构，故而将此争议排除在司法处理之外。《司法解释（三）》又将"劳动者以用人单位未为其办理社会保险手续，且社会保险经办机构不能补办导致其无法享受社会保险待遇为由，要求用人单位赔偿损失而发生争议"纳入了人民法院应予受理的范围。虽然《司法解释》对一些情形规定了法院是否受理，但没有缩小《劳动争议调解仲裁法》的受理范围。③

还有人认为，因补缴社保而发生在劳动者与用人单位之间的争议并非劳动争议。这是因为，劳动争议须基于劳动关系而生，即劳动者与用人单位基于劳动关系履行劳动合同而发生争议，而缴纳社保所生争议与劳动合同履行所生争议并无关系。社保费用的缴纳是国家强制要求的，非劳资双方基于契约安排的，这种基于社会保险法律规范而产生的权利义务，究其本质是一种社会保险争议，而非劳动争议。因此，用人单位与社会保险经办机构之间因补缴社会保险费所生争议，鉴于用人单位与社会保险经办机构存在征缴社保费用的被管理与管理关系，因而此纠纷应属于行政争议。④ 实际上，国家介入与干预并不是判断何种法律关系的标准，在劳动关系中，国家干预及强制性规范无处不在，这不能成为否认劳动关系的理由。社保关系如果是基于劳动关系而生，例如，工伤社会保险法律关系、失业社会保险法律关系，这些社保关系都是基于劳动关系的，不存在劳动关系，就没有工伤或失业的存在，因而由这些社保关系而生的争议，本质上属于劳动争议更为妥当。当然，无论是社会保险争议，还是劳动争议，抑或行政争议，其最终都可以被法院审判，并不因其是否构成劳动关系而有所区别。

第一种观点在司法实践中得到普遍支持。在司法实践中，由于社会保险专业化程度高，且较为复杂，不同种类的社会保险缴费基准、数额、年限差异较大，且社保政策经常发生变化，新老社保政策导致社会保险缴费的过渡问题十分复杂，就连社保机构的工作人员都难以处理，而法院的专业程度和处理水平

---

① 《最高人民法院关于审理劳动争议案件适用法律若干问题的解释（一）》第1条第3项规定，劳动者退休后，与尚未参加社会保险统筹的原用人单位因追索养老金、医疗费、工伤保险待遇和其他社会保险费而发生的纠纷，人民法院应当受理。

② 《最高人民法院关于审理劳动争议案件适用法律若干问题的解释（二）》规定，劳动者请求社会保险经办机构发放社会保险金的纠纷，法院不予受理。

③ 邢瑞莱：《社保补缴争议应通过仲裁途径解决》，载《中国劳动》2013年第2期。

④ 柯菲菲：《检视我国社会保险争议处理法律制度——基于社会保险法律关系的视角》，载《湖南工业职业技术学院学报》2011年第1期。

肯定远远不及社保经办机构。再加上社会保险涉及人数众多，各地不缴、少缴、漏缴社保的情况较为普遍，如果一概由司法机关受理并审理的话，不仅最后仍然需要社保经办机构处理，且极大增加法院的负担，本已被堆积如山的劳动争议案件压得喘不过气的法院将变得更加不堪重负。还有，社保争议常常涉及众多劳动者，一旦发生争议，涉众面较广，处理不当容易出现群体性事件，使得法院面临巨大的维稳压力。

一些地方法院对涉及社保争议的案件一律采取不受理的态度，以社保属于社会管理问题为由而认定不宜由法院受理，认为社保争议应交由社会保险经办机构处理。还有一些地方法院则根据最高人民法院的司法解释有选择地受理社保争议案件。根据《最高人民法院关于审理劳动争议案件适用法律若干问题的解释（一）》第1条的规定，劳动者退休后，与尚未参加社会保险统筹的原用人单位因追索养老金、医疗费、工伤保险待遇和其他社会保险费而发生的纠纷属于劳动争议。言外之意，如果用人单位已经参加了社会保险统筹的，则不属于此条规定的范畴。按照《社会保险费征缴暂行条例》的规定，已经参加了社会保险统筹的，其征缴和管理由社会保险经办机构负责，当用人单位存在不缴、少缴或迟缴等情形时，社会保险经办机构应当责令其补缴，由此而发生的争议，由社会保险经办机构处理，不属于劳动争议。再根据《最高人民法院关于审理劳动争议案件适用法律若干问题的解释（三）》第1条的规定，劳动者以用人单位未为其办理社会保险手续，且社会保险经办机构不能补办导致其无法享受社会保险待遇为由，要求用人单位赔偿损失而发生争议的，人民法院应予受理。该条其实已经明确将补缴社会保险的争议排除在劳动争议之外。根据北京市劳动和社会保障局、北京市高级人民法院《关于劳动争议案件法律适用问题研讨会会议纪要》的规定，用人单位没有办理社保登记、未足额缴纳社保、未按规定的工资基数足额缴纳等，劳动者因此与用人单位发生争议的，劳动争议仲裁委与法院一般不予受理，劳动者应通过劳动行政部门予以解决。2012年，广东省高级人民法院、广东省劳动人事争议仲裁委员会《关于审理劳动人事争议案件若干问题的座谈会纪要》第1条规定，用人单位没有办理社保登记、未缴纳社保的，劳动者请求用人单位为其建立社会保险关系或缴纳社会保险费的，劳动人事仲裁机构或法院不予受理，应告知劳动者向社会保险行政部门或社会保险费征收机构寻求解决。该条非常明确将此类争议排除在司法审判之外，将其视为行政部门的职责而拒绝纳入司法处理程序。可见，在北京、广东等地，仅将少部分社会保险案件纳入法院的受理范围。①

以广州市社保争议为例，我们在中国裁判文书网、无讼网查询到广州市关于社保关系的争议案例共 52 件。其中，2008 年 4 件，2010 年 10 件，2013 年 3 件，2015 年 9 件，2016 年 13 件，2017 年 5 件，2018 年 8 件。在这 52 件案例中，46 件案例法院认定不属于法院管辖范围，不予处理。其中 3 件案例由法院调解结案。详见表 2-1。

表 2-1　广州市关于社保关系的争议案件

序号	案由和案号	处理意见
1	黄泽峰与广东精品生活文化传播有限公司劳动合同纠纷上诉案（2008）穗中法民一终字第 5432 号	上诉人主张的社保费用，不属于本案审理范围，上诉人可向有关职能部门另行主张。
2	朱秋月诉广州市万婴教育咨询有限公司追索劳动报酬及解除劳动合同经济补偿金纠纷案（2008）天法民一初字第 2895 号	原告诉请被告补缴社会保险费不属于人民法院受理民事案件的范围，本院不予处理，原告可向有关社会保险管理机构申请处理。
3	广州汇联专用汽车有限公司与罗秋海劳动争议纠纷上诉案（2008）穗中法民一终字第 416 号	调解结案。
4	陈胜与广州市润锋新材料技术有限公司劳动争议纠纷上诉案（2006）穗中法民一终字第 125 号	根据《劳动法》第 100 条 "用人单位无故不缴纳社会保险费的，由劳动行政部门责令其限期缴纳；逾期不缴的，可以加收滞纳金" 的规定，该问题属于劳动行政部门处理范围，本院不予处理。
5	广州市百成科技有限公司与杨品娥劳动争议纠纷上诉案（2010）穗中法民一终字第 3363 号	百成公司为杨品娥缴纳的 2009 年 8 月份社会保险费，因属另一法律关系，本案不予调处。

---

① 广东省高级人民法院、广东省劳动人事争议仲裁委员会《关于审理劳动人事争议案件若干问题的座谈会纪要》规定：1. 用人单位为劳动者建立了社会保险关系，劳动者垫付用人单位未依法缴纳的社会保险费用后，请求用人单位返还的，作为劳动争议处理。劳动者请求用人单位为其建立社会保险关系或缴纳社会保险费的，不作为劳动争议处理，劳动人事仲裁机构或人民法院应告知劳动者向社会保险行政部门或社会保险费征收机构寻求解决。2. 劳动者以基本养老保险费的缴纳年限、缴纳数额不足为由，请求用人单位赔偿基本养老保险待遇损失的，不作为劳动争议处理。按照省人力资源和社会保障厅、省地方税务局《关于妥善解决企业未参保人员纳入企业职工基本养老保险问题的通知》（粤人社发〔2011〕237 号）的规定，可纳入我省城镇企业职工基本养老保险统筹的劳动者请求用人单位赔偿基本养老保险待遇损失的，不作为劳动争议处理，劳动人事仲裁机构或人民法院应告知劳动者向相关社会保险经办机构寻求解决。

续表1

序号	案由和案号	处理意见
6	梁聪颖与广州市馨波泉商贸有限公司劳动争议纠纷上诉案（2010）穗中法民一终字第1318号	关于梁聪颖上诉要求馨波泉公司补缴社保费、医保费，均不属于法院处理范围，本院不予处理。
7	蔡杨柳与广州达意隆包装机械股份有限公司劳动合同纠纷上诉案（2010）穗中法民一终字第1320号	关于蔡杨柳要求达意隆公司补缴其在职期间的社保、医保、生育保险费的请求，由于蔡杨柳的上述主张未经仲裁程序，而且蔡杨柳主张的社保费也不属人民法院的受案范畴，因此，蔡杨柳的上述请求应另案解决。
8	广州卡丹路皮具有限公司与黄英劳动争议纠纷上诉案（2010）穗中法民一终字第6060号	补缴社会保险不属于劳动争议案件的处理范围，原审法院"对此不予处理"正确，本院予以维持。至于黄英确认卡丹路公司已支付的2008年10、11月社保费，可在双方向社会保险管理机构处理社会保险时一并处理，原审法院对上述款项不予调处可行，本院予以维持。
9	陈朝毅与广州市荔湾区丽苑酒楼劳动争议纠纷上诉案（2010）穗中法民一终字第4071号	陈朝毅要求补办社会保险的请求，不属于法院受理的范围。
10	兰海与广州市靓家居建材连锁超市有限公司劳动合同纠纷上诉案（2010）穗中法民一终字第4014号	兰海要求靓家居公司为自己补缴社会保险费不是劳动案件受理的范围，本案不予处理，兰海可以依法向有关行政部门进行投诉。
11	张义明与臻彦实业（深圳）有限公司因追索劳动报酬及经济补偿金纠纷再审审查民事裁定书（2013）粤高法民申字第1572号	关于臻彦公司未缴社保问题，因张义明要求臻彦公司支付未缴的社保期间与其确认书上载明的时间不一致，一、二审法院在张义明缺乏充分证据证明自己主张情况下，不予支持此项诉讼请求，告知张义明另循途径向社保部门寻求救济。
12	梁达斌与广东建工恒福物业有限公司劳动争议（2015）穗中法民一终字第6500号	关于补缴社保和住房公积金问题。被上诉人要求上诉人补缴2002年9月至2014年10月期间的社会保险费差额及住房公积金的主张，不属于劳动争议审理范畴，本案对此不予处理。

续表2

序号	案由和案号	处理意见
13	宋昌模与广州市食尚国味饮食管理有限公司、广州市食尚国味饮食管理有限公司黄埔分公司劳动合同纠纷二审民事裁定书（2015）穗中法民一终字6857号	关于补缴社保问题。未缴社会保险不属于本案劳动争议的处理范围，宋昌模可以向有管辖权的社会保险征缴机构反映并寻求解决，本案不予处理。
14	广州法德美化妆品有限公司与李桂枝劳动争议（2016）粤0111民初2825号	社会保险费的征缴由社会保险机构负责，即社会保险机构向原告征缴社会保险费属于具体行政行为，该事项不属于人民法院劳动争议案件的处理范围。同时，被告也未因补缴社会保险费问题向仲裁机构申请仲裁，即补缴社会保险费是否超过仲裁时效并不是双方的争议所在，原告请求确认补缴社会保险费已超过仲裁时效，并无意义。
15	李美云与广州侨银环保技术有限公司劳动争议（2016）粤01民终1627号	关于李美云主张返还无故克扣的459元，因该款项为侨银公司依法扣除的公积金费用，公积金及社保问题均非法院民事诉讼主管范围，李美云并无证据证明上述公积金及社保不能予以补缴，因此李美云要求补偿未购买住房公积金的损失及未缴纳社会保险费的赔偿金，本院亦不予处理。
16	广州珠江侨都房地产有限公司珠江帝景酒店与广州珠江侨都房地产有限公司、高常生确认劳动关系纠纷（2016）粤01民终2050号	高常生主张的公积金和社保及退还个税差额的主张，不属于人民法院民事诉讼的主管范围，本院亦不予审查。
17	谢斌与重庆浪翔货运有限公司劳动争议（2016）粤01民终7140号	关于补缴社保费用问题。由于该项诉讼请求，谢斌未在一审中提出，属于新的诉讼请求，根据《最高人民法院关于适用〈中华人民共和国民事诉讼法〉的解释》第328条的规定，本院二审对此不予审理，谢斌可另循法律途径解决。
18	古玉娣与增城市挂绿广场物业管理有限公司劳动争议二审民事判决书（2017）粤01民终10630号	古玉娣上诉提出的补缴社保费及支付赔偿金等，因不属于法院受案审理的范畴且一审判决已作支持与否的阐述，本院二审不予审查并对一审的观点予以认可。

续表3

序号	案由和案号	处理意见
19	叶洪招与增城市挂绿广场物业管理有限公司劳动争议二审民事判决书（2017）粤 01 民终 13458 号	叶洪招上诉提出的补缴社保费及支付赔偿金等，因不属于法院受案审理的范畴且一审判决已作支持与否的阐述，本院二审不予审查并对一审的观点予以认可。
20	唐玉玲与广深铁路股份有限公司广州货运中心劳动争议二审民事判决书（2018）粤 01 民终 3373 号	唐玉玲主张货运中心补缴社保费差额部分的请求，因用人单位未按时足额缴纳社会保险费的，依法由社会保险费征收机构查处，故唐玉玲的请求不属于民事案件处理的范围，原审法院不予调处。
21	谢洪成与广州澳大科工科技有限公司劳动争议二审民事判决书（2018）粤 01 民终 16909 号	关于谢洪成要求被告方为其补缴社保费用的问题，因补缴社会保险产生的争议并不属于人民法院民事案件的受案处理范围，故原审法院对此不予调处。
22	曾秀珍与广州市越秀区食为先酒家荔湾分店劳动争议二审民事判决书（2018）粤 01 民终 2382、2383 号	关于补缴社保费用，该项请求不属于劳动争议受理范围，本院依法不予调处，曾秀珍可向其他有关部门主张权利。
23	广州市华南畜牧设备有限公司与江运昌劳动争议二审民事判决书（2018）粤 01 民终 14544 号	为员工购买社保是用人单位应当履行的法定义务。即便是劳动者自愿承诺不购买社保，但劳动者依然享有要求用人单位补缴社保费用的权利。
24	俞玲与广州市南洋国际工程技术服务公司劳动争议一审民事判决书（2017）粤 0104 民初 15395 号	我国《社会保险法》第 63 条规定，用人单位未按时足额缴纳社会保险费的，由社会保险征收机构责令其限期缴纳或补足。据此，原告提出的补缴社保费属行政部门管辖的范畴，不属法院处理的范围，本院对此不予调处。

资料来源：本表系课题组根据中国裁判文书网、无讼网自行整理。

因此，基于社会保险法律关系而发生的争议具有多样性与复杂性，既有私权性质的内容，亦有公权性质的内容；既有发生在劳动者与用人单位之间的争议，亦有发生在管理者与被管理者之间的争议，尤其是社会保险的强制性，非由司法审判亦需得以执行的属性，导致在实践中行政处理占据主流，而司法处理一般被排斥。

三、社会保险争议行政处理与司法处理的比较

（一）社保争议行政处理的优缺点

行政处理具有一定的优势，主要在于：

第一，便捷高效。社保争议本来就是作为管理者的社保经办机构没有履行职责或没有正确履行职责所致。如果社保经办机构正确履行了职责，强制要求所有用人单位都给劳动者购买了社保，且是足额购买，则劳动者的社保权益已得到完全保障，自然不会生出争议。即便有争议，亦不是社保经办机构或用人单位的过错所致，无须社保经办机构或用人单位承担赔偿责任。因此，要求行政处理，是一种直接、高效、便捷的方式。即便通过司法审判途径，仍然需要行政部门来具体处理和解决。

第二，社会管理下的分工合作。司法审判并不是唯一的解决纠纷的途径，社会管理需要面对纷繁复杂的各种事务，因而需要建立多元化的纠纷解决机制和救济途径。诚如最高院所言，法院的司法职责权限与社保行政部门的行政权能存在分工合作，两者的界限范围越明确，其实对于劳动者越有利。因为劳动者可以更容易判断去何处寻求救济，且让两个处理主体也更明确自己的职责，而不会相互推诿以致敷衍了事。

行政处理具有一定的局限性，主要在于：

第一，行政处理存在职权空白。社保争议常常并非单纯的社保费欠缴所生争议，还夹杂其他一些争议，有些争议甚至是社保追缴的前提和基础，例如，劳动关系确认的争议，这些争议只能诉诸司法予以处理。实践中，用人单位为了不缴社保，从一开始就规避与劳动者形成劳动关系，不签劳动合同、不纳入员工名册、不通过第三方支付工资等，在用人单位受到劳动者投诉并被社保经办机构追查时，往往以双方不存在劳动关系抗辩。是否存在劳动关系的争议，需要涉案双方提起劳动争议仲裁或诉讼予以确认，这就使得争议从行政处理转为司法处理，当司法处理完毕后又转为行政处理，极大增加了当事人解决争议的成本。再如，社保经办机构查处是否参保以及是否足额缴费时，只能查处用人单位，但用人单位仅是缴费主体一方，还有一方是劳动者，社保经办机构却无法查处劳动者。因此，如果用人单位补缴，但劳动者不愿补缴，社保经办机构就缺少应对举措。可见，行政处理自身职权还存在管理上的空白。

第二，行政处理缺乏执行能力。经社保经办机构查证属实并对用人单位作出处理之后，如果用人单位拒不履行行政处理的决定，社保经办机构并不能直

接强制执行用人单位的财物。如果要强制执行，还需向法院申请并进入非诉案件的强制执行程序才可。当然，如需划拨用人单位账户资金的，可以凭行政处理的决定要求金融机构直接划拨到社保账户即可。因此，直接让法院处理，具有更高的效率。行政机关的不同职权天然存在冲突。行政机关既是社保政策的制定者，又是社保政策的执行者，还是社保争议的裁断者。多重角色和多重身份，使得行政机关难以在社保争议的处理中居于公正的立场。例如，作为社保争议的裁判者的行政机关，其最终的目的在于维护社会保险公共利益，当社会保险公共利益与劳动者的个人社保利益相冲突的时候，行政机关的选择当然会以其目的为准，进而忽略劳动者的个人利益。在劳动者无法将社保争议诉诸司法的情况下，劳动者个人利益受损的情形也就无法得到有效救济。反观司法处理，法院的立场相对中立，其行使司法权的行为较为独立，可以充分考虑劳动者因利益受损而需要弥补的情形，无须过多考虑政府的目的是否实现。

第三，社保问题影响劳动者的切身利益，对劳动关系和谐稳定亦有较大影响。如果行政处理不当并得不到纠错，将导致劳动者将其不满转向政府，使社保争议成为劳动者与政府之间的矛盾，甚至引发群体性事件。东莞裕元鞋厂发生的因社保纠纷而引发的群体性纠纷即是明证。可见，社保经办机构并不是一个对社保争议的处理完全合适的机构，可以先由行政处理，在当事人对行政处理结果不满的情况下，应允许当事人诉诸司法处理。

（二）社保争议司法处理的优缺点

司法处理的优点主要在于：

第一，司法最终处理给予当事人更多的保障。无论行政处理的优势有多大，也无论行政处理的职责是否明确，行政处理仍然可能存在失误或故意侵害当事人权益的行为，应当给予当事人纠错的救济途径。毫无疑问，这一纠错的途径只能是司法审判。因此，社保争议仅涉及劳动者与用人单位，应将其视为可诉的劳动争议。而社保争议涉及社保经办机构，则应将其视为可诉的行政争议，允许当事人申请行政复议和提起行政诉讼，以便保护其合法权益。

第二，给予劳动者参与争议处理的权利。行政处理过程中，虽然可能由劳动者启动行政处理的程序，但行政处理过程劳动者参与的程度不高。这是因为，用人单位负有代扣代缴社保费的义务，而社保经办机构在稽查时，仅要求用人单位协助配合，由用人单位提供员工信息和参保情况，交由社保经办机构核实。如果用人单位存在违反社保规定的情形，则由社保经办机构直接对用人单位进行处理。在这一过程中，社保经办机构并不与劳动者直接打交道，劳动者的权益诉求难以直接得到回应，且社保经办机构人员有限，稽查能力有限。当行政部门自己的工作目标与追缴社保相冲突时（例如地方政府在招商引资时对企业作出降低社保费用缴纳标准的承诺），社保经办机构与用人单位存在暗箱操作的可能，劳动者因无法参与而不能对其进行有效监督，用人单位完全可能在利益最大化的驱动下，故意瞒报劳动者名单与工资数额，达到少交社保费的目的。如果赋予劳动者在社保争议中的司法救济权，则劳动者可以因社保争议而循劳动争议处理程序进行先裁后审，劳动者作为司法审判的一方当事人，享有司法处理的程序权利和实体权利，解决纠纷的参与程度非常高。

第三，给予社会保险私权的救济。在社保法律关系中既存在管理职权的公权，亦存在劳动者的私权。不仅管理者的公权需要得到法律保护，这种劳动者的私权亦是需要得到法律保护的。然而，不能因为存在管理者的公权，就简单地赋予行政机关全权处理的权力，而完全忽略了其中具有私权性质的劳动者的权益。例如，社保费的缴纳，既有用人单位需要缴纳的部分，也有劳动者需要缴纳的部分，但实际操作中缴费义务主体仅是用人单位，由用人单位向社保经办机构申报缴费，社保经办机构对用人单位的申报进行核查。然而，劳动者也是实际上的缴费义务主体，却被排除在行政处理之外，导致实践中用人单位应当申报而未申报，或者代扣代缴的比例、基数、是否多扣少缴或少扣少缴等情况，行政机构无法查清，而劳动者的私权却受到损害。[①] 实际上，只有当事人最清楚自己的权益是否充分享有，或者自己权益是否受损，因此劳动者不仅知悉且也具备举证能力。如果排除了法院的处理，将全部处理职责归于社保经办机构，则明显不合理。

司法处理的缺点主要在于：

第一，劳动争议仲裁委或法院缺乏专业审判人员和审判组织。社会保险法律关系较为复杂，因欠缴、漏缴、少缴等引发的社保争议也是较为专业的，涉及各类法律法规和政策，尤其是各地的社保政策存在较大的差异，处理这类纠纷需要非常专业的审判人员。然而，熟悉我国社会保险运作和具体操作的审判人员较少，难以适应社保纠纷高发的状况。

第二，单独依靠司法审判无法解决社保争议。当前，社保争议处理离不开社保经办机构的协助，否则，难以保证社会保险处理的效率和质量。在司法实践中，法院一般只审理社保争议案件的事实部分，而涉及是否能够办理社保、应办理的社保类型、应缴的社保费用，都需要交由社保经办机构处理。在司法裁判文书中，常常出现"具体数额由社会保险经办机构确定"等字样，就是司法审判机关无法独立完成争议解决的一个例证。

第三，执行存在障碍。一方面，司法审判的判决结果并不明确，缺乏具体

---

① 邢瑞莱：《社保补缴争议应通过仲裁途径解决》，载《中国劳动》2013 年第 2 期。

的赔付或欠缴数额，导致并不能马上据以执行，还需要经过社保经办机构的核算这个步骤。另一方面，在判决之后，需要社保经办机构进行的核算和查实，实际上是法院将其未完成的工作交由社保经办机构继续的，但这部分工作并不计入司法审判的程序期间，可能因为社保经办机构的处理时间过长而导致当事人错过一些程序期间，损害了当事人的程序利益。另外，在执行社保争议案件时，还存在虽然判决用人单位需要缴纳社保费，但实际上劳动者也需要缴纳部分社保费的情况，却因难以执行劳动者的财产，导致社保缴纳无法正常完成。

四、社会保险争议处理的制度设计

社保争议的行政处理与司法处理各有其优缺点。在进行相关制度设计时，应当在确保司法最终处理原则的基础上，注重两者的协调与配合。我们认为，有两种制度可以选择：一是先行政处理，再司法处理，行政处理程序前置；二是司法处理与行政处理并行，由当事人选择，在司法处理中，将行政机构设为第三人或鉴定人。

一种制度设计是：在司法最终处理原则下，行政处理程序前置。《德国社会法院法》就规定，社保争议案件只有先经过社会保险机构处理，不服该行政处理的，在复议期内申请复议之后，如果当事人仍对复议结果不满意的，才可向法院提起诉讼。当然，《德国社会法院法》对社保争议的主体进行了限制：一方诉讼主体恒定为社会保险经办机构，另一方诉讼主体则既可以是自然人、法人，也可以是社会团体，如工会、雇主协会等组织。这种就类似于我国的行政诉讼。[①] 这样既符合司法最终处理原则，同时，也有以下一些优点：第一，克服司法处理不专业的弊端。毕竟社保争议涉及的社保规定较为繁杂，各地的规定也不完全一致，具体的社保费的计算属于非常专业的事项，需要社保经办机构的处理才可。因此，由社保经办机构先行处理，较之在司法审判之后才让当事人自行寻找社保经办机构核算，更为便捷和高效。第二，行政处理程序前置可以极大减少纠纷进入司法审判领域。正如劳动争议仲裁一样，通过这种前置程序，可以减少纠纷进入下一程序的数量。许多社保争议所诉争的金额并不大，相关的权利义务关系也非常简单明确，经过社保经办机构的行政处理之后，当事人一般也就定分止争了。当然，保留司法最终处理手段，可以有效发挥司法功能，防止上述行政处理的弊端和当事人权益受损，给予当事人司法

---

① 周贤奇：《德国劳动、社会保障制度及有关争议案件的处理》，载《中外法学》1998 年第 4 期。

救济作为最终保障。第三，当事人既可以获得行政机构的支持，也可以寻求司法机关的救济，没有程序上的缺憾。随意剥夺当事人的合法程序，造成当事人因程序没有得到满足而激化矛盾，这并不是制度设计的目的。因此，在确定了行政处理前置的情况下，仍然应当给予当事人司法救济的权利，以便当事人的程序权益都能够得到满足。

另一种制度设计是：司法处理与行政处理并行，由当事人选择首先适用哪一种。第一，如果当事人直接进入司法程序，则可以通过将行政机构作为第三人或鉴定人的制度，克服法院社保争议审判不专业的弊端。行政机构作为没有独立请求权的第三人，或者作为鉴定人，可以对缴费年限、缴费基数、缴费标准进行专业计算，并将其计算结果提交法院供审判使用。第二，由当事人选择适用行政处理或司法处理，给予当事人程序上的选择权，可以更好地尊重当事人的意愿，在这种情况下，当事人的自主选择更能有利于定分止争，及时有效化解社保争议。第三，可以解决行政处理与司法处理的衔接问题。行政处理与司法处理的规范依据并不完全一样，程序上也存在较大差异，在司法处理中，审查行政处理的合法性与合理性，可以促进两者的衔接。例如，劳动争议的仲裁时效为一年，而社保催缴的案件不受时效限制，也就是说，劳动者在离职几年甚至十几年后还可追索用人单位欠缴的社保费。这种规定主要考虑到，社会保险利益并不可能即时享有，而具有一定的延后性，也就是说，只有等到劳动者需要享有社保待遇而不能获得时，才可能知晓其社保权益受到了侵害。在此之前，劳动者无法知晓其社保权益是否受到损害，因而无法及时主张权益。因此，设置仲裁时效可能使得劳动者的社保权益受到损害。与工资一样，社保追索也应当有时效限制，但应设置特殊仲裁时效，即劳动者在劳动关系存续期间，不计算时效，但劳动者离职应当视为劳动者知道或应当知道其社保权益受到侵害，也就是说，从劳动者离职开始，社保争议的时效开始计算。在司法处理中，应统一社保争议的时效问题，既保证社保争议处理符合社保的法定性、强制性、社会性的特性，也保障社保争议不因劳动者怠于行使而难以查清。

第三章 群体劳动争议的司法处理探析[①]

一、群体劳动争议的定义与特征

(一) 群体劳动争议的定义

近些年来，尤其是 2008 年国际金融危机以来，在我国某些地区，一种新型劳动争议现象即群体劳动争议尤其是群体罢工（停工）事件逐年增多，已成为劳动关系矛盾激化的突出表现。对于这种劳动争议现象，学界和实务界的认识并不一致，例如，有的称之为"集体劳动争议"[②]，有的称之为"群体劳动争议"或"群体性劳动争议"。[③] 描述同一现象，使用不同的概念或术语，往往意味着认识和判断的差异。故就此问题予以澄清，对于从法律人视角或以法律人思维方式研究此问题而言，具有重要意义。其一，现行立法对集体劳动争议已有明确界定，若将超出其法定界限和法定要件的劳动争议现象也作为"集体劳动争议"并适用集体劳动争议处理方式，在无法律依据的情形下，则有违法之嫌疑。其二，本不属于法定集体劳动争议的劳动争议现象，其成因往往也异于集体劳动争议，若以应对集体劳动争议尤其是预防集体劳动争议的对策来应对，其效果无异于给病人"吃错药""打错针"。其三，将本不属于法定集体劳动争议的劳动争议现象也称之为"集体劳动争议"，是对实然劳动关系状态的误判，甚至可能误导劳动关系政策的制定。其四，这种新型劳动争议现象也不同于国外立法所指的集体劳动争议，将其称之为集体劳动争议，不仅会在对外交流中引起误解，而且也可能对借鉴国外的方法、经验、制度有误导

---

① 王全兴、刘焱白：《我国当前群体劳动争议的概念辨析和应对思路》，载《中国劳动》2015 年第2 期。

② 例如，广东省劳动和社会保障厅《广东省劳动争议仲裁处理停产、倒闭企业集体劳动争议案件规范指引》（2008 年 12 月）使用"集体劳动争议"这一概念。

③ 例如，浙江省劳动争议仲裁委员会《关于妥善处理群体性劳动争议若干问题的指导意见》（2010 年 9 月）使用"群体性劳动争议"这一概念。

作用。

关于劳动争议的类型，我国现行立法已有明确规定。《劳动争议调解仲裁法》所称"劳动争议"是指单个劳动者与用人单位就劳动关系中的权利义务发生的争议，通常是履行劳动合同的争议。其中，劳方当事人不足 10 人的为一般单个劳动争议，10 人以上的为多人劳动争议。我国《劳动法》第 84 条和《集体合同规定》第七章所规定的集体劳动争议，包括集体协商争议和集体合同履行争议。前者即订立或变更集体合同进行集体协商过程中发生的争议，这与西方国家立法、理论界和实务界对集体劳动争议的共识基本一致，如《劳动法》第 84 条第 1 款规定"当事人协商解决不成的，当地人民政府劳动行政部门可以组织有关各方协调处理"。后者发生于集体合同履行过程中，因违反集体合同而引起。有的争议发生于单个劳动关系运行过程中，因违反集体合同的标准性条款或单个劳动关系运行规则条款而损害单个劳动者权益，与单个劳动争议竞合，或者说，实质上属于单个劳动争议，故适用单个劳动争议调解、仲裁、诉讼程序；有的争议发生于集体劳动关系运行过程中，因违反集体合同的目标性条款或集体劳动关系运行规则条款，或因企业劳动规章制度违反集体合同的劳动条件标准条款，而损害全体劳动者或不特定劳动者权益，不能归类于单个劳动争议，即为狭义集体合同履行争议，但鉴于其仍属于权利争议，故《劳动法》第 84 条第 2 款规定"当事人协商解决不成的，可以向劳动争议仲裁委员会申请仲裁"。①

将现实中的群体劳动争议与法定集体劳动争议进行比较，其区别在于：（1）集体劳动争议的劳方当事人一般是工会及其代表的全体或部分劳动者，故在境外又称为"团体劳动争议"；群体劳动争议的劳方当事人则仅是企业的部分劳动者，在争议发生时并无工会充当其代表。（2）集体劳动争议是因签订或变更集体合同而进行集体协商过程中的争议，或者是因履行集体合同而发生的争议；群体劳动争议则不是围绕集体合同发生的，往往是先发生群体劳动争议，而后可能启动集体协商。（3）集体协商中发生的集体劳动争议，其标的是法定或约定权利以外的利益，故称为利益争议；群体劳动争议就其标的而言，多为权利争议或权利争议与利益争议的混合。有的争议一开始就是两种标的并存，有的争议始于权利争议而后引发利益争议，或者始于利益争议而后引发权利争议。（4）集体劳动争议中的罢工仅针对雇主；群体劳动争议中的罢工（停工）事件则多在针对雇主的同时还针对政府。

---

①　关于集体合同条款的分类（标准性条款、目标性条款、集体劳动关系运行规则条款、单个劳动关系运行规则条款）及其不同效力，见王全兴：《劳动法》，法律出版社 1997 年版，第 199~212 页。

群体劳动争议既然不是集体劳动争议，那么，可否将其视为一种特殊的单个劳动争议呢？例如，有的将其视为"群体性的个人争议"或"个人争议的集合"；① 有的将其视为劳动者10人以上且有共同请求的单个劳动争议即多人劳动争议。② 笔者以为，群体劳动争议也不应归类于单个劳动争议或特殊的单个劳动争议。这是因为：（1）《劳动争议调解仲裁法》中的劳动争议限于权利争议，而群体劳动争议则多为权利争议或权利争议与利益争议的混合。（2）即使仅以权利为标的的群体劳动争议，也不同于《劳动争议调解仲裁法》第7条中的多人劳动争议。其一，就其人数看，群体劳动争议远远超出数以十计即"10人以上"的范围，多是数以百计或数以千计，并且具有开放性，即利益相关的劳动者可能随时加入或退出。其二，就其形式看，群体劳动争议不是各个劳动者分别提出相同诉求，且多不限于以平和的方式提出诉求，而是众多劳动者聚合提出相同请求，其中虽然没有特定组织代表和参与，但也不乏一定程度的组织性，且多以激烈的方式甚至群体抗争的方式提出请求。其三，从其原因看，群体劳动争议多由企业不针对特定单个劳动者而针对特定劳动者群体的行为所引起，例如，企业改制忽视职工安置等权益，较大面积欠薪、拒缴或少缴社会保险费，劳动规章制度不合理或违法而使特定劳动者群体的权益受损，等等。其四，从其处理方式看，群体劳动争议难以像对待多人劳动争议那样拆分为多个一般单个劳动争议分别处理，而需要一并处理。可见，《劳动争议调解仲裁法》中的许多程序规则对群体劳动争议难以或不能直接适用。

上述比较表明，现行集体劳动争议处理立法与群体劳动争议现实之间存在明显错位，即集体协商争议和集体合同履行争议已有法定处理途径，但现实中却罕见这两种争议发生；而群体劳动争议虽然在现实中大量发生，现行立法却没有规定其处理途径。

（二）群体劳动争议的特征

1. 争议主体的群体性

第一，群体性必然要求争议人数为多人，而不是个体。实践中，群体劳动争议涉及多个劳动者甚或大批量的劳动者。

第二，群体性表明争议涉及群体共性利益。群体劳动争议一般涉及许多劳动者的共同利益。例如，许多群体劳动争议是因企业改制中职工安置问题，或因企业拖欠职工加班工资，或因企业擅自制订不合理的内部劳动规章制度，或

---

① 肖竹：《群体性劳动争议应对中的政府角色》，载《行政法学研究》2014年第2期。
② 王天玉：《集体劳动争议的成因差异与分类治理》，载《当代法学》2013年第5期。

因企业拒不为职工购买社会保险等引发。劳动者为了共性的利益，由个体走向群体，形成一种相互依存、相互作用的有机组合体，组成群体维护或共同争取的利益。

第三，群体性体现了组合体的一定开放性。群体与一些组织严密的单位不同，劳动者可以随意加入或退出这个群体，并无太多条件限制，因而群体存在随时扩大或缩小的可能。实践中，同一企业的某个部门发生群体劳动争议，其他部门的劳动者或老乡经常会采取一致行动予以呼应，还有工会、专家学者、律师以及一些为外来工服务的民间组织也会参与，甚至成为群体的组织者。这些新的参与者在进入群体后，也可能提出自己的利益诉求。这将造成群体的不稳定性和复杂性，会增加群体劳动争议的解决难度。

2. 争议主体的组织性

组织是指人们为实现一定的目标，互相协作结合而成的集体或团体。单个劳动者无从形成组织，而多个劳动者也可能不形成组织。由于在群体中存在共同目标，有着共同的利益诉求，需采取共同的行动，这就必然要求群体内部组织化，主要包括：确立明确的目的，确定领导体制，通过系统性结构来规范和限制成员的行为，内部人员的职能分工等。[1] 实践中，发生劳动争议的群体或多或少都有内部的组织化建构，以便参与者为实现共同目标而形成一个协作系统。目前，已有许多群体劳动争议呈现出组织严密、分工明确、行动一致、进退有序的高度组织化特点。[2] 当然，与集体劳动争议中的组织性比较，群体劳动争议在目的的明确性、领导者的组织和发动能力、行动的程序性和计划性等方面相差较远。而且，不同群体的组织化程度并不一样，有高有低，有些群体甚至缺乏明确的领导体制和职能分工。例如，有些群体并无正式的组织体，而是基于乡亲的身份认同或通过在网络中的情绪表达而形成某种非正式的组合形态。又如，有些群体性劳动纠纷存在"无组织但有集体行动"这种多人临时起意并采取共同行动的情况。实际上，任何共同行动的采取都有一个酝酿、策划过程，也都是某些积极分子牵头动员而引起的，只是扮演积极分子的人较为隐蔽或者不固定而已，这是一种特殊的领导机制。

另外，需要特别指出的是，群体劳动争议主体虽具组织性，但基本上与企业工会无关。其实，工会本是劳动者基于维护自身利益而组建的组织体，顺理

---

① ［美］哈罗德·孔茨：《管理学：国际化与领导力的视角》，中国人民大学出版社 2014 年版，第 132 页。

② 孟泉、雷晓天：《"集体劳动争议现状及对企业劳动关系的影响"研讨会会议综述》，载《中国工人》2012 年第 12 期。

成章应是"群体组织化"的主体或主要承担者。但我国发生的许多群体劳动争议中虽有组织化的表征，却根本未见工会在其中发挥任何组织作用。

3. 争议内容的多元性

劳动争议内容可以分为权利争议和利益争议。群体劳动争议的内容一般以权利争议为主，但常常混杂着利益争议。当然，在不同阶段所呈现出的争议内容并不相同，有时是一开始两者皆有，有时是从权利争议演变为利益争议。而且，有些争议内容不属于劳动关系范畴。例如，因社会保险引发的群体争议可能是群体行政争议。又如，有些争议中劳动者提出了建立或改组工会的政治性诉求。还有些争议牵涉到企业的历史问题或当时的政策问题，非依现有的法律法规政策可以解决的。

4. 争议手段的集体对抗性

新闻媒体每提及群体劳动争议，免不了会出现"罢工""怠工""上访""游行""静坐""请愿"等词语。可见，一旦有着共同利益诉求的劳动者被组织起来，劳动者群体所首选的争议手段就是集体化的对抗行动。在群体争议中，劳动者更愿意采取有较强冲突性的手段，而不是以和平理性的态度并依循调解、协商、谈判或司法处理程序来解决劳动争议。究其原因：首先，集体化的对抗行动给予争议对方较大的心理压力和威慑力，劳动者通过这种行为可以向用人单位甚或相关政府部门施压，以便诉求得到满足；其次，单个劳动者的对抗行动所要承担的风险较之集体化的对抗行动更大，劳动者愿意抱团行动，避免受到用人单位的报复。而且，由于缺乏立法规制，采取的集体对抗行为并不仅仅包括罢工（停工）等集体行动，还包括上访、请愿、堵路等非常规的行为，其目的就是想尽办法将事情闹大，扩大影响。

二、群体劳动争议多发的原因分析

作为新型劳动争议现象的群体劳动争议，其多发的原因，或者说，劳动争议以群体争议形式出现的原因，肯定是一个系统性问题，应当从多方面发掘和分析。其中，下述两个方面的原因尤其值得重视。

（一）农民工劳动关系不稳定且处于"双重体制外"状态

国家人力资源和社会保障部《2013 年度人力资源和社会保障事业发展统计公报》显示，2013 年全国就业人员 76977 万人中，城镇就业人员 38240 万人，而农民工总量 26894 万人，其中外出就业的农民工 16610 万人。而群体劳动争议中的"群体"主要是农民工群体。故发掘和分析群体劳动争议的原因，应当以农民工群体为主要切入点。

　　现阶段规模巨大的农民工群体，是我国所处发展阶段特有的一种劳动关系现象。在这一发展阶段，工业化、城镇化不仅进入加速期，而且与市场化、全球化重叠，劳动关系的运行和发展受到工业化、城镇化、市场化、全球化等多种因素的综合影响。就工业化、城镇化而言，现阶段尽管在整体上处于加速期，但在区域进程上呈现不均衡状态，即分别处于工业化、城镇化的初期、中期或后期的区域同时并存，并且，城镇化滞后于工业化和工业化滞后于城镇化的现象也同时并存。于是，一方面，出现了规模巨大的农民工群体；另一方面，农民工群体成为流动性最强的劳动者群体，并且与输入地的当地劳动者处于不平等状态。在上述背景因素的影响下，农民工群体呈现两个显著特点：一是劳动关系稳定程度整体偏低。据 2012 年 2 月 8 日清华大学社会学系联合工众网发布的《农民工"短工化"就业趋势研究报告》显示，"短工化"已经成为当前农民工就业的一个相当普遍的趋势。调查表明，"短工化"的比例相当高，66%的农民工更换过工作，25%的人在近 7 个月内更换了工作，50%的人在近 20 个月内更换了工作；农民工平均每份工作的持续时间为 2 年，两份工作的时间间隔约为半年。从就业形式看，非正规就业主流化趋向更降低了劳动关系的稳定性。劳动派遣、外包用工、非全日制用工、临时工等非正规就业形式发展迅猛，占从业人员总量的比例居高不下。在非正规就业劳动者中，大部分是农民工。二是多处于"双重体制外"状态，即农民工在用人单位内部因多作为低端劳动者和非正规就业劳动者而成为体制外劳动者群体，在用人单位外部因市民化程度偏低而成为公共产品分享上的体制外社会群体。[1] 据统计，农民工大多在制造业、建筑业、交通运输、采掘业及环卫、家政、餐饮等低端服务产业中就业。这些行业中农民工已占从业人员半数以上，仅家政服务行业就有 2000 万农民工。[2] 另据统计，农民工没有与城市居民享受同等的社会保障和公共服务，在就业、教育、医疗卫生、社会保险、保障性住房等方面都存在差距。以 2012 年农民工参保为例，农民工参加城镇职工养老、工伤、医疗、失业和生育等五项基本社会保险的比例仅为 14.3%、24.0%、16.9%、8.4% 和 6.1%，参保率较低。[3] 这两个特点相互交织和互为因果，使集体劳动关系缺少必要的单个劳动关系基础。即是说，农民工群体单个劳动关系不稳定和

---

　　[1]　王全兴：《关于我国劳动关系稳定问题的基本思考》，载《学术评论》2012 年第 4、5 期合刊。

　　[2]　《农民工市民化"新政"加速落实》，http://news.workercn.cn/610/201410/30/141030162649064.shtml，2014 年 11 月 6 日访问。

　　[3]　胡平、杨羽宇：《农民工市民化：制约因素与政策建议》，载《四川师范大学学报（社会科学版）》2014 年第 5 期。

"双重体制外"状态，必然降低劳动者团结程度，难以形成真正的集体劳动关系，劳动争议群体化就是劳动者团结程度低的必然表现。

（二）劳动关系协调机制存在不足

在现代市场经济中，"三方"协调兼"三层"互动框架①是劳动关系协调机制的基本框架。这种框架在我国市场化经济体制改革和劳动制度改革中已基本形成，劳动基准、集体合同、职工民主管理、劳动合同、劳动争议调解和仲裁等协调劳动关系的基本手段都已具备，但在现阶段实效低下，或者说，由于存在不足而出现失灵现象，成为劳动争议群体化的主要原因。主要表现在下述几个方面：

1. 集体劳动关系协调机制的不足

集体劳动关系协调机制中的两种主要制度即集体合同制度和职工民主管理制度，虽然已为立法所确立且有相应的制度设计，但未能将现实中的劳动关系导入真正的集体化轨道。例如，截至 2011 年，有 23 个省（自治区、直辖市）人大制定了集体合同规定或条例，20 个省（自治区、直辖市）党委、政府下发了开展工资集体协商的文件，26 个省（自治区、直辖市）将推进工资集体协商纳入本地"十二五"规划，15 个省（自治区、直辖市）将工资集体协商列入党政工作考核体系，22 个省（自治区、直辖市）协调劳动关系三方机构联合发文开展工资集体协商，17 个省（自治区、直辖市）开展了工资集体协商集中要约行动。② 又如，由中华全国总工会主导的以推动企业普遍建立工会组织和普遍开展工资集体协商为内容的"两个普遍"活动，已在全国全面展开，组建工会和进行工资集体协商的企业不断增多。但是，群体劳动争议并未随之减少而是不断增多。究其原因，主要在于：（1）农民工群体未被集体劳动关系覆盖。在许多企业，处于"双重体制外"状态的农民工群体并未被集体合同和职工民主管理所真正覆盖，企业工会并未成为灵活就业劳动者的真正利益代表，故未被覆盖的劳动者另行选择群体维权的途径。（2）集体协商启动机制受阻。有些企业不愿甚至拒绝集体协商，有些企业工会不敢提出集体协商要约，而劳动群体对这种现象缺少得力的约束手段和

---

① 在"三方"协调兼"三层"互动框架中，"三方"协调，是指政府和劳资双方共同参与劳动关系协调，政府相对于劳资双方处于居中协调者的地位，而不是居高临下的控制者，劳动法律政策的制定、实施过程和劳动关系协调的全过程都由三方共同参与；由于劳资双方主体各有个体和团体两种形式，故"三方"协调又表现为"三层"互动，即政府干预、集体劳动关系协调和单个劳动关系协调三个层次互动，政府与单个劳动关系既直接互动又通过集体劳动关系间接互动。见王全兴：《关于如何界定社会法的再思考》，载蒋月主编：《社会法论丛》（2014 年卷），社会科学文献出版社 2014 年版。

② 王玉普：《在全总十五届六次执委会议上的工作报告》（2012 年 1 月 8 日）。

便捷的救济渠道，并且对劳动者是否有权直接提出集体协商要约和如何直接提出集体协商要约，没有明确的立法规定。故许多群体劳动争议因其集体协商要约被拒绝而引发。

2. 单个劳动关系协调机制的不足

劳动合同制度作为单个劳动关系协调机制的主要制度，在现代劳动法体系和劳动关系协调机制的功能安排中，主要承担稳定劳动关系的职能。故在劳动关系不稳定且已成突出问题的我国现阶段，劳动合同制度的地位显得特别重要。然而，尽管《劳动合同法》已于 2008 年实施，但劳动关系不稳定问题（如劳务派遣和外包用工现象）不但没有缓解，反而在一定程度上加剧了。

我国劳动合同制度未能充分发挥稳定劳动关系的功能，有其历史原因。在我国，作为市场化经济体制改革重要组成部分的劳动人事制度改革，其实质是人力资源配置机制的转型，即由行政配置转向市场配置。劳动合同制度作为人力资源市场配置机制的法律形式，从试点到推广，从实践探索到制度化、法律化，一直是劳动人事制度改革的主线。它经历了四个阶段，即 1978—1986 年的启动阶段（外商投资企业实行劳动合同制度、国有企业劳动合同制度试点）；1986—1994 年的双轨制阶段（国有企业固定工制度与劳动合同制度并存）；1995 年后的全面推行阶段（《劳动法》实施，劳动合同制度全面推行）；2008 年后的向公共部门扩展阶段（《劳动合同法》实施，事业单位实行聘用合同制度）。可见，劳动合同制度的启动和发展过程，实质上是人力资源配置市场化不断扩展和深化的过程。在此过程中，劳动合同制度作为市场化劳动人事制度改革的一种主要手段，打破计划经济体制下的劳动关系超稳定状态，转变人力资源配置机制，推进和保障劳动者自由流动，在劳动合同制度全面推行之前一直是其主要功能，此即市场化改革的功能，也是我国劳动合同制度特有的功能；而稳定劳动关系的功能，在劳动合同制全面推行之前则居次要地位。在劳动合同制度全面推行之后，尤其是出现了大规模的离土又离乡的农民工群体，还有更大规模的待转移的农村剩余劳动力，且国有企业原职工身份被市场化置换之后，劳动关系短期化、劳动合同"一年一签"现象普遍化、劳务派遣等灵活就业形式主流化等劳动关系不稳定问题凸显，才在《劳动合同法》出台前后，受到前所未有的重视。于是，《劳动合同法》的功能体系中，稳定劳动关系的功能一跃成为主要功能，而其市场化改革功能，则因人力资源市场配置机制的基本形成而趋向淡化，[①] 但其稳定劳动关系的功能仍然较弱。并

---

① 王全兴：《关于我国劳动关系稳定问题的基本认识》，载刘俊、王中伟主编：《社会法学研究》2013 年第 1 辑，法律出版社 2013 年版。

且,《劳动合同法》刚刚实施就遭到 2008 年国际金融危机的冲击,其稳定劳动关系的功能在危机应对中被许多地方性政策规定"打折扣",这些规定至今仍未废止。

3. 政府干预机制的不足

在以"强政府、弱社会"为特点的我国现阶段劳动关系协调机制中,政府干预的地位和重要性远非西方国家可比。然而,许多群体劳动争议尤其是群体罢工事件,之所以含有权利争议,之所以在针对雇主的同时针对政府,多直接或间接起因于政府干预的不当和有瑕疵。或者政府对企业侵害劳动者权益的现象查处不力,劳动争议仲裁、诉讼的正常渠道不畅通,以致劳资矛盾积累、发酵和激化;或者劳动者采取群体抗争方式,是试图引起政府和社会关注,向政府施压,迫使政府向企业施压,以此来实现其通过单个维权行为难以实现的权利诉求。现实中,政府在劳动关系协调机制中缺位和越位并存,应当有所为而不作为、不应当作为而作为或者可以作为而乱所为,往往成为群体罢工的直接或间接原因。在近些年的群体罢工中,有的因在政府干预下的企业改制忽视对劳动者权益的保护而引起,如 2009 年的吉林通钢事件;① 有的因企业有欠薪、拒发加班费、超时加班等违反劳动基准法的行为,而劳动监察机构或政府有关部门不及时查处而引起,如广东东莞市横沥镇创英玩具集团 2012 年 1 月 11 日突然倒闭,积欠 3 个月工资,千多员工为讨要工资,走上街头示威;② 有的因企业不为农民工投办社会保险或欠缴社会保险费,社会保险经办和监督机构不查处、不追缴,甚至地方政府允许企业不办社会保险或少缴社会保险费而引起,如广州番禺恒宝公司因拖欠员工几年的社会保险费而引起的罢工事件③和东莞裕元鞋厂因少缴社会保险费而引起的罢工;④ 有的因劳动条件基准缺失而使劳动者基本权益得不到保障而引起,如深圳市沙井黄埔冠星精密表链厂(冠星厂)2011 年 10 月的罢工,起因在于企业持续 5 年未将每天上午、下午各 20 分钟的工间歇息时间列入工作时间而发生的争议,而企业之所以拒绝将

---

① 《吉林通钢事件始末》,http: //www. ce. cn/xwzx/gnsz/gdxw/200908/18/t20090818_ 19810722. shtml,2014 年 12 月 14 日访问。

② 《东莞港资玩具厂倒闭千人示威》,http: //www. jttp. cn/a/report/news/labor/2012/0112/2502. html,2014 年 12 月 14 日访问。

③ 《恒宝厂工人集体维权之路》,http: //www. jttp. cn/a/report/news/labor/2012/0110/2488. html,2014 年 12 月 14 日访问。

④ 《东莞裕元鞋厂未足额为工人购买社保致大规模停工》,http: //news. ifeng. com/a/20140417/ 40003161_ 0. shtml,2014 年 12 月 14 日访问。

工间歇息时间列入工作时间，是因为国家对此缺少明确规定。[①] 此外，政府宏观调控忽视中小微型企业的支持而使其陷入经营困境，劳动争议仲裁和劳动监察等单个劳动者维权渠道不畅通，劳动关系领域有法不依、执法不严、违法不究的社会现象，也是引起针对政府罢工和权利争议罢工的间接原因。

三、群体劳动争议处理的总体思路

（一）逐步提高劳动关系的稳定程度

我国现阶段劳动关系稳定的制约因素来自多方面，既有法律方面的因素，也有法律以外的因素；有的因素可以在近期内得到缓解或消除，有的因素还会持续相当长的时期。故劳动关系的稳定度只可逐步提高，且解决劳动关系不稳定问题需要从多方面着手。仅就稳定劳动关系的法律制度而言，应当与影响劳动关系稳定的多方面因素相对应，构建全方位的稳定劳动关系的法律体系。其主要着力点在于：

1. 重视发挥劳动合同法稳定劳动关系的功能

劳动合同制度是直接稳定劳动关系的核心制度，《劳动合同法》较之以往立法，虽然突出了稳定劳动关系的功能，但该项功能未得到应有的发挥。对此，需要强调：

（1）矫正危机应对中实施《劳动合同法》的应急措施。《劳动合同法》实施之初，正逢许多地方司法机关和劳动争议仲裁机构为应对国际金融危机的冲击而出台了一系列适用《劳动合同法》的内部政策文件，这些文件中包含了一些减弱稳定劳动关系功能的变通性应急对策。为了防止非常时期的应急对策常规化，应当对这些地方内部政策规定进行清理。凡属应对危机的权宜对策，或者与法律规定有抵触的，应当及时修改、更新或终止适用；凡属常规性的规则，经实践检验可行的，应当为《劳动合同法》的配套立法所吸收。

（2）优化对灵活就业劳动关系的规制。从严规制灵活就业劳动关系固然是稳定劳动关系的必然取向，但应当妥当处理劳动力市场灵活与劳动关系稳定的关系。其一，对基于不同原因的非正规劳动关系应当分别对待。例如，基于后工业社会的非正规劳动关系，鉴于其正当性较强，应当从宽规制；而基于单纯降低用工成本的非正规劳动关系，鉴于其歧视性，应当从严规制。其二，对

---

① 《一次纯粹的市场行为——深圳市沙井黄埔冠星精密表链厂劳资谈》，http：//www. jttp. cn/a/report/news/labor/2011/1122/2263. html，2014 年 12 月 14 日访问。

劳务派遣和外包用工应当同步规制。鉴于重劳务派遣规制而轻外包用工规制所导致的劳务派遣多转向外包用工的现状，应当加强外包用工规制，尤其是确立发包人对外包用工的连带赔偿责任，使之与劳务派遣规制力度均衡，从而促使企业仅基于灵活用工的需要选择劳务派遣和外包用工。

（3）优化劳动合同期限制度和解雇保护制度。这两种制度是劳动合同法对稳定劳动关系最得力的法律手段，而实践表明，其稳定劳动关系功能仍然较弱，且缺乏灵活适应性。一方面，应当增强其稳定劳动关系的功能。其一，调整现行的劳动合同期限结构，设计并力图形成以中长期劳动合同为主、以无固定期限劳动合同和短期（临时）劳动合同为辅的劳动合同期限结构，且对短期（临时）劳动合同不适用解雇保护制度。其二，完善解雇保护制度，加重用人单位违法解雇的法律责任。另一方面，应当增强其稳定劳动关系功能的灵活适应性。主要是对劳动合同期限制度和解雇保护制度的适用范围作出结构性安排，即这两种制度不宜普遍适用于各种劳动关系，而应当对不同劳动关系类型就适用范围作出不同的安排。例如，对灵活就业者和小微企业、个体工商户，在无固定期限劳动合同规则和解雇保护规则的适用上，应当有豁免或变通性规定。

2. 扩展稳定劳动关系的法律框架

劳动合同制度对稳定劳动关系而言固然重要，但不可忽视劳动法体系中其他制度对稳定劳动关系的作用。例如，集体合同可在法定解雇保护规则之外约定更高要求的解雇保护规则；提高劳动条件基准水平和通过集体谈判提高劳动条件标准，让劳动者从事"体面劳动"可降低农民工的流动性；加强职业培训既可增强劳动者获取稳定岗位的能力，也可促使用人单位追求劳动关系的稳定性，尤其是出资培训服务期制度与职工培训制度结合，对稳定劳动关系更有积极意义；就业培训将就业质量目标与就业数量目标并重，而劳动关系稳定程度是就业质量的重要内容。

劳动法对稳定劳动关系的作用固然重要，但不可忽视其他部门法律，尤其是社会保障法对稳定劳动关系的作用。例如，提高农民工市民化的程度，是稳定劳动关系所需宏观环境中最为重要的因素，而在加速城镇化进程中增加农民工市民化所需公共产品的供给，则需要经济法和社会保障法共同发挥作用。又如，国有用人单位的体制外劳动者群体是劳动关系不稳定的重点之一，而要消除国有单位的用工双轨制现象，则需要继续深化包括劳动人事制度改革在内的国有企业改革、事业单位改革等各项改革，并需要经济法、行政法等多个部门法律配合发挥作用。

（二）消除农民工"双重体制外"状态

农民工处于"双重体制外"的状态，这是我国特有的国情。消除这种"双重体制外"状态，有赖于在以下几方面做出努力：

1. 建立农民工职业培训的长效机制

农民工受教育程度普遍低于城镇居民，即便新生代农民工也是如此。据国家统计局《2013 年全国农民工监测调查报告》显示，新生代农民工，即 1980 年及以后出生的农民工达 12528 万人，已超过农民工总量的 70%。虽然较老一代农民工的受教育程度有了普遍提高，但仍然偏低，初中以下占 6.1%，初中占 60.6%，高中占 20.5%，大专及以上文化程度占 12.8%。可见，初中与高中文化程度仍然占了绝大多数，与城镇居民的文化程度比较仍有较人差距。因此，为扭转农民工在用人单位内部多作为低端劳动者和非正规就业劳动者的现状，就亟须加大对农民工的职业培训，包括就业前的引导性培训和已在非农产业就业的岗位培训。对此，政府责无旁贷。政府不仅需要加大经费统筹和投入力度，在职业培训机构方面应引入竞争机制，建立"政府引导、市场主导"的模式，[①] 更为重要的是，应当进行职业培训和职业教育的相关立法，明确规定政府、企业、培训机构与包括农民工在内的公民在职业培训中的关系及权利义务，建立健全组织管理体制，完善培训项目招标、培训券补贴、台账管理、检查验收等一系列管理制度，建立包括立法监督、司法监督、行政监督、社会监督在内的职业培训监督系统。

2. 加快农民工市民化的进程

较之老一代农民工，新生代农民工已由过去进城挣钱、回乡发展转向现在进城就业、融入城市发展，对融入城市有着更为强烈的愿望。其对土地的情结弱化，思想观念、生活习惯、行为方式已日趋城镇化，正由"亦工亦农"向"全职非农"转变，由"城乡双向流动"向"融入城市"转变，由"寻求谋生"向"追求平等"转变。[②] 为此，农民工市民化的进程必须加快。对此，政府要着力推进农民工子女融入学校，家庭融入社区，农民工融入城市，逐步实现有条件、有意愿的农民工市民化。[③] 这就需要：继续深化户籍制度改革；建立以公办教育接收农民工子女为主的就学格局；建立覆盖农民工的城镇住房保障体系；建立容纳农民工的城乡对接和异地结算的社会保险机制；等等。其

---

① 高波涛：《农民工职业培训显活力》，载《民生周刊》2011 年第 10 期。

② 国务院发展研究中心课题组：《农民工市民化进程的总体态势与战略取向》，载《改革》2011 年第 5 期。

③ 《中国新生代农民工占总量逾 70% 融入城市愿望强烈》，来源：中国新闻网，http://www.chinanews. com/gn/ 2014/02-20/5861094. shtml. 访问日期：2014-11-8.

中，从劳动法的视角来看，在实现农民工市民化的进程中，尤其要解决城乡平等就业、收入分配和农民工组织化等问题。

（三）畅通劳动者单个维权渠道

群体劳动争议一般历经着"萌芽—发展—爆发"的过程，其萌芽多是单个劳动争议。如果在这一过程中能够及时有效地化解权利争议，则群体劳动争议就可避免。据调查，农民工在其权益被侵害时，93.9%的人不赞同采取极端方式解决问题，53.5%的人不赞同采取对抗方式如罢工解决问题。这表明农民工大都愿意以理性合作的方式解决问题，但由于解决问题的渠道不够通畅，只有5%左右的人会经常运用正规渠道解决问题。[①] 因此，构建有利于劳动者单个维权的畅通渠道，至关重要。对此，重点在于：

1. 构建社会化、多元化的劳动争议调解体系

针对企业内部调解机制萎缩、社会化调解机构不专业且不具权威的现状，需建立公共性的贴近劳动争议一线的专业化的劳动争议调解机构，配置得到劳资双方信任的专兼职社会调解员，强化调解的公信力。同时，不仅强化社区调解，还需建立行业性调解、区域性调解等多元化的调解体系。

2. 畅通劳动争议仲裁、诉讼渠道

针对现行劳动争议裁审体制不利于劳动争议快速处理的弊端，劳动争议仲裁、诉讼制度改革应当集中于实现减少裁审环节、缩短办案时限、简化裁审程序等重点目标，故除了在现行裁审体制的框架中进行劳动仲裁机构实体化、优化劳动争议仲裁程序、劳动审判机构专门化等改革外，[②] 还应当进行或裁或审、仲裁终局、裁审合并等体制创新的试点，为建立便捷、快速处理劳动争议的新体制和新制度做准备。

3. 畅通劳动监察渠道

其重点在于：（1）优化劳动监察与劳动争议仲裁的分工和合作体制。主要是以监察执行劳动基准、仲裁处理合同争议为原则明确界定监察和仲裁的受案范围，并细化受案范围重合时的合作规则，以解决劳动者投诉难的问题。（2）优化劳动监察的职能。主要内容有：被动监察为主转向主动监察为主；应急监察为主转向常规监察为主；事后监察为主转向事前、事中监察为主；单纯监察转向监察与政策咨询、问题解答、指导整改、法律政策培训等服务相结合。

---

① 国务院发展研究中心课题组：《农民工市民化进程的总体态势与战略取向》，载《改革》2011年第5期。

② 王全兴、王文珍：《我国劳动争议处理立法的若干基本选择》，载《中国劳动》2007年第1期。

（四）完善集体劳动关系协调机制

针对农民工群体流动性强和体制外地位的现状，完善集体劳动关系协调机制应当以提高劳动者团结程度为主要目标。其重点在于：（1）加强工会尤其是企业基层工会对农民工的代表性。在基层工会，应提高农民工群体的入会率；鉴于派遣工的特殊地位，有必要在一定区域范围内专门组建派遣工工会组织。（2）扩大集体合同和职工民主管理权利的覆盖范围，在集体协商代表和职工代表大会代表中应当有派遣工等体制外劳动者的代表且须确保其达到一定比例；集体合同中，应当有体现体制外劳动者群体利益的内容；在有的企业尤其是国有企业，还有必要就体制外劳动者群体利益签订专项集体合同。

为减少和消除集体协商前的群体劳动争议，应当建立和健全集体协商的常规启动机制，积极启动集体协商。其重点在于：（1）一旦发生企业未能满足全体或部分劳动者共同诉求的情形，工会组织应当及时与企业协商或者向企业提出谈判要约。（2）企业对全体或部分劳动者的共同诉求，应当主动以协商方式解决；对劳方提出的集体协商要约，应当及时作出承诺。（3）对于企业无正当理由拒绝或拖延集体协商的情形，应当设立相应的约束手段。（4）为应对周期性的劳资矛盾，需要设立集体协商定期化制度（如每年一次的工资集体协商）。

四、群体劳动争议处理模式的选择

对于群体劳动争议应主要由哪个机构处理的问题，各地探索不尽相同。目前主要有两种不同的模式：其一，以行政处理为主，以劳动监察和劳动仲裁处理为辅；其二，以劳动仲裁和法院审判等司法处理为主，以行政处理为辅。

（一）行政处理模式的选择

实践中，行政处理模式已成为常态，但司法处理模式也有实例，其对象多是那些参与争议的人数不太多、采取的抗争手段不太激烈的群体劳动争议。而在行政处理为主的模式中亦有不同类型，一是由当地党委、政府牵头，"联动"各方党政力量，包括人大、公安、工商、劳动监察、法院、劳动仲裁委、工会等共同处理；二是由劳动监察机构牵头处理。

行政处理为主的模式具有一定的政策优势。然而，由当地党委、政府牵头，"联动"各方党政力量共同处理群体劳动争议，实乃出于政治考量而举全力进行处理，没有形成长效处理机制。笔者认为，鉴于已有专门处理劳动争议的部门——劳动监察机构和劳动争议仲裁机构（尽管这些机构在群体劳动争议处理中尚存较大问题，但仍有大量资源可用），故应当珍惜而不是舍弃现有资源，在充分利用现有资源的基础上开拓新资源，并追求现有资源与新资源的优化整合。至于劳动监察机构和劳动争议仲裁机构，由于劳动争议仲裁机构既可进行调解，亦可作出具有法律效力的裁决，而且，劳动争议仲裁机构具有行政性，隶属于劳动行政部门，独立性不强，这本是其缺陷，但在处理群体劳动争议中反而成为优势所在。因此，应以劳动争议仲裁机构为中心构建处理主体体系，劳动监察和其他主体辅助参与处理。当然，也可以将劳动监察与劳动争议仲裁机构合署办公，共同处理群体劳动争议。

这种行政主导下的处理机制的特征突出表现在：一是处理具有随意性，缺乏规范化。在群体劳动争议处理中，哪些主体应参与，各自应发挥怎样的作用，有什么具体的条件和程序，这些都应当通过法律制度作出明确规范，以便保障群体劳动争议的处理有章可循。但实践中，各地政府应对群体劳动争议所采取的处理手段或方式五花八门，并无统一的条件、程序和罚则等制度设计。例如，有的地方政府将劳动者的行为视为"闹事"而严厉打压，从而将劳动者的抗争矛头从企业引向政府；有的地方政府采取的处理方式和处理结果取决于劳动者闹事的程度。这就造成相同或者类似问题处理结果完全不一致。二是处理结果一旦缺乏公正性，易引发不良效应。地方政府常常不是采取让劳资双方坐下来协商谈判的方式，而是采取分别不断向劳资双方施压的方式，尤其是为了尽快平息事态，强力向用人单位施压，甚至逼迫用人单位答应劳动者的不合法诉求。有时，眼见实在无法平息事态，为了维稳甚至不惜动用地方财政资金来满足劳动者的诉求。这种满足劳动者不合法利益诉求的行为，起到了负面的示范效应，使得劳动者冀望以群体力量向企业政府施压，突破法律、合同的规则，实现利益的更大化甚至最大化。这从 2008 年东莞合俊公司因欠薪而引发的群体劳动争议、2009 年吉林通钢因资产重组和职工安置而引发的群体劳动争议、2011 年南京 LG 公司因年终奖发放而引发的群体劳动争议、2014 年东莞裕元鞋厂因未足额为工人购买社保而引发的群体劳动争议、2014 年常德沃尔玛因关店及经济补偿金而引发的群体劳动争议等的处理情况可见一斑。

（二）司法处理模式的选择

在实践中，司法处理模式有较大局限性。劳动监察和劳动仲裁处理群体劳动争议时，面临着如何有效维护社会稳定的政治压力，一般会极其慎用代表人诉讼制度，而选择单独立案、并案处理，或者单独立案、分案处理。[①] 这两种

---

① 李娜等：《群体性劳动争议解决机制研究——以和谐社会的构建为视角》，载《法治论坛》2009 年第 2 期。

方式其实并不适合处理群体劳动争议。劳动监察和劳动仲裁审理劳动争议时所特有的程序运行规则、证据规则、时效规则等都对处理结果产生影响。一旦结果不利于劳动者，则不仅不能平息争议，反而会使争议扩大化。例如，群体劳动争议处理，若进入仲裁或诉讼，原则上只有实体请求权的享有者才能提起并成为当事人。然而，群体劳动争议的参与者并不限于实体请求权的享有者。而这种限制会让劳动者群体感到不公平且会激化矛盾。又如，由于针对单个劳动者的裁判没有扩张效力，其他受害劳动者要获得赔偿，需重新走一遍程序。这也会让劳动者对这种程序失望，进而选择采取激进的对抗手段来达到快速获得赔偿的目的。

以广州市为例。2017 年，广州市 10 人以上劳动争议调解仲裁案件数量为1561 起，[①] 虽然同比上升 22.24%，但是涉案人数共 45899 人，同比下降17.64%；其中，50 人以上重大群体性劳动争议调解仲裁案件数量和涉案人数下降幅度较大，案件数量从 2016 年的 55 起减少至 2017 年的 29 起，同比下降 47.27%，涉案人数从 2016 年的 6867 人减少至 2017 年的 3156 人，同比大幅下降 54.04%（详见表 3-1）。2017 年，广州市 10 人以上的群体性劳动争议仲裁案件中最终进入诉讼程序的有 63 起，约占群体性劳动争议调解仲裁案件总量的 4%，相对于 2015 年的 103 起、2016 年的 76 起，涉诉案件在数量上进一步下降（详见表 3-2）；其中，50 人以上的重大群体性劳动争议仲裁案件最终进入诉讼程序的仅有 8 起。广州市人民法院在处置重大群体性案件方面已经摸索出一套行之有效的"组合拳"。2017 年某造船公司产能转移引发了涉 8700 人的重大群体性纠纷，在处理该重大群体性劳动争议案件中，荔湾区法院联合劳动监察、综治维稳等相关职能部门，通过采取提前介入、综合协调、分类处置、司法调解确认等多种措施，妥善处理了该起涉8700 人的重大群体性劳动争议案件，除了 4000 多名自愿随迁至南沙厂区的员工外，针对 1400 多名选择办理离职手续员工，荔湾区法院共出具了调解书 929 份，调解标的 7100 万元，履行率达 100%，随后无一个案件进入仲裁诉讼程序。[②]

---

① 同一个用人单位与多个劳动者产生的类似劳动争议纠纷在统计上称一起案件。

② 广州市中级人民法院：《广州市劳动争议审判白皮书（2018 年）》，访问网站：http：//www.gzcourt. org. cn/xwzx/bps/。

表 3-1 广州市群体劳动争议案件受理情况

	案件数			涉及人数		
	2016 年	2017 年	同比	2016 年	2017 年	同比
调解	665	1082	62.71%	36811	34217	-7.05%
仲裁	612	479	-21.73%	18918	11682	-38.25%
50 人以上	55	29	-47.27%	6867	3156	-54.04%
合计	1277	1561	22.24%	55729	45899	-17.64%

表 3-2 广州市群体劳动争议案件进入诉讼程序情况

	2015 年	2016 年	2017 年
调解仲裁案件数	1408	1277	1561
诉讼案件数	103	76	63

数据来源：广州市中级人民法院《广州市劳动争议审判白皮书（2018 年）》。

可见，司法处理的优势也是非常明显的。主要如下：

1. 便于查明争议内容和原因

前文已述，群体劳动争议内容具有多元性的特征，需要弄清楚群体劳动争议中包含哪些具体的争议。有人主张将群体劳动争议中的不同争议类型分开处理，即如果是劳动争议则适用劳动争议处理程序，如果是行政争议则适用行政争议处理程序，如果是其他争议则另行适用专门的处理程序；其中，劳动争议还需将权利争议与利益争议分开处理。权利争议适用一般的劳动争议处理程序，利益争议适用集体协商争议处理程序。从法律视角来看，这种分类处理无疑是正确的，但在实践中显得过于理想化。一方面，这与及时、有效地平息纷争的处理理念相悖；另一方面，这将徒增劳动者的维权成本和争议处理机构的处理成本，不利于争议处理主体设计一揽子方案统一解决。其实，厘清争议内容是为了便于争议处理机构更好地认识争议性质并采取恰当的处理方式和设计恰当的解决方案，而不是把一个群体劳动争议分成几个争议在不同处理机构分别进行处理。

造成群体劳动争议的原因是多方面的，既有企业的原因，也有政府的原因或其他原因。查明原因是为了确定责任归属。例如，广州市人社局《关于广州市工伤保险扩面和农民工先行参加工伤保险若干操作问题的通知》（穗劳社函〔2006〕1000 号）第 1 条规定："所有用人单位应按《意见》等文件的规

40

定，为与之建立劳动关系而尚未参加社会保险的农民工先行参加工伤保险。"其第 5 条规定："用人单位已为农民工依法参加各项社会保险的，不得停保转为单独参加工伤保险。但对新参保者允许先行参加工伤保险。"广州市人社局《关于农民工参加工伤保险有关问题的通知》（穗人社发〔2010〕82 号）第 1 条、第 2 条也作出了类似规定。因此，企业遵循广州市人社局的规定只为农民工缴纳了工伤保险费，虽然与 2011 年实施的《社会保险法》的规定相悖，却符合广州市政府的相关规定。因此，找出真正的原因才可提出正确的解决方案，并要求引发争议的相关部门协同处理。在司法机关的主导下，便于查清争议内容和原因，并在司法机关主导下统一协调处理。

2. 有利于尽快平息群体对抗行动

由于群体劳动争议中劳动者所采取的手段具有对抗性，因而一旦发生群体劳动争议，首先需要平息这种对社会具有一定破坏性的行动，才可以在平和理性的心理状态下依循正确的途径予以处理。对此，行政处理方式主要包括：事态控制，即制定现场应急方案，动员多方力量并采取一切可能措施先疏散聚集的群众，并及时向上级领导汇报现场工作进展情况；教育引导，即了解争议群众提出的主要问题，并进行对话，做好解释疏导工作；协调联络，即通知争议群众所在单位负责人赴现场进行劝导，动员家人参与，做好思想教育工作等。除了行政方式之外，司法调解制度的广泛开展，也为协调处理群体劳动争议带来更多机会。例如，英国的咨询调解与仲裁委员会（ACAS）和美国的联邦调停调解局（FMCS）都具有为劳资双方提供咨询的功能。因此，可在司法机关主导下设立专门的咨询机构。咨询有助于双方对事态有一个清楚、正确的预判，也有助于双方采取正确的行动。咨询机构的构建应注意：（1）咨询团队应由司法机关牵头组建，成员主要是在社会上具有一定公信力的学者、律师、社会组织，且应具有一定的独立性，以取得劳资双方的信任。（2）劳资双方可以自主选择咨询专家。（3）咨询专家应当在法律法规咨询和争议解决途径上为争议群体作出解答，并尽量说服争议群体不要采取暴力或其他具有破坏性的行动。

（三）协商调解不成可以强制裁决

通过引导双方自行协商来解决争议是一种有效的处理方式。因此，有必要将群体劳动争议的协商调解与集体劳动关系协调机制对接，将其纳入集体协商的轨道。这就需要就以下要点进行制度设计：（1）协商的引导者。根据我国《劳动法》第 84 条和《集体合同规定》第 49 条的规定，因签订集体合同发生争议，当地劳动行政部门负有督促、组织各方协调处理的职责。群体劳动争议时常包含利益争议，在处理时可以将其视为集体劳动争议。群体劳动争议的调解，需要较为强势的处理主体对劳资双方施加压力，以便劳资双方可以就争议事项进行协商谈判。这一协商的引导者应是劳动仲裁机构。（2）协商主体。按照《劳动法》《集体合同规定》的相关规定，劳方的协商主体以工会为其主要代表。如果没有工会，则由全体职工选出的职工代表为协商主体。但由于工会存在代表性和独立性等瑕疵，一般不是群体劳动争议中的劳方代表，再加上群体劳动争议中劳方组织性较弱，有时难以或不愿选出代表出面与企业协商谈判。故对群体劳动争议中的劳方协商主体需灵活规定，既可是经参与群体劳动争议劳动者认可的工会，也可是劳动者选出的职工代表，还可是劳动者聘请的学者或律师。（3）协商内容。既可是利益争议，也可是权利争议，以解决争议为主，对协商内容不作限制。（4）协商结果的效力。将通过协商谈判取得的协议纳入集体合同，产生集体合同的法律效力。（5）对协商期间的双方行为作出规范。包括对劳动者的罢工、停工等群体对抗行为以及用人单位的拒绝协商、不诚信协商等行为作出规范，并规定相应的法律责任。

对于经协商调解而达不成协议的群体劳动争议，为防止争议久拖不决，需由劳动争议仲裁机构进行裁决。由于我国的劳动争议仲裁具有准司法性质，如果争议内容为权利争议，则对其进行仲裁在学界并无异议；如果争议内容为利益争议，则有不同意见。大部分人认为，因利益争议为缔约争议，仍需由劳资双方协商确定，而不能由第三方确定一个协议或先进行利益分配然后再强加于劳资双方。因此，利益争议不能通过司法程序解决。① 然而，在西方国家的集体劳动争议处理实践中，仲裁一般为必备的选项之一。当然，这种仲裁大都由劳资双方在集体合同中约定，且仲裁不是由司法机关作出而是由独立人士以私人身份作出，其裁决结果是终局的，对双方当事人具有约束力。一些学者也探讨过通过劳动争议仲裁来处理集体劳动争议。② 因此，对于久调不息的群体劳动争议，还是需要一个定分止争的裁决。

---

① 史尚宽：《劳动法原论》，正大印书馆 1978 年版，第 152 页。
② 郑尚元：《劳动争议处理程序法的现代化》，中国方正出版社 2004 年版，第 209 页。

第四章　劳动监察与司法处理关系之探究

　　劳动监察是指劳动行政机关对《劳动法》执行情况进行监督检查、纠举、处罚等一系列监督活动。劳动者与用人单位的弱强差别，使得用人单位侵害劳动者权益的行为成为可能，就需要外部公权力的介入以维护劳动者权益。因此，由劳动行政机关对违反《劳动法》的用人单位予以监督、检查、处罚，责令违法的用人单位承担一定行政责任，① 这是世界各国的普遍做法。劳动监察本质上是一种国家责任，由劳动行政部门代表国家对违法的用人单位进行监督、检查、纠举、处罚，强制要求用人单位履行劳动法定义务。具体的行政处罚措施主要包括警告、罚款、责令改正、责令停产整顿、责令支付赔偿金、责令限期缴纳、暂扣或吊销营业执照、行政拘留等。劳动监察具有职权法定性（劳动监察部门严格依法实施监察）、对象特定性（其监督检查对象只是用人单位）、行政性（劳动监察是行使行政权力的具体行政行为）和强制性（劳动监察具有国家强制力）等特点。劳动监察是行政处理中最为重要的方式，其与司法处理的关系就是行政处理与司法处理的关系的缩影。

一、劳动监察的优缺点

（一）优点

　　第一，劳动监察通过公权力维护劳动者的利益关切。劳动者最为关注的是其基本劳动权益，也就是涉及劳动基准的相关权益，而劳动监察的适用范围主要就是劳动基准相关事宜。例如，根据《劳动保障监察条例》的规定，劳动行政部门实施劳动监察的事项主要有：用人单位遵守支付劳动者工资和执行最

---

　　① 例如，有些学者认为，行政责任主体只限于行政主体。见方世荣主编：《行政法原理与实务》，中国政法大学出版社 2007 年版，第 164 页。

低工资标准的情况；用人单位遵守工作时间和休息休假规定的情况；用人单位遵守禁止使用童工规定的情况；用人单位遵守女职工和未成年工特殊劳动保护规定的情况。在用人单位违反劳动基准的情况下，劳动者可以请求劳动监察部门予以救济。由于劳动监察是直接针对用人单位进行的行政执法行为，即用人单位是劳动监察的执法对象，而劳动者在劳动监察部门的行政执法过程中并不是当事人，因此其获得的救济也是间接的。然而，劳动者的劳动权益却通过劳动监察而得到了切实保护。

第二，劳动者通过劳动监察的维权成本较低，而且由于公权力的介入，纠正侵犯劳动者权益的违法行为的威慑力更强，是维护劳动者权益的有效手段。劳动监察本质上是一种国家责任，当用人单位违反《劳动法》时，由劳动监察部门代表国家对违法的用人单位进行检查、纠举、强行要求其履行法定义务。劳动监察部门执法手段较多，且启动和实施的速度较快，可以有效降低劳动者的维权成本。而相对其他救济措施，特别是司法处理程序，由于成本高、耗时长，往往让劳动者望而却步。因此，一旦劳动者的基本劳动权益受到损害，前去劳动监察部门请求救济，往往是劳动者的第一选择。

第三，劳动监察可以综合地、共同地解决用人单位对劳动者合法权益的侵犯，从而保证劳动基准的普遍实施。一旦劳动者向劳动监察部门投诉，例如，投诉工资被拖欠，则劳动监察部门在检查、纠正等处理过程中，并不仅仅处理投诉劳动者的个案，可能要求用人单位全部纠正相关违法行为。而如果劳动者将其争议诉诸司法程序，按照"不告不理"的司法处理原则，司法机关只能进行个案处理，即单个地纠正用人单位在某一案件中的违法行为，司法机关的判决对同样遭受侵权的其他劳动者则是无效的。实际上，用人单位侵犯劳动者基本权益往往不仅是针对个别劳动者，而是针对为其工作的全体劳动者，但劳动者处于弱势地位，且担心用人单位报复以至于劳动关系不稳定，并不敢提起诉讼。

关于劳动监察处理与司法处理的维权成本问题，有学者专门做过调研。以劳动者被拖欠工资为例，学者发现，多数劳动者会首先去劳动监察大队进行投诉。从处理成效来看，由劳动监察大队介入协商解决的占比为20%，由劳动监察大队立案调查解决的占比为25%，劳动监察大队不能解决转而提起劳动仲裁解决的占比为25%，最终争议进入法院的并由法院解决的占比为30%。对于劳动者而言，每个维权路径下所花费的成本都不一样，直接影响到劳动者对程序的选择。主要有以下四种维权方式：

第一种方式：在劳动监察大队介入下双方协商解决。劳动者向劳动监察大队投诉并寻求救济，劳动监察大队会向用人单位问询并协商处理。劳动者为此至少需要到劳动监察大队和用人单位各 1 次，交通费、餐饮费需要耗费 60~75 元。所需要的时间成本则至少是 7 天，包括投诉需要耗时 1 天，与用人单位协商至少需要耗时 4 天，最终拿到工资至少需要耗时 2 天。

第二种方式：劳动监察大队立案调查解决。这种情况一般是在劳资双方协商不成时，劳动监察大队才登记立案并进行调查取证，对案件提出处理意见，然后下发处罚决定书。劳动者为此需要花费查询费用 50 元（工商部门）、交通费 40~60 元、餐饮费大约 30 元。劳动者所耗费的时间成本主要包括大约 7 天的等待协商结果时间、5~10 个工作日的劳动监察大队处理时间、2~15 天的执行时间。

第三种方式：劳动监察大队不能解决转而提起劳动仲裁解决。除了前述的环节之外，又多了一道劳动仲裁的处理程序。为此，劳动者的经济成本和时间成本都会大大增加。在这种情况下，经济成本也将有所增加，包括到劳动争议仲裁委员会立案 1 次，开庭 1 次，领取裁决书 1 次，这期间所花费的交通费和餐饮费需要 50~65 元，仲裁的花费至少要 53 元。所增加的时间成本包括仲裁时间共 15~40 个工作日。

第四种方式：争议进入法院并由法院解决。劳动仲裁是前置程序，因而相较前述环节，又增加了一道法院的诉讼程序。如果走完法院的两审程序，所增加的法院立案、开庭、庭询、领取判决书、申请强制执行等花费交通费共 130~185 元，餐饮费至少 70 元，诉讼费 26~29 元。所增加的时间成本为 30~120 个工作日。

以上仅为劳动者维权所花费的最低成本。如果需要聘请律师，则花费更大。如果用人单位属于恶意欠薪方，则维权的成本和难度也相应增加，甚至远远超过所讨要的薪酬。[①]

（二）缺点

第一，公权力的扩张性可能影响私权利的行使。劳动监察本质上是国家责任，且属于行政行为，背靠强大的国家机器和行政机关，相对于用人单位等行政相对人来说，处于强势地位。公权力天然具有无限扩张性，因此，必须加以约束和限制。劳动监察受地方政府影响大，公权力可能会积极行使劳动监察，对用人单位违法行为予以纠正并处罚，但公权力也可能消极应对，甚至出现偏袒用人单位的行为。再者，公权力过度介入也会给地方政府带来风险，将劳资冲突转化为劳动者与政府的冲突或者用人单位与政府的冲突。

---

① 戴俊玉、陈耀庭：《基于劳动监察、劳动仲裁、法院判决途径的劳动者讨薪维权成本分析》，载《中国人力资源开发》2014 年第 22 期。

第二，劳动监察人员不够，力量有限，无法实施普遍的监察。劳动监察部门编制紧张，经费短缺，人员不足，而且劳动监察机关只是众多行政执法机关之一，并且相对于公安机关等而言，更是属于次要的执法机关。鉴于各个执法机关都存在类似问题，如果大幅度增加编制，必然导致行政机关膨胀。但如果不增加编制，又无法应对和处理数量众多的劳动者投诉，更无法主动去实施劳动监察，及时发现劳动违法行为并进行处理，将劳动纠纷化解在未然状态。

第三，劳动监察手段有限，尤其不能像法院一样对用人单位予以强制执行。劳动监察属于行政执法，行政执法虽然具有快捷等优势，但缺乏司法机关所具有的强制性，如果用人单位拒不执行，则无法对用人单位实施强制执行。例如，劳资双方在赔偿问题上发生争议时，具体的赔偿金额不能由劳动监察裁定，只能在劳动监察部门的主持下由双方自行协商，协商不成的就只能诉诸司法。又如，劳动监察部门作出了对用人单位的行政处罚之后，并没有强制执行权，如果用人单位拒不履行，也只能申请法院强制执行；在处理欠薪问题时，劳动监察部门也无权对欠薪的用人单位实施财产冻结和限制其法定代表人人身自由等强制手段。

二、劳动监察与司法处理的重合[①]

用人单位违反劳动法律，既可能承担侵权责任，也可能承担违约责任。一方面，我国劳动法律明确规定了劳动者所享有的诸如最低工资、最高工时、工资获得、生命健康保障等基本劳动权益。相对应的，用人单位负有保障劳动者权利实现的拘束义务。而且，用人单位违反劳动基准，不仅侵害了劳动者的基本劳动权利，亦是对劳动者的生存权、健康权、人格尊严权等人权的侵害，必然承担较重的责任。另一方面，劳动者基本劳动权益也是约定在劳动合同中的，用人单位的这些行为也是违约行为，可要求用人单位承担违约责任。

对于用人单位违反劳动法律的行为，劳动者既可以寻求行政部门处理，亦可诉诸司法程序处理。劳动监察程序与劳动争议处理程序存在较大区别：一是本质特征不同。劳动争议处理主要处理因劳动契约而生的争议，具有私法性，而劳动监察处理因用人单位违反劳动法律的强制性规定而引发，具有行政执法的公法性。因此，在劳动争议中属于私法特征的部分，可以由劳动争议处理程序予以处理，而其中属于公法特征的部分，则应交由劳动监察程序处理。二是

---

① 刘焱白：《劳动基准法权利救济程序的冲突及其协调》，载《法商研究》2010年第3期。

所适用的法律存在差异。劳动监察只适用强行性法律规范，也就是说，用人单位只有违反了强行性法律规范才可适用劳动监察。而劳动争议处理既可适用强行性法律规范，也可适用任意性法律规范，因为劳动者既可以侵权亦可以违约名义追究用人单位的责任。三是处理机构不同。我国构建了多元化劳动争议处理机制，既有司法处理、行政处理，亦有社会处理。其中，司法处理机构包括劳动争议仲裁委员会和法院。而劳动监察则由劳动行政部门具体负责执行，是典型的行政执法行为。四是启动程序不同。劳动争议处理程序依循不告则不理的原则，需要当事人请求处理才可受理，而劳动监察程序不必遵循不告不理原则，可以主动启动劳动监察程序。五是法律责任不同。经过劳动争议处理程序，当事人所承担的责任一般为民事责任，而经过劳动监察程序，当事人所承担的责任一般为行政责任。由此可见，对于劳动者而言，劳动争议处理程序为民事救济，而劳动监察程序则为行政救济。①

然而，我国劳动争议处理程序的受案范围与劳动监察程序的受理范围存在一定重合。需要说明的是，由于劳动仲裁的受案范围与劳动诉讼的受案范围基本一致，而且，我国劳动争议处理实行劳动仲裁前置，不经仲裁，当事人不能直接向法院提起诉讼的处理程序，故在此仅以劳动争议处理程序中的仲裁程序为例，与劳动监察程序进行比较研究。劳动监察程序的受理范围包括有关劳动者实体权利的强行性法律规范和关于劳动关系运行规则的强行性法律规范的适用争议，而劳动仲裁程序的受理范围包括以劳动合同、集体合同、内部劳动规则以及以劳动法律法规和政策为依据的劳动权利义务所发生的争议。② 例如，根据《劳动争议调解仲裁法》第 9 条的规定，用人单位违反国家劳动法律规定，拖欠或者未足额支付劳动报酬，或者拖欠工伤医疗费、经济补偿或者赔偿金的，劳动者可以向劳动行政部门投诉，劳动行政部门应当依法处理。而对于这些争议事项，毫无疑问也是属于劳动争议仲裁的受案范围。因此，劳动者既可要求劳动监察部门处理，亦可要求司法机关处理，导致这两者程序存在重合。当然，《劳动争议调解仲裁法》第 9 条的立法本意是，对于那些事实清楚、双方并无重大分歧的劳动争议，直接引导劳动者向劳动行政部门投诉处理，以便尽可能减少进入司法程序的劳动争议数量。③

劳动监察受案范围与劳动仲裁受案范围存在如下关系：一是单向关系，即

---

① 刘焱白：《劳动基准法权利救济程序的冲突及其协调》，载《法商研究》2010 年第 3 期。

② 王全兴：《劳动法》（第二版），法律出版社 2004 年版，第 416 页。

③ 肖竹：《论〈劳动争议调解仲裁法〉构建的裁审体制及与劳动监察的关系》，载《中国劳动关系学院学报》2009 年第 2 期。

劳动监察与劳动仲裁分别拥有对某类争议的独有的排他的处理权；二是互补关系，即在处理功能上，劳动监察程序与劳动仲裁程序对某类争议相互补充，共同处理；三是选择关系，即对于某类争议，劳动监察程序与劳动仲裁程序皆有权处理，可以由当事人选择。[1] 例如，《劳动争议调解仲裁法》第 9 条所规定的拖欠或者未足额支付劳动报酬的案件，就属于劳动监察与劳动仲裁均有权处理的事项，劳动者可以选择适用。

对于劳动争议处理程序与劳动监察程序存在重合，学界其实认识一致，然而，对于这种重合是否应当保留，则存在较大争议。早前，有主张两者应当完全重合的，有主张应当部分重合的，还有主张应当截然分开的。[2] 当然，现在主张应当完全重合的观点已然不见，主要争议在于是否应当部分重合。有人认为，虽然我国立法一直坚持劳动监察程序与劳动争议处理程序重合管辖的观点，但在新的《劳动保障监察条例》出台之后，重合幅度有所缩小。这种重合立法其实并未注意到劳动监察代表的公法救济和劳动仲裁代表的私法救济的区别，也未能认识到契约纠纷与侵权纠纷之性质差异性，以至于在实践中造成劳动者寻求了错误的救济手段：循劳动监察程序处理劳动合同争议，而循劳动争议仲裁程序处理侵权责任。而且，劳动监察程序与劳动争议处理程序的重合并不形成双重保护的局面，反而在实践中会造成"两边都管、两边都不管"的局面，导致劳动监察机构与劳动争议仲裁机构对相关管辖权要么争夺要么推诿。其实，劳动监察程序与劳动争议处理程序在执法尺度上存在明显差异，在不同程序下的处理结果也是不同的，这种重合在处理令劳动执法的制度成本不断升高。因此，应当截然区分这两种性质完全不同的程序，将公法部分交由劳动监察机构处理，将私法部分交由劳动争议仲裁机构处理。[3]

我们以为，部分重合的主张虽有不妥之处，但主张截然分开也有不合理之处。这是因为，劳资争议事项中往往兼具私法与公法事务，先由当事人将其截然分开，再依循不同程序予以处理，又会带来新的问题，即这些争议难以明确区分。何者为私法性的，何者为公法性的，本身就是一个值得商榷的问题。这些问题在学术上进行争论可以，但要求实践部门予以严格区分并分别处理，将

---

[1] 肖竹：《论〈劳动争议调解仲裁法〉构建的裁审体制及与劳动监察的关系》，载《中国劳动关系学院学报》2009 年第 2 期。

[2] 黎建飞：《劳动法的理论与实践》，中国人民公安大学出版社 2004 年版，第 506~550 页；王全兴：《劳动法》（第二版），法律出版社 2004 年版，第 416 页；董保华：《劳动保障监察与劳动仲裁选择或互补》，载《中国劳动》2005 年第 1 期。

[3] 郑尚元：《劳动合同法的制度与理念》，中国政法大学出版社 2008 年版，第 447 页；张晓坤：《浅析劳动监察与劳动仲裁》，载《工会理论研究》（上海工会管理干部学院学报）2005 年第 4 期。

加大相关部门的处理难度。况且，如果劳动者没有这种区分能力的话，势必也会给劳动者维护权益带来较大的阻碍，就算可以区分，也会给劳动者增加更多负担，因为分别处理不仅使得程序更加烦琐，也使得劳动者救济成本增加。因此，赋予劳动者更多的救济程序，且将适用哪种救济程序的选择权交由劳动者，不仅使劳动者的权益得到更好保护，也能保障劳动者在救济程序中的主体性。这在许多国家都是如此。例如，日本《劳动基准法》就规定，作为劳动监察的劳动基准监察署，其主要工作职责就包括应答处理来自劳动者个人的因劳动关系而产生的各种求助或投诉，当然，劳动者也可提起诉讼。① 因此，日本的劳动监察与劳动争议处理的受案范围就是重合的，而不是截然分开的，在处理劳动者的投诉时，日本的劳动行政部门采取综合的处理方式，向劳动者推荐多种救济机制，由劳动者进行选择，既可以选择由劳动行政部门处理，也可以选择提起劳动争议诉讼。

因此，我们认为，现阶段需要解决的关键问题并不是如何将两种程序予以截然分开，而应当是解决好重合所导致的冲突问题。②

三、劳动监察与司法处理的冲突③

（一）程序选择上的冲突

我国立法所确立的劳动监察程序与司法处理程序的重合，赋予了劳动者双重的救济途径，其立法本意在于便利劳动者的维权，以便劳动者可以选择对自己有利的救济程序。然而，事实并不如设想的。在实践中，并不是任由劳动者选择救济程序，而是规定了非此即彼的二选一模式，即如果劳动者选择其中一种程序获得救济后，就不得另行选择其他程序了。这就是前述的单向关系，表明劳动者虽有选择权，却没有拥有双重的救济途径。例如，《劳动保障监察条例》第21条第2款就规定："已经按照劳动争议处理程序申请调解、仲裁或者已经提起诉讼的事项，劳动保障行政部门应当告知投诉人依照劳动争议处理或者诉讼的程序办理。"即明确排除了劳动监察部门对已涉诉案件的处理权。各地的劳动保障监察办案程序规则也有类似规定。

---

① 日本《劳动基准法》《劳动安全卫生法》《最低工资法》《工资支付保障法》《劳动者灾害补偿保险法》等，http：//WWW. mhlw. go. jp/topics/2008/12/tp1216-1. html，2018-03-20。
② 刘焱白：《劳动基准法权利救济程序的冲突及其协调》，载《法商研究》2010年第3期。
③ 刘焱白：《劳动基准法权利救济程序的冲突及其协调》，载《法商研究》2010年第3期。

实际上，劳动监察程序与司法处理程序并不相同，对劳动者的权益保障力度也不一样，一旦劳动者选择不当，会造成其权益得不到较好保障的后果。例如，在用人单位侵害劳动者权益需要承担损害赔偿责任时，按照劳动监察程序处理的话，劳动监察部门处理的结果仅是对用人单位处以罚款，所罚款项要上缴国库，而劳动者的损失没有得到应有的赔偿；司法机关一般不对用人单位的行为予以罚款处理，而是要求用人单位承担赔偿责任，补偿劳动者所受损失。又如，虽然某些情况下劳动行政部门也可以责令用人单位支付赔偿金给劳动者，但由于劳动行政部门责令用人单位支付赔偿金给劳动者是一种具体的行政行为，用人单位对此不服的，可以依法提起行政诉讼，由法院判定行政机关的处理决定是否合法。如果法院认定劳动行政部门的具体行政行为不合法，劳动行政部门可能需要赔偿用人单位所受损失，因而劳动行政部门的行政行为存在一定的风险，在对用人单位决定处罚时存在一定的顾虑。然而，在司法处理中，即便劳动争议仲裁委员会或法院裁决用人单位需要承担民事责任，用人单位也不能为此而对劳动争议仲裁委员会或法院提起行政诉讼。如果属于终局性的裁决，用人单位必须遵照执行，因而劳动争议仲裁委员会或人民法院并无是否处理错误的顾虑。由此可见，就劳动者的保障程度而言，较之劳动监察程序，劳动争议处理程序对劳动者的保障程度更高。

（二）职能处理上的冲突

虽然司法处理程序与劳动监察程序在受案范围上存在重合，但其实两者的职权存在明显的不同。劳动争议处理主要处理因劳动契约而生的争议，具有私法性，而劳动监察处理因用人单位违反劳动法律的强制性规定而引发，具有行政执法的公法性。因此，对于劳动争议中的私法性部分，应通过劳动争议处理程序处理，而对于其中的公法性部分，则通过劳动监察程序处理。劳动监察是典型的行政执法行为，与劳动争议仲裁委员会或法院这种司法处理行为不同。劳动争议处理程序并不涉及行政处罚，而劳动监察程序又无法顾及民事责任，因此，仅仅只有一种程序，都不可能周全地让劳动者救济自己受到损害的权益，都可能因为劳动监察与司法处理在职能上的分裂而导致救济的不完整。这样，劳动者可能需要在不同程序之间转化，即在司法处理之后或者行政处理之后，劳动者需要另外寻求其他处理方式，这反而增加了劳动者的救济成本。

（三）实体权利处分上的冲突

在劳动监察程序中，劳动行政机关大都只能处理法律强制性规定的当事人不得处分的实体权利义务争议，而在劳动争议处理程序中，裁判机关大都只能处理当事人可自行处分的实体权利义务争议。^①　因此，在劳动争议处理程序中，劳动者对其实体权利可以任意处分，而在劳动监察程序中，劳动者对其实体权利却不得自行处分。不同程序中对实体权利处分存在不同的要求，会造成在不同程序中法律适用上的差异，以及产生的法律后果也是不同的。因而劳动监察只能处理涉及当事人不能自行处分的实体权利义务，可自行处理的其余部分则需要劳动者诉诸司法程序，无疑将使得劳动者的救济成本加大。在劳动争议处理程序中，需要处理最低工资、最高工时的争议时，由于这些事项都是法律强制规定的，于双方当事人而言并无调解空间。因此，将司法调解与行政调解相区别意义不大。^②

四、劳动监察与司法处理的协调[3]

（一）救济程序选择上的协调

注重当事人对救济程序的主体性是现代法治的基本要求，应赋予当事人在救济程序中的主体地位，可以自主选择程序和主导程序的进行。由于当事人自己参与了程序的选择，自行决定了程序的进行，因而即便最终的处理结果对其不利，也是其自主选择的结果，当事人接受结果的可能性更大。^④　在劳动关系领域，也需要尊重劳资双方的主体地位，赋予其作为自主、负责和理性的主体地位，劳资双方都有权参与程序的选择，也有权与处理机构一起成为整个过程的辩论者、协商者和被说服者，有机会形成最终处理结果。这样，双方当事人都会感到处理结果的正当性和合理性。

然而，在劳动争议处理中，劳资双方，尤其是劳动者的程序主体性常被忽略，也就是说，当事人在救济程序上的选择方面，立法总是做出诸多限制或不当引导，这就剥夺了当事人的主体地位。例如，根据《劳动保障监察条例》的相关规定，劳动监察时效规定为 2 年，而反观劳动争议仲裁，其时效为 1 年，劳动仲裁时效比劳动监察时效要短。这样，法律似乎在引导劳动者优先选择劳动监察。再如，选择劳动监察，劳动者无须支付任何费用，而选择司法程序，虽然《劳动争议调解仲裁法》实施后司法处理费用已大大降低，但仍存

---

① 王全兴：《劳动法》（第二版），法律出版社 2004 年版，第 47 页。
② 董保华：《劳动关系调整的法律机制》，上海交通大学出版社 2000 年版，第 317~318 页。
③ 刘焱白：《劳动基准法权利救济程序的冲突及其协调》，载《法商研究》2010 年第 3 期。
④ 唐力：《当事人程序主体性原则——兼论"以当事人为本"之诉讼构造法理》，载《现代法学》2003 年第 5 期。

在一些必要开支，这使得劳动者有优先选择劳动监察的经济动力。为此，具体立法建议如下：

第一，审视《劳动争议调解仲裁法》《劳动保障监察条例》等相关法律法规，对于其中涉及优先引导劳动争议处理或劳动监察的规定进行必要探讨，如果并不符合当事人主体性的要求时，就应及时作出调整。例如，可以修改劳动争议仲裁的时效规定，使之与劳动监察时效相同，都规定为 2 年。

第二，赋予劳动者选择程序的权利。依据《劳动保障监察条例》的相关规定，如果劳动者申请基层调解，其就不能再选择劳动监察。实际上，这是在救济程序方面剥夺了劳动者的选择权。劳动者本应拥有多元救济途径，基层调解还不是司法处理，这不能成为劳动者不得选择劳动监察的理由，况且，这种规定也不符合鼓励劳动者通过基层调解解决劳动争议的立法精神。因此，相关规定应当作出修改，对于那些属于劳动监察受案范围的事项，即便劳动者申请了基层调解且调解不成之后，劳动者仍然有权要求劳动监察部门处理。对于司法处理和劳动监察处理兼可处理的事项，在劳动者申请了基层调解且调解不成之后，劳动者既可选择司法处理，亦可选择劳动监察处理。在劳动者申请司法处理后，劳动者也可以申请撤回劳动仲裁而另行选择适用的劳动监察程序。

（二）职能上的协调

司法处理主要以处理争议中的私法性部分为主，而劳动监察则以处理争议中的公法性部分为主，这种处理职能上的冲突造成如下后果：无论劳动者作何选择，所获得的救济都可能是不完整的救济。因而，需要从效益出发来协调存在冲突的两种程序。所谓效益是指任何程序都不仅有工具性价值，还具有效益性价值。这种效益性价值主要体现为简便的程序将使得法律救济成本较低。

在协调司法处理程序与劳动监察处理程序时，需要考虑处理程序是否简便，因为救济成本对于弱势的劳动者来讲意义重大。如果救济成本过高，劳动者获得法律救济的期限冗长，会将劳动者拒之于救济程序门外。例如，《劳动保障监察条例》规定，劳动监察机构虽然有权查处用人单位的违法行为，但对于用人单位需要承担的对劳动者的赔偿责任，却没有追究的职权，劳动者只能另寻他途。这样，一个案件分为两次处理，使得劳动者维权的程序成本加大，不符合程序效益性原则。因此，具体建议如下：

第一，统合劳动监察程序与劳动争议仲裁程序的受案范围。对于那些存在劳动监察受案范围与劳动争议仲裁受案范围明显重合的部分，劳动争议仲裁与劳动监察进行了必要的分工协作，但立法语焉不详。为此，应对劳动争议仲裁与劳动监察的受案范围重新作出梳理，清楚界定两者的区别与联系，使两者的受案范围保持协调，符合程序效益性原则。

第二，给予劳动监察部门一定的行政强制执行权。根据《劳动保障监察条例》的规定，劳动监察部门并没有行政强制执行权。然而，劳动监察部门在面对大量影响恶劣的劳动违法案件时，由于缺乏必要的行政强制执行措施，无法实施必要的诸如对用人单位财产的查封、扣押，或对用人单位责任人的留置等强制行为，导致用人单位及其控制人可以轻易地卷款逃跑或者转移财产，使劳动者权益最终无法得到救济。因此，应当赋予劳动监察部门行政强制手段，在处理用人单位违法行为时，不仅可以要求其赔偿劳动者损失，还可先行扣押用人单位部分财产。例如，如果劳动监察部门认为违法的用人单位有逃匿可能的，可以查封、扣押用人单位资产和冻结其账户，以便防止用人单位通过转移财产的方式来逃避执行。这样，可以提高劳动监察程序的效益性。

第三，一并处理原则。司法处理部门与劳动监察部门应当建立联动处理机制，在两者之间建立案件分配机制，由劳动监察部门处理全部案件，或者由司法部门处理全部案件，如果需要对用人单位实施行政处罚时，出具司法建议，由劳动监察部门进行行政处罚。这样可以体现出救济程序的效益性，使得劳动者的救济更为方便。

（三）实体权利处分上的协调

司法处理与劳动监察这两种救济程序，在针对劳动者实体权利的自由处分权时态度并不一致，因而需要注意不同程序之间的内在协调性，使得两种程序能够合理分工和配合。具体建议如下：

第一，在处理涉及任意性事项时，规定劳动监察部门可以实施不具行政强制制裁效力的行政行为。一般情况下，劳动监察部门仅适用强制性法律规范来处理用人单位的违法行为，但劳动者要去劳动监察部门处理的事务，可能不仅包含强制性法律规范的事务，也包含任意性法律规范的事务，但劳动监察部门可能只对其中一部分进行处理。因此，应当赋予劳动监察部门一并处置用人单位各类违法行为的职权，当用人单位对《劳动法》的违反仅是任意性法律规范时，劳动监察部门可以作出不具行政强制制裁效力的处理，并赋予劳资双方继续寻求司法处理程序的权利。

第二，赋予劳动者在劳动争议处理阶段处分所有实体权利的自由。所谓权利，是指权利人有享有的自由，也有不享有的自由，当权利人处分其权利时，正是权利的应有之义。在《劳动法》中，一般仅限制用人单位的意思自治，而对于劳动者，则未做过多限制。即便劳动者处分的权利是为强制性法律所明确规定的，但只要这种处分是完全出于劳动者的自愿，并没有意思表示不真实的情形或有损害国家、社会、集体和他人利益的情形，就应当许可。在劳动争议处理阶段，劳动者既然可以享有提起或不提起司法处理的自由，当然也有选择放弃部分或全部权利的自由，或者有要求与对方和解的权利。实际上，劳动者也知道何种方式是对自己最为有利的，也可以作出理性的选择。例如，当用人单位违反劳动基准要求劳动者超时加班，劳动者希望的并不是用人单位受到行政处罚，而是可以得到其超时加班的应得加班费或赔偿。如果限制劳动者就加班费或赔偿数额与用人单位自行和解的权利，对劳动者并不有利。因此，劳动者可以自由处分其任何权利，正是为了更好保障劳动者利益。①

---

① 刘焱白：《劳动基准法权利救济程序的冲突及其协调》，载《法商研究》2010 年第 3 期。

第二编

劳动关系司法保障的实践效果

第五章　劳动争议审判质效的社会评价

司法保障在构建和谐劳动关系实践中的实施效果如何，也就是司法审判机关处理劳动争议的成效及对构建和谐劳动关系的影响如何，涉及劳动争议案件审判质量的评估。我国法院系统内部早在 2008 年就开始了案件质量评估工作，建立了法院系统案件质量的评估办法和评价标准。这些评估方法与评价标准对于我们了解劳动争议案件的审判质效及其对和谐劳动关系的保障程度有着重要的参考作用。

一、法院内部审判质效的评价标准及其分析

最高人民法院于 2008 年颁布《关于开展案件质量评估工作的指导意见（试行）》，由此拉开了法院内部案件质量评估工作的序幕。2011 年，最高人民法院又颁布《关于开展案件质量评估工作的指导意见》，对原试行的案件质量评估体系进行了调整完善，在统一了全国法院系统案件质量的评估办法和评价标准的基础上，进一步提高了案件质量评估工作的科学性和针对性。这对于法院内部进行审判管理发挥了积极作用，审判质效成为审判管理的核心内容，也是上级法院对下级法院考核以及法院对法官考核的最重要的方面。以往，法院主要以"改判率"和"发回重审率"为主要指标来评判审判质效。目前，这一指标体系主要由 17 项考核指标构成：结案率、法定正常审限内结案率、执结率、结案均衡度、超审限案件数、法院年人均结案数、立案变更率、调撤率、一审裁判服判息诉率、一审判决改判发回重审率、再审审查率、提起再审率、生效案件改判发回重审率、违法审判（执行）案件数、实际执行率、执行标的到位率、信访投诉率。[①]

各地法院以最高人民法院的指导意见为基础，又结合自身的特点，设计了细化的审判质效评估体系。例如，湖北武汉中院制定了《2017 年全市基层法

---

① 孙晓东：《中国司法评估制度完善研究》，载《广东社会科学》2018 年第 6 期。

院案件质量评估指标体系》，建立了院级、部门、法官三个层面的审判质效评估框架体系。其中，基层法院考评体系涵盖审判质量、审判效率、审判效果三方面，由31项指标组成：11项为约束性指标，设定警示值，静态考评法院整体工作；其他20项为调研性指标。部门审判质效评估指标数量合计9项，均为约束性指标，并设定警示值，静态考评各部门。专门制定《武汉市中级人民法院法官审判质效评价办法（试行）》，设定了12项指导性指标，由各部门内部在此基础之上制定考核细则。再如，安徽省芜湖市中级人民法院2018年1月发布《关于修改基层法院审判质量基础指标及条线指标的暂行规定》，对基层法院审判质量基础指标及条线指标进行了确定（详见表5-1、表5-2）。

表 5-1　修改前后审判质量基础指标对比情况

序号	指标名称	方向	调整前			调整后		
			权数	二级指标	一级指标	权数	二级指标	一级指标
1	一审判决案件改判发回重审率（审判）（%）	−	10	公正指标（18）	审判质量基础指标（69）	20	公正指标（32）	审判质量基础指标（100）
2	生效案件改判发回重审率（审判）（%）	−	8			12		
3	结案率复合指数	+	10	效率指标（34）		16	效率指标（43）	
4	平均审理时间指数（不含执行）	+	5			8		
5	长期未结诉讼案件指数	−	5			9		
6	平均卷宗流转时间	−	5			5		
7	员额法官年人均结案数		9			5		
8	调解率（%）	+	8	效果指标（17）		11	效果指标（25）	
9	民事、行政一审服判息诉率（%）	+	9			14		

数据来源：安徽省芜湖市中级人民法院《关于修改基层法院审判质量基础指标及条线指标的暂行规定》。

表 5-2　修改前后民事条线指标对比情况

序号	指标名称	方向	权数	二级体系	序号	权数	二级体系
			调整前			调整后	
1	一审判决案件改判发回重审率（审判）（%）	−	13	公正指标（40）	1	18	审判质量基础指标（含月度收结比）（100）
2	生效案件改判发回重审率（%）	−	11		2	13	
3	裁判文书评分	+	8		−	−	
4	一审陪审率（%）	+	4		−	−	
5	二审开庭审理率（%）	+	4		−	−	
6	结案率复合指数	+	7	效率指标（30）	3	15	
7	平均审理时间指数	+	5		4	8	
8	长期未结诉讼案件指数	−	5		5	10	
−	平均卷宗流转时间	+	−		6	8	
9	结案均衡度	+	5		−	−	
−	月度收结比	−			7	6	
10	一审简易程序适用率（%）	+	4		−	−	
11	当庭裁判率（%）	+	4		−	−	
12	调解率（%）	+	8	效果指标（30）	8	11	
13	一审服判息诉率（%）	+	8		9	11	
14	调解案件申请执行率（%）	−	5		−	−	
15	再审审查率（%）	−	5		10	50	效果指标（100）
16	撤诉率（%）	+	4		11	50	

数据来源：安徽省芜湖市中级人民法院《关于修改基层法院审判质量基础指标及条线指标的暂行规定》。

　　法院内部的审判质效指标体系的构建及其实施，有力地提高了法院办案质量。以广州市为例：近年来，广州法院受理案件呈现快速增长态势，2015 年突破 30 万件，2018 年已高达 464138 件，占全省受理案件的 19.9%。为了及时地、高质量地处理纠纷，广州中院以审判管理作为抓手，首先制定了《关于进一步推进案件繁简分流优化司法资源配置的实施方案》，构建民事案件的多层次分流模式，实行"简案快办、繁案精审"的繁简分流方式。其次，广州中院通过完善审判流程管理和人工智能、大数据以及信息化平台对审判执行过程中的立案、分案、开庭、评议、审理期限变更、结案、宣判、归档、执行等26个节点进行同步跟踪、预警监督，实现了审判执行案件的精细化管理。再次，广州中院设立司法大数据管理分析平台，分别从案件质效评估、案件质量评查、审判流程管理、审判运行态势分析、审判绩效考核等五大管理模块进行分析，提高整体办案质效。最后，广州中院出台《广州市中级人民法院案件质量评查工作规定》，建立起主要案件类型全覆盖、员额法官全覆盖、评查范围全覆盖的案件质量评查体系。除了完成最高人民法院、广东省高院要求的规定动作之外，还针对一些重点问题进行重点评查。例如，2018年抽查案件14322件，每位员额法官至少有10件案件参与了评查。评查内容包括："立案—办理—归档"整个流程中的实体问题和程序问题；被抽选案件的整体质量、文书质量、上网情况和审限情况；裁判文书制作、归档材料是否符合要求；裁判文书是否登录中国裁判文书网，上网公示情况和隐名处理情况等。在法官人数没有增加的情况下，2018年，广州法院办结案件405798件，同比上升14%。一审判决案件发改率3.04%，生效案件发改率0.72‰，同比分别下降1.08个百分点和0.11个千分点，办案质量和办案效率持续向好发展。[①]

然而，这些法院内部的审判质效评价指标是否恰当，是否符合审判活动的规律，是否代表了人民群众对于司法审判的公平与效率的期望，[②] 尤其是一些指标的合理性问题，值得我们进一步探讨。

第一，一审服判息诉率、民事案件调解率、撤诉率这三项效果指标是判断法院定分止争、化解矛盾、平息争端、为群众办实事能力的具体量化指标。当事人服判息诉、没有矛盾上交或外溢，是法院审判公正的体现，因此，这些指标的设置有其合理性。但是，调撤率的实现，既需要法官的居中调和，还需要当事人意思表示一致，认可法院提出的纠纷解决方案，愿意作出退让。因为调解或撤诉均系当事人可自由处分的权利，理论上讲法官并没有办法控制或主导调解的结果。由于调撤率的实现存在诸多不确定的因素，因此在实践中一些法官为了更高的调撤率，久调不判，或者压制一方当事人。再者，上诉系当事人的权利，当事人上诉并不一定表明一审审判不公正，当事人不上诉也不表明服从一审判决，可能存在其他不上诉的事由。

第二，结案率、法定正常审限内结案率、结案均衡度、超审限案件数、法

---

① 尚黎阳、隋岳、王龙飞：《广州法院2018年结案超40万件，生效案件发改率0.72‰》，访问网站：http://www.gdfxh.org.cn/zdzx/zfxw/201901/t20190116_986529.htm。

② 公丕祥：《案件质量评估的基本导向》，载《人民法院报》2011年10月19日。

院年人均结案数都是评价法院审理工作效率的指标。这显然主要从法院"多审案、快审案"入手所建立的评价指标。然而,民事诉讼法规定的程序有其规定的时间节点,案件的繁简、难易程度不同,所需时间自然不同。而且,有些程序还受到当事人的影响。例如,当事人通过申请鉴定、异议、追加等影响程序的进展。为了这些效率指标的实现,要不就是加大结案数,要不就是减少收案数,可能在实践中出现诸如年终关门不收案的扭曲情形。一些法官为了提高法定正常审限内结案率,违规随意扣除、延长审限,反而导致案件长期积压、造成当事人矛盾积累。况且,法院的结案数与当地的经济发展状况紧密相关,并不由法院控制,一些法院收案数量较少,其实也并不是什么坏事,而是纠纷少发或其他纠纷处理机制较好所致。

第三,一审简易程序适用率、当庭裁判率、一审陪审率、二审开庭审理率、再审审查询问(听证)率、再审开庭审理率等指标评价是法院审理的基本程序。首先,是否适用简易程序审理,是由案件的繁简决定的,简易案件适用简易程序实属正常,但实践中,一些法官为了达标,采取了"先简易程序再普通程序"的方式,在送达、设定1个月举证期限,征求当事人意见,开庭,再调查等过程中,发现不能在3个月内结案,就转为普通程序再开庭。这种重复劳动,不仅没有加快审判程序,提高效率,反而影响了审判进程和效率。其次,当庭裁判率的存在意义不大。这是针对某些法官拖沓结案而设置的,但要想真正实现当庭裁判,需要法官有较好的业务素质和驾驭庭审的能力。在实践中,这是一项很容易达到的指标,因为法官可以在第一次开庭之后休庭,然后在第二次或第三次开庭时当庭裁判即可。而且,当庭裁判也会让当事人感觉法官处理案件较为随意和不负责。再次,陪审员只是组成合议庭的一道工具,一审案件陪审制度无法体现陪审制度的实际运行效果。况且,一审案件陪审率与一审简易程序适用率这两项指标存在矛盾,是一种非此即彼的关系,因为有陪审员参与的一审案件定然是普通程序,而简易程序则是独任审判,不需要陪审员。最后,对于律师和当事人来讲,会比较关注二审开庭审理率、再审审查询问(听证)率、再审开庭审理率,这是因为二审和再审程序在一定程度上还不够透明,律师及当事人希望这些程序得到公开的监督,自己有更多的机会参与到这些程序中。

第四,一审判决改判发回重审率、再审审查率、提起再审率、生效案件改判发回重审率、信访投诉率关注的是案件审理质量,是为纠正审判错误而设的。这些指标虽然具有合理性,但在实践中,仍然存在一些缺陷。例如,为了降低改判率,二审法院可能明知错误也不改正。再如,一审案件改判发回重审率,应当适用于事实不清、证据不足和程序错误的案件,但有时上级法院将一审案件发回重审，是为了不碰"烫手案"，或者为了缓和当事人情绪，以至于上级法院当判不判。又如，一审案件改判率如何确定也是一个问题。一般来讲，改判或发回重审都是针对一审裁判存在错误的情形，而不包括一审在法律适用上行使自由裁量权而作出的判决。然而，一些案件在一审中判定了当事人责任和具体的赔偿额，而二审将赔偿额调整了，也将其视为改判。还有，信访投诉率，这本是考察裁判不公、执行不力、拖延办案或态度恶劣等情形的指标，但在实践中，当事人是否信访，与当事人的性格等因素关系较大，并不能十分准确反映审判是否公正的情况。①

二、本书对调研评价指标的选择

本书在选择劳动争议司法处理质效的评价指标时，充分认识到公正与效率永远都是审判管理的终极目标，但也是一对矛盾体。有时要求公正质量的同时或会降低效率，而在提高效率的同时又或会减损公正质量。

司法保障的价值追求存在一个由各种价值共同组成的层次差异、分别独立但又交互作用、相互辅助的体系。② 我们需要对这些价值进行判断，判断何者符合主体需要，以及衡量何者更为优先。③ 就劳动争议处理而言，并不是以保障劳动者利益为其终极价值目标，最终的价值目标是平衡双方当事人利益关系。这是因为，虽然劳动法以保护和促进劳动者的利益及其增进为目标，但在这种既统一又对立的劳动关系中，劳资双方的利益诉求不同，这是劳动争议发生的根本原因。劳动争议处理需要定分止争，就不能像劳动法一样具有那么强烈的偏向性，不能让任何一方过度追求自身利益，从而对对方的正当利益造成损害、破坏和谐劳动关系。④ 因此，实现劳动关系双方利益的平衡，进而让争议平息，是劳动争议司法保障的最高价值目标或终极追求。

基于这种最高价值目标或终极追求，劳动争议司法保障也就应以公正为其最为基础也是最高的价值追求。然而，公正这一古老的概念，有着丰富的内涵和宽泛的外延，不同人对其理解也不一样。现代法治意义上的公正，是指社会

---

① 孙启福、吴美来：《案件质量精细化管理的局限及其克服——以最高人民法院〈关于开展案件质量评估工作的指导意见〉为中心》，载《法律适用》2012 年第 6 期。

② 张文显主编：《法理学》，法律出版社 1997 年版，第 284～285 页；卓泽渊：《法的价值论》，法律出版社 1999 年版，第 45 页。

③ 葛洪义：《法理学导论》，法律出版社 1996 年版，第 69 页。

④ 刘焱白：《劳动关系稳定分层法律调控》，中国政法大学出版社 2015 年版，第 36 页。

主体在社会关系、社会生活中处于同等的地位，具有同等的发展机会，享有同等的权利，是地位平等、机会平等和利益平等的统一。① 在司法领域，司法公正是指在司法活动的过程和结果中坚持和体现公平与正义的原则，既要求法院的审判过程遵循平等和正当的原则，也要求法院的审判结果体现公平和正义的精神。因此，需要特别关注以下几个方面：

第一，司法是法律系统的一个组成部分。一方面，司法公正需要以法律公正为前提和基础，因而在立法上所制定的公正法律可以带来司法的公正；另一方面，司法公正又可以切实保障法律公正的实现，如果缺乏司法公正，再怎么公正的法律也仅仅停留在纸上而无法实现。因此，立法部门所制定的劳动法律是否公正，直接影响到劳动争议司法公正是否实现。例如，劳动规章制度是关乎劳动者切身利益的重要事项，亦是用人单位实现人力资源管理的重要手段，但我国劳动立法关于劳动规章制度的合理性的尺度一直语焉不详，因而在实践中用人单位经常逾越常人的一般认识而擅自制定较为不合理的规章制度，造成司法实践上的难题。由于缺乏必要的立法指引，司法审判机关不能认定不合理的规章制度无效，使得劳动者常常感觉司法不公正。再如，带薪年休假的赔偿问题日益成为劳资双方关注的重要问题，但我国带薪年休假相关制度较为粗略，对于众多问题缺乏规定，以至于法院认为用人单位可以自由行使其用工自主权，导致审判结果令劳动者不满，引发对司法公正性的质疑。又如，用人单位解雇劳动者所引发的争议一直占据争议诱因的最大比例，但我国关于劳动合同解除的制度仍然存在诸多缺陷，尤其是违法解雇赔偿金制度，可能导致劳动者在用人单位违法解雇的情形下追索赔偿金的希望落空，影响到劳动者对司法公正的判断。

第二，既需要关注程序上的公正，也需要关注实体上的公正。一方面，需要保障当事人在参与诉讼活动的所有过程中受到公正对待，所有的诉讼权利都得到同等保护，给予当事人的机会都是均等的；另一方面，需要让司法审判机关作出公正的裁决或处理，让当事人感觉到实体上的公正。在我国，长期以来都是"重实体轻程序"的，忽视程序的重要价值，往往导致实体得不到应有保障。程序公正不仅仅指审判机关按照法律规定的程序走完全程，即立案、证据交换、开庭、裁决、送达等每一步都严格按照法律规定，并不意味着已实现了程序公正。例如，当事人应当可以在纠纷处理过程中居于主体地位，可以主导程序的进行，这种当事人的程序主体性如果得以充分体现，也是程序公正的具体表现。但现行劳动争议处理程序常常忽视当事人的这种程序主体性，不当

---

① 王海明：《伦理学原理》，北京大学出版社 2001 年版，第 197 页。

地限制当事人选择法律救济方式的权利。①

第三，关注特定群体的特殊需求。所谓"公道自在人心"，意指衡量司法公正时，不仅要看处理结果是否符合法律的规定，还要看处理结果是否符合社会公众对司法的期待。本不应偏颇任何一方，而应以法律规定为准绳，按照规定的程序予以处理，实现劳动关系双方当事人利益关系的平衡。但是，增强裁判的社会可接受性，让社会公众感受到公平正义，契合社会公众的司法需求，在新时期更加重要。一些劳动案件的背后其实反映了特定群体的司法需求，例如农民工讨薪纠纷案件，就需要司法关注这些弱势群体的权益，通过便利有效的司法途径帮助这些劳动者维护权益。这正是平衡劳资双方利益的重要举措。因此，在举证责任分配上，要求用人单位负有更多的举证责任，除了法律规定的需要用人单位负举证的责任之外，还应要求对工伤事故和职业病的认定、用人单位有无违反劳动安全卫生相关规定的行为以及该行为与劳动者损害结果之间有无因果关系等，也应由用人单位负举证责任。再者，劳动者需要先予执行和财产保全时，法院不应要求劳动者提供财产担保。②

除了司法公正之外，司法效率也是需要兼顾的。然而，一些人认为，公平与效率不可兼得，追求公平就可能导致效率低下，而追求效率又会导致公平缺损。阿瑟·奥肯就认为："权利的领域里满目皆是对孜孜以求经济效率的背离。我们的权利可以视为是反效率的，因为它排斥价格，所以放弃了对权利的节俭；拒绝选择，于是排除了优劣比较；鄙视刺激，就压制了社会创造的动力；弃绝交换，因而将买卖双方潜在的利益化为乌有。"③ 其实，较高的司法效率意义重大，决定了劳动者的司法救济成本。司法救济成本的高低对于劳动者选择是否将争议交由司法机关处理至关重要。如果司法救济成本过高，毫无疑问，将会把许多劳动者驱之于法律救济的门外。例如，"一调一裁两审"的劳动争议处理程序，这种劳动争议处理的环节多且期限长，一个普通的劳动争议案件可能需要一年以上才能完成，特殊情况下还可能需要两三年的时间。又如，劳动监察部门只能查处用人单位违反强制性法律的行为，而对于由此产生的对劳动者的赔偿争议却无权处理，只能由当事人另行申请劳动仲裁。这样，本可一次性处理的案件，分为两次处理，加大了司法救济的成本。④ 司法效率有其正当性，需要考虑。因此，司法公正作为法治社会的最终目标，是整个司法活动的基本要

---

① 刘焱白：《从实体到程序：劳动者实体权利的程序救济》，载《社会科学家》2011年第7期。

② 刘焱白：《从实体到程序：劳动者实体权利的程序救济》，载《社会科学家》2011年第7期。

③ ［美］阿瑟·奥肯：《平等与效率》，四川人民出版社1988年版，第13页。

④ 刘焱白：《从实体到程序：劳动者实体权利的程序救济》，载《社会科学家》2011年第7期。

求，是法律制度运行的核心和焦点，也是实现依法治国的应有之义。

鉴于上述理由，本书在设计调研指标时，着重从司法公正出发来设计指标，兼顾司法效率的同时，鉴于法院内部的质效评价指标或多或少存在缺陷，且这种指标大多适合法院内部的评审，外界无从获知具体情况，因而仅选择部分指标。例如，结案率、法定正常审限内结案率、结案均衡度、超审限案件数、法院年人均结案数等这些数据，法院之外的社会公众根本无从知晓。另外，为加大司法评估的外部评价性，注重社会公众的感受，设计了一些相关指标。这是因为，只有社会公众对司法审理感觉公正了，才是真正的司法公正。党的十八大以来，党中央明确提出建设公正高效权威的社会主义司法制度，努力让人民群众在每一个司法案件中都能感受到公平正义的目标要求。具体评价指标见表5-3。

表5-3 司法公正与司法效率的具体评价指标

一级指标	二级指标	三级指标
（一）司法公正	1. 是否对判决（裁决）结果感到公正	（1）事实认定是否清楚
		（2）法律适用是否准确
		（3）裁判文书说理是否翔实合理
		（4）法官是否解疑释惑
		（5）是否存在同案不同判情形
		（6）二审是否改判（改判率）
	2. 是否息讼	（1）争议是否止于劳动仲裁（起诉率）
		（2）争议是否止于一审（上诉率）
		（3）是否达成调解协议（调解率）
		（4）是否自行撤诉（撤诉率）
		（5）终审之后是否申请再审（再审率）
		（6）是否信访（想去或者已经去了）
	3. 诉讼程序运行满意度	（1）法庭是否准确掌握案件争议所在
		（2）法庭是否充分听取双方意见表达
		（3）庭审各项程序是否得到充分保障
		（4）调解程序是否得到充分满足（诉前与诉中调解）
	4. 案件的公开性和透明性	（1）审判信息是否公开
		（2）二审是否开庭审理
（二）司法效率	及时和便捷程度	（1）结案时间是否及时
		（2）劳动争议处理程序是否便捷
		（3）劳动争议裁审程序是否衔接

注：本表系课题组自行整理。

三、调研结果

在课题立项之后，课题组首先制订了较为细致的调研计划和具体实施方案，并先后在2015年7、8月和2016年7、8月进行了两次调研。调研以问卷调查为主，辅以文献分析和专题访谈。

调研地域限于珠三角地区（广州市、佛山市、东莞市、深圳市、中山市等）。选择珠三角地区作为调研地域，不仅是因为这里是课题组主要成员所在地，调研的成本较低，也较为方便，更为重要的是，珠三角地区是我国经济发达地区，劳动用工形态多样，劳动关系较为复杂，劳动争议多发，劳动争议案发数量居于全国首位，因而从全国来看，珠三角地区是我们研究劳动关系以及劳动争议司法处理质效最好的样本地区。

由于本书注重司法评估的外部评价性，即注重社会公众的感受，因而调查对象主要是司法审判体系之外的劳动者、用人单位、律师等，而非司法审判体系之内的法官。其中，共向珠三角地区200家企业发放问卷调查，回收163份有效问卷，有效回收率为81.5%。用人单位包括大、中、小企业，也包括国有、民营等性质企业。共向1000名劳动者发放调查问卷，回收695份有效问卷，有效回收率为69.5%。劳动者涉及不同行业。共向200名律师发放调查问卷，回收178份有效问卷，有效回收率为89%。这些律师来自13家律师事务所，他们的业务大都涉及或专注于劳动争议领域。从样本回收的情况来看，本次问卷调查可以作为分析样本。

（一）对劳动关系基本情况的调研结果

1. 对劳动者的调查

（1）对劳动法律的熟悉程度。

调查发现，仅有9%的劳动者对《劳动法》等相关法律"比较熟悉"或者"非常了解"。而74%的劳动者表示对相关法律只是"听过一些，但不是很了解"。另外，还有17%的劳动者对于相关法律"完全不了解"。

（2）对劳动法上权利义务的关注程度。

调查发现，劳动者关注其权利义务的占51.8%，而劳动者最关注和最重视的是与其经济利益直接相关的问题，主要包括劳动报酬（包括加班费）问题（占81.2%）、社会保险问题（占72.9%）、劳动时间与休息休假问题（占52.4%）、劳动合同期限问题（占49.4%）、劳动合同解除和终止（尤其是用人单位单方解雇）问题（占42.4%）、劳动条件与劳动环境（占32.9%）等。

（如图 5-1）

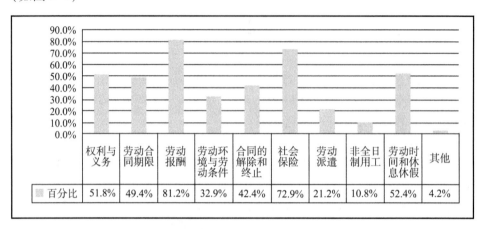

图 5-1 对劳动法上权利义务的关注程度

注：本图系课题组自行整理。

（3）就业促进制度的实施情况。

调查发现，对于我国以及当地政府的就业促进政策的了解程度，有 32.6% 的劳动者表示比较了解，有 43.1% 的劳动者并不很清楚，其余 24.3% 的劳动者完全不了解。对于我国及当地政府就业促进政策实施的效果，有 67.7% 的劳动者认为没有什么效果，他们认为能否就业取决于其他的因素；其余 32.3% 劳动者认为或多或少有一定的效果。对于劳动者是否享受过当地政府提供的免费职业技能培训，有高达 83.5% 的劳动者回答是没有，其余 16.5% 则回答享受过。

（4）社会保险制度的实施情况。

接受调查的劳动者中，正规就业的劳动者有约 65% 享受了一定程度的社会保险，其余 35% 没有享受过任何社会保险。如果是非正规就业的劳动者，享有社会保险的程度就更低了，仅有 20% 左右。

（5）劳动基准的实施情况。

有 83.3% 的劳动者认为用人单位会遵守基本的劳动基准，但有高达 78.5% 的劳动者承认曾经遭遇过用人单位违反劳动基准的情形。遇到用人单位违反劳动基准的情形，19.2% 的劳动者会到劳动行政部门投诉，寻求劳动行政部门的帮助；有 16.1% 的劳动者会找机会与用人单位协商，其余大部分则是忍气吞声。在职期间，寻求司法救济的劳动者非常少，一般都是在劳动合同解除或终止之后，才会寻求司法救济。

（6）三方机制对劳动关系的影响。

三方机制的实施效果并不明显，绝大部分（98%）劳动者并不知晓何为三方机制以及是如何运行的。这表明，三方机制对劳动关系协调的作用完全不能反映到劳动关系运行的实践中。

（7）集体合同制度的实施情况。

有 31.8% 的劳动者听说过集体合同，有 45.7% 的劳动者不知道集体合同或认为自己单位没有实施集体合同制度。对于集体合同的作用，认为集体合同"很有作用"的占 16%，"作用有限"的占 37%，"没有作用"的占 27%。

（8）书面劳动合同的签订情况。

在《劳动合同法》颁布之后，书面劳动合同的签约率一直在提高，有 73.8% 的劳动者表示用人单位与其签订了书面劳动合同。而未签率较低，仅为 26.2%。这些数据表明，《劳动合同法》颁布实施之后，珠三角地区各企业书面劳动合同的签订正在逐步走向规范，这有利于保障劳动者的权益。关于没有签订书面劳动合同的原因，认为是劳动者自己不愿签的占了 31.2%，认为是用人单位与劳动者双方都不重视的占了 34.5%，认为是用人单位明确提出不愿签的占了 34.3%。虽然书面劳动合同签约率较高，但用人单位承担未签书面劳动合同的双倍工资的案件却在不断上升。在涉诉的劳动者所提出的诉求中，有高达 32% 的劳动者提出了未签书面劳动合同双倍工资的请求。这与广州市中院《广州市劳动争议审判白皮书（2018 年）》公布的数据基本一致。白皮书指出，自"两法"实施以来，虽然广州市书面劳动合同的签订率得到了较大的提高，但是 2017 年涉及未签订书面劳动合同双倍工资差额诉求的仲裁案件占结案数的比例仍达 21.32%，相对于 2015 年的 10.61%、2016 年的 13.31%，呈上升趋势。劳动者提出双倍工资请求的原因，既可能是用人单位确实没有与劳动者签订书面劳动合同，也可能是由于用人单位没有及时与劳动者续订书面劳动合同，还可能是因劳动合同期限问题而导致用人单位重新支付未签订书面劳动合同双倍工资。

（9）现行劳动法律制度对劳动者的影响。

有 68% 的被访者支持《劳动合同法》《社会保险法》等劳动法律的实施，反对者仅占 4%，另外，28% 的被访者则认为"无所谓"。有 18% 的劳动者认为，现行劳动关系法律调控机制给自己带来了正面影响。但仅有 12% 的被访者认为，在现行劳动关系法律调控机制下，劳资关系更加和谐，有 70.2% 的被访者认为劳资关系比较差或比较紧张。

（10）现行劳动法律制度的实施情况。

仅有 22% 的被访者曾经通过现行劳动法律机制维护过自己的权益，其余 78% 的被访者没有或不知道如何利用现行劳动法律机制维护自己的权益。但有 30.6% 的被访者认为现行劳动法律机制能有效保障劳动者的权益，另外有

55.2%的被访者认为，现行劳动法律机制是否能够发挥作用，关键在于相关部门如何执行。

（11）发生劳动争议的应对方式。

劳动争议一旦发生，有高达87%的劳动者首先选择与用人单位协商解决。协商解决不成的情况下，有51.3%的劳动者选择向劳动行政部门投诉，希望得到劳动行政部门的处理，另有33.1%的劳动者则选择直接申请劳动仲裁，即诉诸司法途径。有15.6%的劳动者选择观望，希望用人单位可以解决劳动者的诉求。

2. 对用人单位的调查

（1）劳动法律的调整对用人单位的影响。

《劳动合同法》《劳动争议调解仲裁法》《社会保险法》等劳动法律的颁布实施，对劳动关系法律调控机制做了较大的修改和调整。有65%的企业表示有不好的影响，提高了用人成本与用人风险，不利于企业自主经营管理。有18%的企业认为给企业带来了好的影响，能够促使企业更好地与劳动者建立和谐稳定的劳动关系。有17%的企业表示基本没有影响或所造成的影响并不明显。

（2）劳动法律的调整对劳动关系和谐的影响。

有76%的企业表示，《劳动合同法》《劳动争议调解仲裁法》《社会保险法》等劳动法律所带来的劳动关系法律调控机制的转变，并没有对和谐劳动关系的构建形成积极的影响，即大部分企业认为基本无影响，与这些法律颁布前的状况差不多。有5%的企业认为带来了好的影响，有利于在企业内建立和谐的劳动关系。而有19%的企业认为带来了不好或非常不好的影响，不利于建立和谐的劳动关系。

（3）劳动法律的调整对劳动关系稳定的影响。

劳动关系稳定可以从劳动合同的解除与终止中得到较好说明。调查显示，《劳动合同法》《劳动争议调解仲裁法》《社会保险法》等劳动法律的颁布实施，对劳动者或用人单位主动解除劳动合同影响不大。认为无明显变化的企业达82%，有9%的企业认为劳动者主动辞职的现象增加，而认为这种现象减少的企业则有9%。（如图5-2）

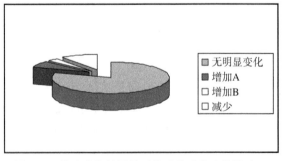

图5-2　劳动法律的调整对劳动关系稳定的影响
注：本图系课题组自行整理。

（4）劳动法律的调整对企业用工成本的影响。

由于企业需要支付更多的社保金、加班费、经济补偿金以及双倍工资或赔偿金等原因，因此，有 51% 的企业表示，现在的用工成本是原来的 1 倍至 2 倍，有 8% 表示是原来的 3 倍至 4 倍，有 2% 表示是原来的 5 倍以上。而有 39% 表示，用工成本没有明显变化。（如图 5-3）

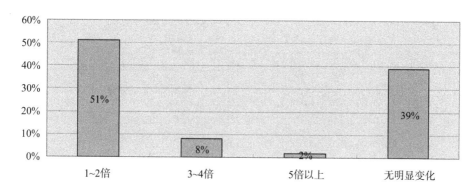

图 5-3 劳动法律的调整对企业用工成本的影响

注：本图系课题组自行整理。

（5）书面劳动合同制度对用人单位的影响。

有 68% 的企业认为，强制签订书面劳动合同给企业带来了不好的影响，大大提高了企业的用人成本与风险，降低了企业用人的自主性；有 20% 的企业认可这一制度，认为有利于更好约束双方的权利与义务，有利于建立和谐劳动关系；有 12% 的企业认为基本无影响，因为企业一直都与员工签订书面劳动合同。

（6）发生劳动争议的应对方式。

用人单位对待劳动争议，首选是自行与劳动者协商解决，占比达 81%。在协商谈判不成之后，用人单位一般不会主动行事，而是等待劳动者采取行动之后再采取相应对策。主动要求劳动行政部门介入处理或者主动向劳动争议仲裁部门申请仲裁的比例非常少，仅有 2% 左右。

（二）对劳动争议司法处理评价的调研结果

1. 对劳动者的调查

课题组共向 1000 名劳动者发放调查问卷，回收 695 份有效问卷，有效回收率为 69.5%。劳动者来自不同行业。在参与问卷的劳动者中，仅有 191 名劳动者曾经作为劳动争议诉讼的参与人，也就是说，劳动者涉讼率为 19.1%。因此，表 5-4 的统计结果为我们对于回收的 191 份问卷作出的。在每一项指标中我们设置了一些选项，供被调查者选择。

表5-4　劳动者对劳动争议司法处理评价的调研结果

一级指标	二级指标统计结果（劳动者）	三级指标统计结果（劳动者）
（一）司法公正	1. 是否对判决（裁决）结果感到公正 A. 公正 19.2% B. 部分公正 27.4% C. 不公正 38.3% D. 无法判断 15.1%	（1）事实认定是否清楚 A. 清楚 18.4% B. 部分清楚 30.2% C. 不清楚 35.4% D. 无法判断 16%
		（2）法律适用是否准确 A. 准确 24.1% B. 部分准确 26.2% C. 不准确 27.6% D. 无法判断 22.1%
		（3）裁判文书说理是否翔实合理 A. 很好 33.9% B. 比较好 30.5% C. 不好 21.3% D. 无法判断 14.3%
		（4）法官是否解疑释惑 A. 很好 16.2% B. 比较好 23.8% C. 不好 46.1% D. 无法判断 13.9%
		（5）是否存在同案不同判情形 A. 存在 8.5% B. 不存在 13.7% C. 无法判断 77.8%
		（6）二审是否改判（改判率） A. 是 5% B. 否 95%

续表1

一级指标	二级指标统计结果（劳动者）	三级指标统计结果（劳动者）
（一）司法公正	2. 是否息讼 A. 是 71% B. 否 29%	（1）争议是否止于劳动仲裁（起诉率） A. 是 42% B. 否 58%
		（2）争议是否止于一审（上诉率） A. 是 38% B. 否 62%
		（3）是否达成调解协议（调解率） A. 是 21% B. 否 79%
		（4）是否自行撤诉（撤诉率） A. 是 11% B. 否 89%
		（5）终审之后是否申请再审（再审率） A. 是 28% B. 否 72%
		（6）是否信访（想去或者已经去了） A. 是 16% B. 否 84%
	3. 诉讼程序运行满意度 A. 满意 32.4% B. 部分满意 26.7% C. 不满意 22.5% D. 无法判断 18.4%	（1）法庭是否准确掌握案件争议所在 A. 是 71% B. 否 29%
		（2）法庭是否充分听取双方意见表达 A. 是 83% B. 否 17%
		（3）庭审各项程序是否得到充分保障 A. 是 67% B. 否 33%
		（4）调解程序是否得到充分满足（诉前与诉中调解） A. 是 82% B. 否 18%
	4. 案件的公开性和透明性 A. 很好 46.3% B. 比较好 22.1% C. 不好 23.3% D. 无法判断 8.3%	（1）审判信息是否公开 A. 是 83% B. 否 17%
		（2）二审是否开庭审理 A. 是 56% B. 否 44%

续表2

一级指标	二级指标统计结果（劳动者）	三级指标统计结果（劳动者）
（二）司法效率	及时和便捷程度 A. 很好 15.2% B. 比较好 17.8% C. 不好 59.3% D. 无法判断 7.7%	（1）结案时间是否及时 A. 是 34% B. 否 66%
		（2）劳动争议处理程序是否便捷 A. 是 25% B. 否 75%
		（3）劳动争议裁审程序是否衔接 A. 是 19% B. 否 81%

注：本表系课题组自行整理。

2. 对用人单位的调查

课题组共向珠三角地区 200 家企业发放了调查问卷，回收 163 份有效问卷，有效回收率为 81.5%。调研结果见表 5-5。从回收的 163 份有效问卷可知，大部分企业（122 家）涉及劳动争议诉讼，占比达 74.8%。

表 5-5　用人单位对劳动争议司法处理评价的调研结果

一级指标	二级指标统计结果（用人单位）	三级指标统计结果（用人单位）
（一）司法公正	1. 是否对判决（裁决）结果感到公正 A. 公正 23.3% B. 部分公正 28.4% C. 不公正 35.7% D. 无法判断 12.6%	（1）事实认定是否清楚 A. 清楚 29.2% B. 部分清楚 30.1% C. 不清楚 27.4% D. 无法判断 13.3%
		（2）法律适用是否准确 A. 准确 26.6% B. 部分准确 20.9% C. 不准确 24.2% D. 无法判断 28.3%
		（3）裁判文书说理是否翔实合理 A. 很好 28.3% B. 比较好 25.1% C. 不好 33.5% D. 自己无法判断 13.1%
		（4）法官是否解疑释惑 A. 很好 21.8% B. 比较好 24.2% C. 不好 36.4% D. 无法判断 17.6%

续表1

一级指标	二级指标统计结果（用人单位）	三级指标统计结果（用人单位）
（一）司法公正		（5）是否存在同案不同判情形 A. 存在 6.6% B. 不存在 29.3% C. 无法判断 64.1%
		（6）二审是否改判（改判率） A. 是 8% B. 否 92%
	2. 是否息讼 A. 是 91% B. 否 9%	（1）争议是否止于劳动仲裁（起诉率） A. 是 63% B. 否 37%
		（2）争议是否止于一审（上诉率） A. 是 28% B. 否 72%
		（3）是否达成调解协议（调解率） A. 是 18% B. 否 82%
		（4）是否自行撤诉（撤诉率） A. 是 15% B. 否 85%
		（5）终审之后是否申请再审（再审率） A. 是 7% B. 否 93%
		（6）是否信访（想去或者已经去了） A. 是 1% B. 否 99%
	3. 诉讼程序运行满意度 A. 满意 36.2% B. 部分满意 33.6% C. 不满意 17.5% D. 无法判断 12.7%	（1）法庭是否准确掌握案件争议所在 A. 是 84% B. 否 16%
		（2）法庭是否充分听取双方意见表达 A. 是 88% B. 否 12%
		（3）庭审各项程序是否得到充分保障 A. 是 75% B. 否 25%
		（4）调解程序是否得到充分满足 （诉前与诉中调解） A. 是 89% B. 否 11%

续表2

一级指标	二级指标统计结果（用人单位）	三级指标统计结果（用人单位）
（一）司法公正	4. 案件的公开性和透明性 A. 很好 43.2% B. 比较好 18.4% C. 不好 26.2% D. 无法判断 12.2%	（1）审判信息是否公开 A. 是 90% B. 否 10% （2）二审是否开庭审理 A. 是 51% B. 否 49%
（二）司法效率	及时和便捷程度 A. 很好 21.1% B. 比较好 20.3% C. 不好 47.9% D. 无法判断 10.7%	（1）结案时间是否及时 A. 是 29% B. 否 71% （2）劳动争议处理程序是否便捷 A. 是 34% B. 否 66% （3）劳动争议裁审程序是否衔接 A. 是 32% B. 否 68%

注：本表系课题组自行整理。

3. 对律师的调查

课题组共向 200 名律师发放调查问卷，回收 178 份有效问卷，有效回收率为 89%。这些律师来自 13 家律师事务所，他们的业务大都涉及或专注于劳动争议领域。调研结果见表 5-6。

表 5-6　律师对劳动争议司法处理评价的调研结果

一级指标	二级指标统计结果（律师）	三级指标统计结果（律师）
（一）司法公正	1. 是否对判决（裁决）结果感到公正。 A. 公正 28.7% B. 部分公正 37.5% C. 不公正 26.3% D. 无法判断 7.5%	（1）事实认定是否清楚 A. 清楚 25.1% B. 部分清楚 38.9% C. 不清楚 28.6% D. 无法判断 7.4% （2）法律适用是否准确 A. 准确 35.4% B. 部分准确 33.6% C. 不准确 28.1% D. 无法判断 2.9%

续表1

一级指标	二级指标统计结果（律师）	三级指标统计结果（律师）
（一）司法公正		（3）裁判文书说理是否翔实合理 A. 很好 29.2% B. 比较好 34.3% C. 不好 29.8% D. 无法判断 6.7%
		（4）法官是否解疑释惑 A. 很好 31.4% B. 比较好 27.3% C. 不好 25.5% D. 无法判断 15.8%
		（5）是否存在同案不同判情形 A. 存在 32.1% B. 不存在 56.3% C. 无法判断 11.6%
		（6）二审是否改判（改判率） A. 是 8% B. 否 92%
	2. 是否息讼 A. 是 89% B. 否 11%	（1）争议是否止于劳动仲裁（起诉率） A. 是 45% B. 否 55%
		（2）争议是否止于一审（上诉率） A. 是 32% B. 否 68%
		（3）是否达成调解协议（调解率） A. 是 20% B. 否 80%
		（4）是否自行撤诉（撤诉率） A. 是 13% B. 否 87%
		（5）终审之后是否申请再审（再审率） A. 是 31% B. 否 69%
		（6）是否信访（想去或者已经去了） A. 是 13% B. 否 87%

续表2

一级指标	二级指标统计结果（律师）	三级指标统计结果（律师）
（一）司法公正	3. 诉讼程序运行满意度 A. 满意 40.3% B. 部分满意 31.6% C. 不满意 25.7% D. 无法判断 2.4%	（1）法庭是否准确掌握案件争议所在 A. 是 84% B. 否 16%
		（2）法庭是否充分听取双方意见表达 A. 是 89% B. 否 11%
		（3）庭审各项程序是否得到充分保障 A. 是 74% B. 否 26%
		（4）调解程序是否得到充分满足（诉前与诉中调解） A. 是 87% B. 否 13%
	4. 案件的公开性和透明性 A. 很好 42.2% B. 比较好 26.4% C. 不好 21.5% D. 无法判断 9.9%	（1）审判信息是否公开 A. 是 90% B. 否 10%
		（2）二审是否开庭审理 A. 是 51% B. 否 49%
（二）司法效率	及时和便捷程度 A. 很好 12.8% B. 比较好 22.3% C. 不好 60.7% D. 无法判断 4.2%	（1）结案时间是否及时 A. 是 26% B. 否 74%
		（2）劳动争议处理程序是否便捷 A. 是 30% B. 否 70%
		（3）劳动争议裁审程序是否衔接 A. 是 11% B. 否 89%

注：本表系课题组自行整理。

四、简要结论

调查发现，珠三角地区劳动关系的现状仍然是令人担忧的，劳动关系尚谈不上和谐稳定。这突出体现在：一是劳动用工形态不断改变，越来越多的劳动者投身于新型用工形态中，劳动者与用工单位的关系如何确认，其劳动权益如何保障，愈发成为焦点问题。二是用人单位侵害劳动者权益现象仍然较为普遍，导致劳资争议与劳动纠纷不断。以广州市为例，自 2008 年直至 2017 年，劳动纠纷连年攀升，到 2017 年才下降。据统计，2017 年，广州市劳动争议案件调解组织共调解劳动争议案件 19089 件，同比下降 9.71%；仲裁机构共处理劳动争议案件 20114 件，同比下降 6.03%；以上案件共涉及劳动者人数 83541 人，同比下降 13.88%。① 三是群体劳动争议和集体劳动争议频发，涉及劳动者人数剧增，处理难度不断加大，给社会稳定造成了较大影响。

调查显示，在各类型企业中，民营企业劳动关系的和谐稳定最为堪忧。据统计，劳动力密集型企业的劳动争议案件数量最多，占全行业总数的 45.97%，这些企业以民营企业为主。2017 年，广州市涉民营企业劳动争议调解仲裁案件共 25903 件，涉案人数约 6.28 万人，其中涉及餐饮、加工制造等行业的劳动密集型中小型企业的争议最为突出。2017 年，涉民营企业调解仲裁案件占全部劳动争议调解仲裁案件总量的比例为 66.07%。2017 年，涉民营企业 10 人以上的群体性劳动争议调解仲裁案件占全部群体性劳动争议调解仲裁案件总量的比例为 83.09%。② 劳动争议案件主要集中在以下领域：有 43% 是因劳动关系的解除与终止而引起的，有 30% 是因经济补偿金问题，有 32% 是因社会保险缴纳而起的，有 23% 是追讨工资报酬（包括加班费），有 8% 是其他原因。

在发生劳动争议之后，有高达 87% 的劳动者首先选择与用人单位协商解决。协商解决不成的情况下，有 51.3% 的劳动者选择向劳动行政部门投诉，希望得到劳动行政部门的处理，另有 33.1% 的劳动者则选择直接申请劳动仲裁，即诉诸司法途径，有 15.6% 的劳动者选择观望。如果这些争议无法得到解决，绝大部分的争议将进入司法程序，将循司法途径予以解决。司法审判成为这些

---

① 广州市中级人民法院：《广州市劳动争议审判白皮书（2018 年）》，访问网站：http://www.gzcourt.org.cn/xwzx/bps/。

② 广州市中级人民法院：《广州市劳动争议审判白皮书（2018 年）》，访问网站：http://www.gzcourt.org.cn/xwzx/bps/。

争议的最终解决办法。因此，司法是否公正以及是否有效率，是维护劳动关系是否和谐稳定的重要手段。

然而，我国劳动关系司法保障的现状并不令人满意。调查发现，劳动争议司法审判外部评价的几个重要正面指标得分都不高。对判决（裁决）结果感到公正或部分公正的劳动者仅为 46.6%，有 38.3% 的劳动者明显感觉判决不公。对判决（裁决）结果感到公正或部分公正的用人单位则为 51.7%，比例略高一点，持否定性意见者则有 35.7%。当然，作为当事人的劳动者或用人单位，可能会受到司法判决的影响而作出情绪化的评价，法官支持其主张就认为是公正的，反之则认为是不公正的。据统计，广州市劳动者与用人单位裁审胜败诉比例相对均衡。2017 年，劳动者完全胜诉的仲裁案件有 3450 件，占结案总数的 17.23%；用人单位完全胜诉的仲裁案件有 2744 件，占结案总数的 13.71%；双方部分胜诉的仲裁案件有 12140 件，占结案总数的 60.64%；其他处理结果案件有 1780 件，占比 8.42%，这一结果与劳动者与用人单位对裁判公正的评价结果基本吻合。但作为专业人士的律师，也有 26.3% 的认为判决（裁决）结果不公正。又如，对于衡量司法效率的及时便捷程度的指标，仅有 33% 的劳动者认为司法机关做得比较好，而高达 59.3% 的劳动者对此持否定态度。用人单位的比例高一点，有 41.4% 的用人单位评价较好，而否定的比例也达到了 47.9%。律师显然对于司法机关的拖沓和烦琐更为不满，持否定评价的占到了 60.7%。另外，还有几个关键指标，例如，对于判决（裁决）中事实认定是否清楚，否定性评价平均在 29%，对于判决（裁决）中法律适用是否准确，否定性评价平均在 26%。（见表 5-7）

表 5-7　对劳动争议司法处理评价的调研结果

		劳动者	用人单位	律师
事实认定是否清楚	清楚	18.4%	29.2%	25.1%
	部分清楚	30.2%	30.1%	38.9%
	不清楚	35.4%	27.4%	28.6%
法律适用是否准确	准确	24.1%	26.6%	35.4%
	部分准确	26.2%	20.9%	33.6%
	不准确	27.6%	24.2%	28.1%

注：本表系课题组自行整理。

　　因此，在构建和谐劳动关系过程中，司法保障体制尚存在一些问题，导致其保障劳动关系的作用尚未得到有效发挥。在当前司法体制改革的大背景下，需要加强高效司法保障制度的构建，落实司法责任制，实现"让审理者裁判，由裁判者负责"的目标，增强审判人员的责任感，实现司法审判中对劳动法律的正确适用，促进审判质效的提高，提升劳动关系司法保障的水平。

第六章　劳动者追索加班工资争议的司法实践调查

一、调查范围与方式

较为常见的劳动争议类型主要包括追索工资纠纷、加班工资纠纷、社保纠纷、工伤纠纷、劳动合同解除纠纷、经济补偿金纠纷、未签书面劳动合同差额工资纠纷等。而加班工资纠纷是最为典型的劳动争议，大多数劳动争议都存在加班工资争议，它是劳动争议案件中涉及金额最多、涉及人员最广的劳动争议类型。因此，有必要对劳动者追索加班工资纠纷的司法审判实践作一番调查。由于加班工资纠纷案件数量众多，因此本次调查仅限于广州市二级法院的相关司法审判实践。

由于各级法院数据统计以及各市劳动争议白皮书中均未细化统计涉及加班费的具体情况，劳动人事争议调解仲裁网和社会统计年鉴也无相关数据。因此，我们只能通过查阅中国裁判文书网获知相关司法实践信息。我们主要查阅自 2008 年 1 月 1 日至 2018 年 12 月 31 日广州市二级法院（基层与中级）关于加班工资纠纷案件的判决结果。在查阅中国裁判文书网时，以 "2008 年 1 月 1 日至 2018 年 12 月 31 日+民事案件+全文检索：加班费+追索劳动报酬纠纷+文书类型为判决书+广州市" 为关键词，检索出基层法院 350 份判决书、中级法院 229 份判决书，总共 579 份。

二、基本情况

因涉及加班费纠纷的案件数量众多，不能逐一列出，故表 6-1 仅抽取了 30 份较为典型的案例以供参考。

表 6-1 加班费典型案例

序号	案由和案号	是否支持	裁判理由
1	邓旻与广州市正佳物业管理有限公司劳动争议一审民事判决书（〔2013〕穗天法民一初字第1211号）	否	案件审理期间原告与被告签订了《解除劳动合同协议书》，就工资支付以及补偿支付问题做了约定，符合意思自治原则，属于有效合同，协议书中，原告已确认其在任职期间被告无拖欠克扣其工资的行为，表明原告与被告不存在拖欠其加班工资的事实，法院对原告的诉讼请求予以驳回。
2	苏桂英与广州碧宝餐饮有限公司劳动争议一审民事判决书（〔2013〕穗天法民一初字第1854号）	否	由于双方之间属于劳务雇佣法律关系，劳务雇佣合同属于平等民事主体之间达成的协议，权利义务由双方自行约定，无约定则无须承担相应的义务，而本案中双方仅对每月劳务报酬予以约定，并没有约定被告还需支付原告加班报酬，因此法院不支持原告的诉讼请求。
3	广州青恣慧贸易有限公司与蒋家兴劳动争议一审民事判决书（〔2014〕穗番法民五初字第671号）	否	原告提供的被告的个人信息资料表上表明被告已实际接受固定工作时间固定工资的月薪制，并且被告没有证据提出反驳；且工资条、考勤记录中未显示加班小时数，被告仍在考勤确认表中签字，原告对被告采取的是固定时间固定工资的月薪制，法院认为已经足额支付被告加班工资。
4	何莲盛与广州星河湾商务管理有限公司劳动争议一审民事判决书（〔2014〕穗番法民五初字第740号）	是	原告于2013年中秋节、国庆节加班四天，被告没有支付加班费，虽后来被告为其安排补休4天当作支付100%的工资报酬，但法院认为被告仍需支付原告加班工资。
5	让永民与钟村瑾惠服装厂劳动合同纠纷一审民事判决（〔2014〕穗番法民五初字第1357号）	否	首先，原告没有证据证明其加班事实存在；其次，经双方确认原告的计薪方式为计件工资，并且双方均没有证据证明存在有关加班工资核算和支付的约定，故法院以不低于当地最低工资标准为基数，即使按照原告主张的加班时间来计算，其每月应得的工资总额水平亦不低于其实际的平均工资标准，故认为被告已向原告支付了足额的相应工作时间的工资。

续表1

序号	案由和案号	是否支持	裁判理由
6	王笑丽与广州天虹物业发展有限公司劳动争议一审民事判决书（〔2014〕穗天法民一初字第2430号）	否	原告没有证据证明其主张的每天的上班时间，被告提交的经原告确认的考勤表显示了原告工作时间，并未超过法定的工作时长；而且被告提供的《解除劳动合同协议书》中约定双方确认被告已经向原告支付全部的劳动报酬，法院予以采信，因此对原告关于休息日加班工资的请求不予支持。
7	李美思与中山大学附属第三医院劳动争议一审民事判决书（〔2014〕穗天法民一初字第1754号）	是	原告要求被告向其支付2013年5月工资以及未按时支付工资而产生的赔偿金和加班费以及未按时支付加班费而产生的赔偿金，被告辩称原告已超过仲裁时效，且有仲裁院出具的不予受理通知书确认已超仲裁时效，但是被告同意将其工资及加班工资支付给原告。双方的劳动关系在2013年5月20日已解除，而原告在2014年5月才申请仲裁，根据《劳动争议调解仲裁法》第27条规定，已超过一年诉讼时效，原告也没有证据证明其在提请仲裁之前有过向被告主张权利的事实，因此法院依法不予支持其主张，但基于被告同意制度给原告工资和加班费，系被告的权利处分，故法院确认被告支付原告工资和加班费。
8	温俏萍与广州市澔业商贸有限公司劳动合同纠纷一审民事判决书（〔2015〕穗番法民五初字第53号）	否	由于原告加班费的主张于2014年9月23日首次提出，其2012年9月21日之前的加班工资超过两年诉讼时效，不予支持。关于2012年9月21日到2014年9月20日期间的加班费，劳动合同中约定原告的工作实行的是每周上班六天或间隔上班六天，原告按固定时间上班就可以得到除提成之外的固定工资，原告清楚地知道其每月的工作时间和工资金额，且领取工资时从未提出过异议，表明原告认可被告的工资计算方式，故法院认为被告已足额支付原告加班工资。
9	广州市番禺区大石街宝荣幼儿园与陈雪琴劳动争议一审民事判决书（〔2015〕穗番法民五初字第94号）	是	劳动者提供了刷卡记录考勤表以证明其具体的上下班时间和工作时长，而原告虽不予确认，但没有提出证据证明，根据劳动者提供的刷卡记录考勤表可知，劳动者正常日均存在每日加班半小时的情况，并存在在休息日加班、节假日加班的情况，扣除原告已经支付的加班费，原告应向被告补足加班费差额。

续表2

序号	案由和案号	是否支持	裁判理由
10	孔志荣与华南师范大学劳动争议一审民事判决书（〔2015〕穗天法民一初字第950号）	否	原告于2014年7月17日申请仲裁，故原告的关于2013年7月17日以前的加班工资的诉讼请求已超过仲裁时效，法院不予支持。 关于2013年7月17日至2014年6月的延长工作时间、休息日以及法定节假日的加班工资的争议，被告未对原告进行考勤，但根据经双方确认某用车通知单确认原告的出车任务，用车通知单记录原告具体驾车的次数和时间，法院认为，驾驶员的工作具有特殊性，原告虽然存在从出车到返回超过八小时的情况，但原告平常的工作时间较为灵活，劳动强度不大，对其主张标准工作时间以外的加班工资宜从严掌握。因此结合原告的工资条，显示工资由基本工资、效益工资和加班工资组成，加班工资为对原告休息日工作的补助，效益工资具有多劳多得的特点，这两项可视为对原告超时工作的补偿。 原告自入职以来一直按照上述工资构成领取工资，从未对加班工资提出异议，应视为原告对被告确定的工资构成的认可，故法院不支持原告的要求被告支付延长工作时间加班费的诉讼请求。
11	贺伯连与广州市启艺金银珠宝有限公司、广州市启艺金银珠宝有限公司第六十一分公司劳动争议一审民事判决书（〔2015〕穗番法民五初字第388号）	否	原告关于加班工资的主张未经劳动仲裁前置程序处理，法院不予处理。
12	江燕萍与广州市毅源清洁服务有限公司劳动合同纠纷一审民事判决书（〔2015〕穗番法民五初字第411、450号）	是	关于周末加班工资问题，经双方确认工作天数与工作时长，且每月工资固定，可知双方实行固定工时制度且劳动报酬固定的用工模式，由此计算出原告每月加班时长，结合被告实际支付的工资金额，可得知被告应补足原告加班工资的差额。关于节假日加班问题，原告不确认被告提交的部分考勤记录，但不能提供证据加以反驳，法院参考被告提供的考勤记录后，经计算认为被告需要向原告补足法定节假日加班工资的差额。

续表3

序号	案由和案号	是否支持	裁判理由
13	文卫华与广东骏汇汽车科技股份有限公司劳动争议一审民事判决书（〔2015〕穗番法民五初字第122号）	是	劳动者加班费的诉讼请求，被告主张原告在职期间没有加班，但是作为用人单位未能对员工的考勤举证，应承担相应的不利后果；原告提供了其2014年3月的考勤表以及2013年8月至2014年10月的出勤情况表作为证据证明存在加班事实，法院采信原告主张，认为被告应向原告支付其在职期间的加班工资。
14	白成涛与南京菲尼克斯电气有限公司劳动争议2015民一初4232一审民事判决书（〔2015〕穗天法民一初字第4232、5119号）	否	劳动者主张加班费，但仅提交了自制的加班时长统计表，无其他证据佐证。劳动者作为销售经理，其诸多接待费虽发生在工作时间之外，但不应视为加班的证据。劳动者提交的工资单未显示加班费项目，并且其在职期间从未就此提出异议，应视为双方实际上对加班相关事宜达成一致，故劳动者主张加班费缺乏理由，法院不支持。
15	金一龙与广州车瑞明电子有限公司劳动合同纠纷一审民事判决书（〔2016〕穗番法民初字第1271号）	是	原告主张其每月工资底薪为5000，包括正式工资及伙食费；被告则主张原告为月薪制，每月5000，已经包含了加班费，并提供了有原告签字确认的工资签收条，但签收条中"加班工资"一栏并未显示支付加班工资，故被告未能证明原告工资中已经包含了加班费。 原告没有提供证据证明其加班事实以及加班时间的主张，被告不确认原告主张并提供了2014年12月到2015年9月的考勤记录，但被告没有证据证明其提出的出于原告个人原因没有在2014年8月至11月进行考勤的主张，被告只完成了部分举证义务，因此双方只确认了2014年12月到2015年9月的加班时间。法院采纳已经双方确认的加班时间的每月平均值，对原告在2014年8月到11月的加班时间予以核定。 原告没有提供证据证明双方约定加班工资的计算基数，故其以平均工资为计算基数计算加班工资的主张不予采信，法院对原告的加班工资以不低于当地最低工资的标准为基数来计算，故被告应向原告支付加班工资。

续表4

序号	案由和案号	是否支持	裁判理由
16	颜某与广州某产品设计有限公司劳动争议一审民事判决书（〔2016〕粤0113民初4065号）	是	根据被告提供的有原告签名的加班审批表显示的时间，以及原告提供的工资表，得出被告应该向原告补足2016年1月21日至30日的休息日加班费的差额。 原告的其2016年1月22日与1月25日各加班1.5个小时的主张，因被告未提供原告此两天的考勤，且被告确认2小时内的加班不计为加班的主张与相关规定不符，被告对此负相应的举证责任，应向原告支付加班费。
17	广州市渔嘉园餐饮服务有限公司与郭谏英劳动争议一审民事判决书（〔2016〕粤0113民初9242号）	是	用人单位提供的工资台账为其单方制作，且根据劳动者提供的工资表不能反映劳动者签收的工资所包含的具体项目，故法院不予采信用人单位的已向劳动者足额支付加班费的主张；加上用人单位提供的考勤表证明劳动者确实存在在休息日和节假日加班的事实，法院认为用人单位应依据仲裁裁决向劳动者支付加班费。关于双方工资标准的争议，用人单位提供了其单方制作的工资台账以证明其主张，但证据有明显的间接痕迹且未能反映工资构成，法院认为用人单位未能提供证据证明被告真实的工资构成。
18	李某与广州某钻石有限公司劳动合同纠纷一审民事判决书（〔2016〕粤0113民初7659号）	否	原告没有证据证实其主张的加班时间，关于其延长正常工作日的工作时间的主张，根据被告提交的考勤记录，结合经原告签名的请假条和工资条，正常上班时间为8小时，据此折算出的出勤天数与考勤记录里的出勤天数相吻合，且只有周六休息日加班的记载，并无关于原告延长工作时间加班的记录，原告所称延长工作时间存在加班的主张无证据证实。关于周六加班的问题，经核算2015年9月之前，被告已按照200%的比例向原告支付了加班费，但是2015年10月后，根据原告的工资表显示其基本工资出现大幅度下降，休息日的加班费进行了相应的调整，但被告并无证据证明与原告就变更工资计算方式进行协商并达成一致，故应按照原基本工资标准向原告补足加班费差额。

续表5

序号	案由和案号	是否支持	裁判理由
19	北京北居易科技有限公司广州分公司与刘海锋劳动争议一审民事判决书（〔2016〕粤0106民初11274号）	是	原告主张无须向被告支付任何加班费，并提交考勤记录证明被告实际工作时间，被告不予认可；被告提交微信聊天记录截图、用户截图等证据证明其加班情况，原告不予认可。加班事实应由主张加班工资一方举证证明，但被告所提供的仅为电子证据，证明力不足，不能充分证明其加班情况；被告不认可原告提供的考勤表，但并未举证予以反驳，证实被告确实存在在具体的休息日加班的事实，故原告应向被告支付加班工资。
20	李某与广州市超音速体育文化传播有限公司劳动争议一审民事判决书（〔2016〕粤0106民初8908号）	否	原告主张其在周六休息日加班，被告未支付休息日的加班工资，并提交了老板与原告同学之间的录音证明其主张，被告认为录音中没有原告的谈话，也不清楚时间和人物，法院认为，原告提供的录音证据不足以证明其周六加班事实，也未能提供证据证明被告掌握了原告加班事实存在的证据，故对其诉讼请求不予支持。
21	陈京华与广州市天河区龙涛学校劳动争议一审民事判决书（〔2016〕粤0106民初2622号）	是	原、被告签订的劳动合同约定原告每周上班6天，正常工作时间的工资标准为2100元/月，加班工资计算基础为正常工作时间工资标准。被告确认了原告每周工作7天，每天8小时，虽然被告主张向原告支付的工资中已经包含了加班费，但根据上述劳动合同的内容，被告所称的原告工资构成为基础工资+加班费，该金额为书面劳动合同约定的正常工作时间工资标准（每周工作6天的工资）为固定工资，并未支付原告每周日加班的工资，因此认为被告需向原告支付每周日的加班工资。

续表6

序号	案由和案号	是否支持	裁判理由
22	黄能坚诉广州威喜登物业管理有限公司劳动争议案（〔2016〕粤 0106 民初 12497 号）	是	原告提供了指纹打卡考勤以证明其每周工作 6 天，存在休息日加班的情形。但是，原告自入职之日起就知悉被告的工作时间制度，在长期的工作中也未对被告的工作时间安排提出异议，应视为认可被告的工作时间制度。用人单位有权根据本单位的生产经营特点和经济效益，依法自主确定本单位的工资水平。但劳动者加班工资的计算基数不得低于当地最低工资标准。 根据原告按月正常领取工资以及对此未提出异议的行为，法院认定原告对其主张加班期间的工资予以知悉且认可，因此法院根据广州市最低工资标准以及原告提供的银行对账单，核算了原告的应收工资，认为被告应向原告补足休息日加班工资差额。 原告提供的指纹打卡考勤显示原告在节假日加班的天数，被告虽不予确认但未提供原告在职期间的考勤记录，未能对原告在本案所主张的法定节假日加班天数予以有效反驳，亦未能提供有效证据证明已支付原告法定节假日加班费，根据《劳动争议调解仲裁法》第 6 条和参照《最高人民法院关于审理劳动争议案件适用法律若干问题的解释（三）》第 9 条的规定，被告对此应承担举证不能的不利后果，法院根据原告主张的节假日加班天数认为被告应向原告补足加班工资差额。
23	广州市五方实业有限公司与卢绍庆劳动争议一审民事判决书（〔2017〕粤 0113 民初 6693 号）	否	双方签订的劳动合同中约定了劳动者的工作时间采用标准工时制，每周工作六天，综合工资包含周六加班工资，以及根据劳动者提供的工资明细清单和银行对账单和上班打卡记录，能够证明用人单位已支付周六上班工资的主张，因此用人单位只需要支付周日以及法定节假日的加班费。

续表7

序号	案由和案号	是否支持	裁判理由
24	刘美良与广州第吉尔智能系统制造有限公司劳动争议一审民事判决书（〔2017〕粤 0113 民初 3669 号）	否	原告最早于 2017 年 1 月 11 日就加班工资的争议申请仲裁，故其 2015 年 1 月 11 日之前加班工资的请求超过诉讼时效，法院不予支持。 原告亦未就 2015 年 1 月 11 日到 2015 年 2 月的加班事实完成有效举证，法院不支持此期间的加班工资请求。 原告主张的 2015 年 2 月到 2016 年 12 月的加班工资，已确认原告在此期间的出勤时间，原、被告均提供的工资明细已证明各自主张，但各自对对方的证据互不确认，且劳动合同中并未约定劳动者加班工资计算基数，因此法院以不低于广州市最低工资标准为计算基数结合已确认的出勤时间，与被告实发工资予以对比，被告在该期间向原告支付的工资数额不低于应支付的包括平时及周末加班工资在内的工资数额，故法院不支持原告要求被告向其支付该期间的加班费的诉讼请求。
25	广州市欣隆服饰有限公司与刘长星劳动争议一审民事判决书（〔2017〕粤 0113 民初 675 号）	是	对于已确认的休息日加班时间内的加班费，用人单位主张已为劳动者安排合理补休，无须支付加班费，并提供考勤记录以证明其主张，但考勤记录中其主张的补休半天仅显示有上班或下班的单一记录，不足以证实用人单位已为劳动者安排补休的主张，应就其已安排劳动者补休的主张承担举证不能的不利后果。 关于周六上班是否属于加班的争议，用人单位主张劳动者正常上班时间包括周六，周日为休息时间，其支付的工资已包括周六部分，并提供双方的劳动合同和考勤记录以证明，但是劳动合同并没有工资标准包括周六固定加班工资的内容，且考勤记录中并未显示每周六为固定上班时间，因此用人单位未能提供有效证据证明劳动者在其任职期间处于每周六固定加班并领取相应固定劳动报酬的主张。

续表8

序号	案由和案号	是否支持	裁判理由
26	王光淑与广州市光华酒店管理有限公司劳动争议一审民事判决书（〔2017〕粤0113民初6073号）	否	原告主张被告应向其支付工作日加班、周末加班、法定节假日加班的加班费，但被告主张已足额支付加班费，并提交了此期间的考勤表及汇总表以证明其主张，法院认为，结合经双方确认的工资表、考勤表及汇总表中关于基本工资、加班时间及加班工资的记录，被告在此期间向原告实际支付的工资数不低于应付的包括加班费在内的工资数，故法院对原告关于加班费的诉求不予支持。
27	广东和顺物业管理有限公司与秦春劳动争议一审民事判决书（〔2017〕粤0106民初17728号）	是	原告处工作为两班倒，被告每天上班12个小时，每月休息4天，确实存在正常日延时加班、休息日加班和法定节假日加班的情形。虽然被告不确认原告提交的工资表，但也没有证据显示被告就工资提出异议，故认为被告应对其每个月工资的构成系知悉并认可的，法院对工资表予以采纳。《劳动合同》显示月工资为1895元，其余为加班工资，故原告存在向被告支付加班工资的事实。结合工资表和银行交易明细单，实发金额与应发金额存在差距。
28	刘建斌与广东中软系统技术有限公司劳动争议一审民事判决书（〔2017〕粤0106民初20841号）	否	法院认定原、被告之间适用的是"双固定用工模式"，即工作内容和劳动报酬固定，故即便存在加班，原告每月领取的报酬亦包含了相应的加班费。被告提交的日常行程明显表，原告月平均工作天数实际低于法定工作天数，且每次出勤的工作量不大，故即便存在加班，应视为被告已安排了补休。根据被告提供的银行账户明细查询清单，被告亦发放了原告相应的"春节值班费"。原告每月领取工资却未对加班费等项目提出异议，说明对此予以认可。
29	沙凤晓与中建鼎元建设工程有限公司广东分公司、中建鼎元建设工程有限公司劳动争议一审民事判决书（〔2017〕粤0106民初24555号）	否	原告的诉讼请求应基于劳动关系提出，而原告提供的证据仅有银行流水，其中仅有被告向原告的打款记录，无法辨别该汇款的内容及本案被告的关联性，并且原告提供的其他证据，诸如考勤记录、离职交接表、电话录音等均为复印件，没有原件予以核对，应承担举证不能的不利后果，原告无法存在与两被告存在劳动关系，原告基于劳动关系提出的各项诉求法院均不支持。

续表9

序号	案由和案号	是否支持	裁判理由
30	刘登峰与广州润物物业管理有限公司劳动争议一审民事判决书（〔2018〕粤0113 民初 2952 号）	是	原告主张被告应向其支付 2017 年 8 月 17 日至 2017 年 12 月 16 日期间的双休日及节假日加班工资以及加班工资总额的 25% 的补偿金，被告已确认上班时会打卡并原告会签收工资条，被告不确认原告所主张的加班时间，并认为在每个月支付给原告的工资当中已经包括了加班费，但被告没有提供其掌握的考勤记录、工资台账，应就其主张承担举证不能的不利后果，法院认为被告应向原告补足此期间的加班工资差额。关于原告要求被告支付未足额支付加班工资的经济补偿金的诉求，因原告未能提供由劳动行政部门责令用人单位限期支付相关款项的限期整改指令书和用人单位逾期未履行该指令书的相关证据，故理据不足，法院不予支持。

资料来源：本表系课题组根据中国裁判文书网、无讼网自行整理。

三、简要评析

通过对 579 份判决书进行调查统计可知，劳动者单独诉求加班费的比例较少，仅为 2.6%，绝大部分劳动者提出了多项诉求，追索加班费仅是其中一项诉求。劳动者追索加班费的请求，有超过 63.7% 的案件的劳动者获得了支持，但是劳动者败诉的案件也比较多。劳动者败诉的原因主要在于：第一，劳动者存在举证不能的情形。在追索加班工资的案件中，劳动者负有一定的举证责任，证明事项包括是否与用人单位形成劳动关系、加班事实的存在等。但在实践中，劳动者无法证明上述事实。例如，劳动者仅有自制的加班时长统计表，就不能证明加班事实的存在。第二，双方对加班工资支付有特殊约定。在这种特殊约定下，加班工资可能已包含在正常的工资中了。例如，劳动者与用人单位之间适用的是"双固定用工模式"，即工作内容和劳动报酬固定，这样即便存在加班，劳动者每月领取的报酬已包含了相应的加班费。第三，用人单位已经安排补休或已经支付了加班工资。如果用人单位可以证明已经安排劳动者补休或已经支付了加班工资，则劳动者的请求也不会得到支持。第四，特殊的用工形态下可能不被认定存在加班事实，因而劳动者加班工资的请求也得不到支持。例如，综合计算工时的劳动者，一般不被认定存在加班事实。

在加班工资纠纷案件的审理中，有几个问题需要重点关注：

第一，特殊岗位的加班问题。根据《关于企业实行不定时工作制和综合计算工时工作制的审批办法》（劳部发〔1994〕503号）的规定，企业中的高级管理人员、外勤人员、推销人员、部分值班人员和其他因无法按标准工作时间衡量的职工，可以实行不定时工作制。在实践中，劳动用工的方式、类别、用工管理等千差万别，作为高级管理人员、销售人员、司机、值班人员等劳动者，如果未经过特殊工时制审批，这些人员的加班工资问题，往往会给司法审判部门带来较大的审判难度。对此，一些地方法院自己出台了一些指导意见，用来作为本地法院裁判的参考。例如，对具有睡班性质但未经综合计算工时制审批的工作岗位，江苏省劳动争议仲裁委员会（苏劳仲委〔2006〕12号文）认为，双方可约定睡班时间可折算一定的有效工作时间（最低不低于50%），但无合同约定，则睡班时间仍应计算为工作时间。对于在岗时间较长、劳动强度不大、工作时间灵活或间断性、具有提成性工资性质的特殊行业岗位，广州中院《关于审理劳动争议案件的参考意见》（2009年）规定，应当充分考虑上述岗位的工作性质和当地劳动力价格水平，且尊重该行业和岗位工资支付的行规惯例，对于劳动者主张在标准工作时间以外的加班工资，从严掌握。对于工作时间长，但劳动强度明显与工作时间明显不一致的，或者长期处于等待状态，等待期间有休息场所可以休息的，根据南京市中级人民法院、南京市劳动争议仲裁委员会《关于加班工资纠纷审理的若干法律适用意见》（2009年）的规定，法院、劳动仲裁委完全认定为工作时间明显不合理的，用人单位与劳动者可以约定对工作时间进行一定的折算。如无约定的，人民法院、劳动仲裁委员会可以酌情折算。

第二，加班工资的计算基数问题。根据《劳动法》、劳动和社会保障部《对〈工资支付暂行规定〉有关问题的补充规定》的规定，加班工资的计算基数是正常工作时间的工资。按照国家统计局《关于工资总额组成的规定》《〈关于工资总额组成的规定〉若干具体范围的解释》的规定，工资包括"基本工资""岗位工资""职务工资"以及各种津贴、补贴、奖金等工资项目。原劳动部《工资支付暂行规定》第3条也规定，工资是指用人单位依据劳动合同的规定，以各种形式支付给劳动者的工资报酬。原劳动部《关于贯彻执行〈中华人民共和国劳动法〉若干问题的意见》第55条规定，劳动者正常工作时间工资是指劳动合同规定的劳动者本人所在工作岗位（职位）相对应的工资。然而，从这些规定中无法判定正常工作时间工资的具体范畴。参照《广东省工资支付条例》第54条第1款和第2款的规定可能更加明确。《广东省工资支付条例》第 54 条第 1 款规定："工资，是指用人单位基于劳动关系，按照劳动者提供劳动的数量和质量，以货币形式支付给劳动者本人的全部劳动报酬。一般包括：各种形式的工资（计时工资、计件工资、岗位工资、职务工资、技能工资等）、奖金、津贴、补贴、延长工作时间及特殊情况下支付的属于劳动报酬性的工资收入等。"其第 2 款规定："正常工作时间工资，是指劳动者在法定工作时间内提供了正常劳动，用人单位依法应当支付的劳动报酬。正常工作时间工资不包括下列各项：延长工作时间工资；中班、夜班、高温、低温、井下、有毒有害等特殊工作环境、条件下的津贴；法律、法规和国家规定的劳动者福利待遇等。"由此可知，正常工作时间工资包括了第 1 款规定的各种形式的工资、奖金、津贴、补贴等项目，当然，要排除加班费、夜班津贴、国家规定的劳保福利等项目。但是，一些地方却规定用人单位可以与劳动者约定正常工作时间工资的范围。例如，广东省高级人民法院、广东省劳动争议仲裁委员会《关于适用〈劳动争议调解仲裁法〉〈劳动合同法〉若干问题的指导意见》（2008 年）规定，劳动者加班工资计算基数为正常工作时间工资。用人单位与劳动者约定奖金、津贴、补贴等项目不属于正常工作时间工资的，从其约定。但约定的正常工作时间工资低于当地最低工资标准的除外。再如，南京市中级人民法、南京市劳动争议仲裁委员会《关于加班工资纠纷审理的若干法律适用意见》（2009 年）规定，劳动者加班工资计算基数为正常工作时间工资。用人单位与劳动者约定奖金、津贴、补贴等项目不属于正常工作时间工资的，从其约定，但约定的正常工作时间工资低于当地最低工资标准的除外。当然，吉林省高院在 2019 年出台的指导意见与上述情况略有差异，其规定，计算加班工资，双方合同中对工资有约定的，按不低于合同约定的劳动者本人在岗时间对应的工资为基数计算；双方合同中没有约定的，按劳动者对应工作时间的实得工资为基数计算，但应扣除用人单位已经支付的加班费。

第三，加班工资的仲裁时效问题。仲裁时效是自当事人知道或应当知道其权利被侵害之日起计算。加班工资属于工资，应当适用特殊的仲裁时效，即"在劳动关系存续期间产生的支付工资争议，用人单位能够证明已经书面通知劳动者拒付工资的，书面通知送达之日为劳动争议发生之日。用人单位不能证明的，劳动者主张权利之日为劳动争议发生之日"。同时，原劳动部《工资支付暂行规定》第 6 条规定，用人单位必须书面记录支付劳动者工资的数额、时间、领取者的姓名以及签字，并保存两年以上备查。因此，劳动者追索两年前的加班工资，原则上由劳动者负举证责任，如超过两年部分的加班工资数额确实无法查证的，对超过两年部分的加班工资一般不予保护。反之，则应当支持劳动者的加班工资请求。然而，在司法实践中普遍实行的是，只保护劳动者提前诉争前两年的加班工资。可见，在司法实践中将加班工资追索的仲裁时效约定俗成为两年。

第四，举证责任的分配问题。考虑到劳资双方的被管理与管理关系，以及实质意义上的不平等性，用人单位负有考勤义务，一定期限负有保管、保存考勤记录、工资档案的义务，对减少薪酬负有举证责任。当然，劳动者也有对加班事实的举证责任。劳动者主张有加班的，用人单位否认有加班的，用人单位应对劳动者未加班的事实负举证责任。在司法实践中，劳动者常常通过考勤记录、劳动合同、工资支付凭证、证人证言、工作记录、用人单位的陈述等证据来证明加班事实的存在。然而，现实生活的千变万化，如果机械地将这些举证责任一律分配给某一方当事人，往往有失公允。例如，在用人单位的考勤未经劳动者本人签字的情况下，有的仲裁机构或法院完全按劳动者主张的加班时间进行认定，导致加班工资计算过高。[1] 因此，南京市中级人民法、南京市劳动争议仲裁委员会《关于加班工资纠纷审理的若干法律适用意见》（2009 年）规定，对于劳动者主张的加班时间等存在明显不合理现象，用人单位因考勤制度不完备而导致举证不能时，劳动争议仲裁委员会、人民法院应加大调解力度。如劳动者的陈述明显不合理或自相矛盾时，劳动争议仲裁委员会、人民法院可以视情对劳动者的主张不予采纳。对于用人单位举证的未经劳动者签字认可的考勤记录、工资发放表等证据，如有其他相关证据佐证，则不宜简单否定该考勤记录、工资发放表等证据的证明力。

---

[1] 江苏省南京市中级人民法院民五庭：《关于加班工资纠纷审理的专项调研报告》，载《法律适用》2009 年 10 期。

第七章　劳动规章制度效力审查的司法实践调查

一、调查范围与方式

作为用人单位依法制定并在本单位实施的组织劳动过程和进行劳动管理的规则，用人单位内部劳动规章制度是规范劳动用工、维护劳动用工秩序的重要手段。劳动关系成立后，用人单位与劳动者间形成了管理与被管理的关系，用人单位有权根据生产、经营的需要建立劳动规章制度，劳动者应当遵循用人单位依法建立的劳动规章制度，享有劳动权利、履行劳动义务。

《最高人民法院关于审理劳动争议案件适用法律若干问题的解释（一）》规定，用人单位通过民主程序制定的规章制度，不违反国家法律、行政法规及政策规定，并已向劳动者公示的，可以作为人民法院审理劳动争议案件的依据。在劳动争议中，由于用人单位内部的劳动规章制度是法官裁决的依据，因而许多劳动争议的审理都涉及劳动规章制度的效力问题，需要法官对劳动规章制度的效力进行司法审查，以确定是否可以将劳动规章制度作为裁决依据。

劳动规章制度的效力取决于以下几个要件：一是制定主体适格；二是历经民主程序；三是公示或告知劳动者；四是内容合法合理。前两者常常在司法实践中被忽略。广东省高院、广东省劳动人事仲裁委员会于2008年制定的指导意见就规定："《劳动合同法》实施后，用人单位制定、修改直接涉及劳动者切身利益的规章制度或者重大事项时，未经过《劳动合同法》第4条第2款规定的民主程序的，原则上不能作为用人单位用工管理的依据。但规章制度或者重大事项的内容未违反法律、行政法规及政策规定，不存在明显不合理的情形，并已向劳动者公示或告知，劳动者没有异议的，可作为劳动仲裁和人民法院裁判的依据。"第三个要件虽然是实践中重点关注的，但按照《民事诉讼法》的认定标准即可作出判断。然而，劳动规章制度内容的合法性和合理性，尤其是内容的合理性，在司法审查中却缺乏明确标准，法官有时难以对劳动规章制度是否满足合法性和合理性作出准确判断。

为此，我们冀望通过考察相关司法实践的具体做法，了解现行司法实践尚存何种问题，以及如何确立相关认定标准。同样的，各级法院数据统计以及各市劳动争议白皮书中均未细化统计涉及劳动规章制度合法性与合理性审查的具体情况，各地劳动人事争议调解仲裁网和社会统计年鉴也无相关数据。因此，我们只能通过查阅中国裁判文书网获知相关司法实践的信息。在本次调查中，我们查阅了北京、上海、重庆、武汉、广州等地法院近五年（2014 年 1 月 1 日至 2018 年 12 月 31 日）的司法审判案例，共检索出相关判决书 265 份。

二、基本情况

表 7-1 为我们从检索出的案例中筛选出的 20 份案例，阐述了法院对合法性与合理性审查的认定理由。

表 7-1　劳动规章制度合法性与合理性的司法审查案例

序号	案名与案号	是否认定效力	裁判理由
1	中国中投证券有限责任公司与冒友华劳动合同纠纷上诉案（2014）沪二中民三（民）终字第 1476 号	否	中投证券公司为规范企业融资业务管理，促进业务持续健康发展，结合公司现状制定 73 号文（2010）。司法审查对于不损及强行法，不损及公共利益的用工自主权，不应否定其正当性。然而，为防止用人单位以强势地位滥用调整权，法院仍需审查认定其调整的合理性。73 号文第 20 条虽赋予中投证券公司调整权，但中投证券公司不可依此方式肆意调整计提比例乃至计提公式，更何况该条款规定总裁办公会有权变更奖励比例和数额，但并未赋予总裁办公会变更奖金核算方法的权利。鉴于中投证券公司未审慎行使调整权，不予支持。

续表1

序号	案名与案号	是否认定效力	裁判理由
2	陶建秋与上海凯史凯机电工业有限公司劳动合同纠纷二审民事判决书（2015）沪二中民三（民）终字第198号	是	凯史凯公司与陶建秋在双方2007年签署的劳动合同中明确约定，本合同签署前以及本合同有效期内，凯史凯公司依法制定的规章制度为本合同附件之一。陶建秋已充分阅读并理解本合同、就业规则以及凯史凯公司制定的其他规章制度的内容，愿意遵守前述规章制度。在告知的方式上，相关规章制度既可以通过用人单位的局域网、OA系统，也可以通过电子邮件、张榜公布等方式进行公示或告知，只要用人单位确实履行了上述告知方式，即可认定用人单位已履行了公示或告知程序。综上，就业规则的相关内容未违反法律、行政法规及政策规定，不违反公序良俗，不存在明显不合理的情形，且已向劳动者公示或告知，该规章制度应属有效，可以作为用人单位用工管理的依据。
3	归甲与上海国际贵都大饭店有限公司劳动合同纠纷上诉案（2011）沪二中民三（民）终字第1032号	是	贵都大饭店的《员工手册》关于员工从第一次过失警告起的一年内累计过失分达到10分，将会导致辞退的规定，符合公平公正的原则，合法有效，具有法律约束力。贵都大饭店根据《员工手册》的规定对归甲作出3次扣分的处理，事实清楚，依据充分，并无不当。根据公司规章制度规定的内容及程序，贵都大饭店于2010年12月23日以归甲严重违反饭店纪律为由，给予归甲辞退的决定，是贵都大饭店行使其用工权，对员工进行管理的方法，与法无悖，予以确认。

续表2

序号	案名与案号	是否认定效力	裁判理由
4	天地国际运输代理（中国）有限公司重庆分公司与余清春劳动争议二审民事判决书（2017）渝01民终3830号	否	是否构成"严重"违反规章制度，应从主观及客观方面综合审查判断。主观上，劳动者应存有故意或重大过失；客观上，应给用人单位造成较为严重的不良影响或损失。本案中，天地公司于2015年9月11日对余清春作出首次口头警告后，又于2015年11月9日对余清春作出书面警告处分。根据《员工手册》规定，一次口头警告加一次书面警告，天地公司即可解除劳动合同，因此，在天地公司作出首次口头警告后，再对员工进行处罚时，应尽审慎义务。天地公司于2015年11月9日对余清春作出书面警告处分，是因余清春在该日不服从调度安排、拒绝去北碚取件。而余清春则称，北碚超出了其取件范围。在客观方面，余清春未去北碚取件，是否给天地公司造成较为严重的不良影响或损失，天地公司亦未举示足够证据予以证明。因此，综合上述主客观因素判断，法院认为，天地公司对余清春作出书面警告的处分缺乏合理性，处罚过重。
5	杜贤录与天来酒店有限公司劳动争议再审审查民事裁定书（2014）渝高法民申字第00606号	是	杜贤录申请再审称天来酒店《员工手册》关于职工打瞌睡的相关处罚过重、不合理等问题，本院认为，用人单位在规章制度和重大事项决定实施过程中，职工认为不适当的，可以向用人单位提出，通过协商予以修改完善，杜贤录的该再审申请不属本案审查范围，本院对此不予审查。
6	陈超与武汉欧亚会展国际酒店有限公司劳动争议案（2015）鄂武汉中民商终字第01686号	否	欧亚公司作为用人单位在职工突发疾病时，未予提供不予应允病假的充分理由，且未举证在嗣后搭建诉求平台，畅通与劳动者沟通渠道，在陈超可能出现严重违反劳动合同约定或《员工手册》制度时，给予其说明及解释的机会，及时催告其履行和完善病休手续，告知怠于履行所产生的不利后果与风险的情形下，以消极不作为的应对模式直接定性陈超上述期间视为旷工，无事实依据，且与其自身制定的《员工手册》第四章雇佣条件第7条以"无故"即无正当理由作为认定旷工的前提和基础相悖。同时，该条规定无论何种原因，均界定为旷工，未区分具体情况与主观恶意性，超过企业自主权的合理与必要限度，有失公允。

续表3

序号	案名与案号	是否认定效力	裁判理由
7	周磊与武汉汉福超市有限公司光谷分公司、武汉汉福超市有限公司劳动争议二审民事判决书（2015）鄂武汉中民商终字第01858号	否	从规章制度的制定和实施来看，应当具有规范性和可操作性。汉福超市制定的《员工手册》第十四章第8.1.7条的规定：失职行为造成公司损失额达10000元或以上的，构成三级失职行为。因上述失职行为没有作出具体的界定，且汉福超市也没有制定盘点差异对员工工作进行评价的制度，该规定缺乏相应的操作标准。据此，原审法院认为汉福超市光谷分公司提交的相关证据不足以证明周磊对上述盘点差异存在管理失职，汉福超市光谷分公司根据其《员工手册》的规定，以（管理）失职行为造成公司损失额达10000元或以上为由，作出的解除与周磊劳动合同关系的决定，没有充分的事实和法律依据，属于违法解除的认定。
8	顾小容与中百仓储超市有限公司劳动争议二审民事判决书（2017）鄂01民终4号	是	一审法院认为，《中百仓储防损管理十条规定》和《武汉中百集团员工奖惩办法》均由被告公司职工代表大会制定，内容不违反法律、法规规定，并已组织原告进行学习。而且被告出于正常经营管理的需要将员工放流现金、放流商品的行为规定为严重违纪，具有其合理性，《中百仓储防损管理十条规定》和《武汉中百集团员工奖惩办法》可以作为本案审理依据。本院认为，中百超市古田购物广场作为武汉市的一家大型的综合性购物广场，为控制损耗，采取了多种措施防止商品流失。对聘用的员工，制定了纳入劳动合同的《中百仓储防损管理十条规定》和《武汉中百集团员工奖惩办法》，对高价低签、放流商品等行为规定为严重违反公司规章制度，并给予解除劳动合同处理。这些规定，经过了民主程序，对中百超市古田购物广场而言，是必要而适当的。
9	谭俊与广州市宏丽有限公司云景分公司、广州市宏丽有限公司劳动争议2017民终371二审民事裁定书	是	法院认为，上诉人新版《员工手册》关于单位可单方解除情形的规定并无违反我国法律规定，且上诉人二审期间提交的证据可以证明上诉人已签名确认知悉新版《员工手册》内容，故本院认为新版《员工手册》对被上诉人有效，可作为本案审判依据，原审法院认定新版《员工手册》对上诉人无效欠妥，本院对此予以纠正。

续表4

序号	案名与案号	是否认定效力	裁判理由
10	汉成（广州）电子有限公司与雷陈宝劳动合同纠纷二审民事判决书（2015）穗中法民一终字第2947号	是	汉成公司根据于2014年4月制定的《关于夜班纪律的基本遵守规定》，将雷陈宝脱岗睡觉的行为规定为可直接解除劳动关系的事由。汉成公司制定的《关于夜班纪律的基本遵守规定》在民主协商程序上确有瑕疵，但本院认为该瑕疵并不足以否定该规定的效力。理由在于：从安全生产的角度而言，员工在机器设备还在运转或产品线还在运行时脱离岗位睡觉，属于存在生产安全隐患的情形。对此类情形进行规范指引，防止安全生产事故的发生，首先是用人单位的义务而非权利。因此，无论是否经过民主协商，用人单位都应该对此类行为进行适当指引和规范，以防止安全生产事故的发生。汉成公司将此类行为界定为严重违反规章制度的行为，既未对劳动者提出不合理的工作要求，也未侵犯劳动者的合法权益，没有违反法律规定，应视为有效。
11	张肖珍与广州大友汽车座椅有限公司劳动合同纠纷二审民事判决书（2014）穗中法民一终字第4309号	是	张肖珍在当天17：39打卡下班，未按照大友公司的工作安排提供劳动，这一行为属于不服从工作安排的行为，违反了《职工就业规则》的第23条第24项的规定。根据该规则第二十六条的规定，张肖珍可受到警告乃至解除劳动关系的处罚。大友公司的《职工就业规则》经公示，属于双方劳动合同的一部分，张肖珍等劳动者已经知悉其内容，合法有效，对用人单位及劳动者均具有约束力。张肖珍主张该规则不具有合法性，违反法律规定的上诉理由缺乏充分依据，本院不予采纳。
12	麦国强与广州市交通集团南沙巴士有限公司劳动争议二审民事判决书（2014）穗中法民一终字第2259号	是	《管理规定》的内容没有违反法律、行政法规的规定，不存在明显不合理的情形，相反该规定符合《道路旅客运输企业安全管理规范（试行）》的相关内容。同时，交通集团南沙公司已组织包括麦国强在内的员工对《管理规定》的内容进行了学习和培训，履行了告知程序，麦国强对上述《管理规定》的内容亦没有提出异议。故本院认定该《管理规定》可以作为交通集团南沙公司进行管理及法院审理裁判的依据。

续表5

序号	案名与案号	是否认定效力	裁判理由
13	张军学与北京东方时尚酒店管理有限公司劳动争议二审民事判决书（2017）京02民终1104号	是	根据《劳动合同法》的规定，必须严重违反用人单位规章制度的劳动者，用人单位才能解除劳动合同。而违反规章制度是否构成严重，应由用人单位进行判断，如果引发劳动争议，应当接受劳动仲裁机构和人民法院的审查。因偷窃行为是一般社会观念皆给予否定性评价的违反社会道德规范的行为，故法院认为东方时尚酒店将偷窃他人和公司财物的行为规定为严重违反公司规章制度的情形，不违反法律强制性规定和社会一般价值理念。东方时尚酒店有权依据其公司的相关规定对员工进行管理。
14	北京京东世纪信息技术有限公司与王成龙劳动合同纠纷二审民事判决书（2017）京02民终7962号	否	一审法院认为：京东世纪公司在其据以与王成龙解除劳动合同的《京东集团奖惩管理制度》中，将"病假期间进行外出旅游等其他社会活动"规定为"严重违反公司规章制度的行为"，上述规定严格限制劳动者在工作之外的病假休假方式，明显超出了用人单位进行正常的用工管理、维护正常的用工管理秩序所必需的限度，侵害了劳动者在工作之外自主合理安排生活方式的权利，故作为劳动者的王成龙有权不遵守上述规定。 二审法院认为，京东世纪公司制定的《京东集团奖惩管理制度》中，针对可能发生的各种违反规章制度行为规定了不同的惩处方式，其中"7-3-4辞退（解除劳动合同）"条款是对员工严重违反规章制度的行为所作的最严厉的处罚方式，并在该条款中分别以概括和列举的方式载明了该处罚的适用范围，即包含"违反诚信，情节特别严重的行为"项下之"病假期间进行外出旅游等其他社会活动"。该规章制度条款不违反法律、法规规定，可以作为用人单位约束员工行为的制度规范，员工也有义务遵守公司该规章制度。一审将京东世纪公司的上述规章制度条款认定为超出了用人单位的管理限度，侵害了劳动者权利，该认定不妥，对此本院予以纠正。

续表6

序号	案名与案号	是否认定效力	裁判理由
15	刘艳等与三利公司劳动争议二审民事判决书（2017）京02民终1801号	否	三利公司《关于招商经理招商任务的管理规定》规定："招商经理引进品牌经营未满二年，须在一个月内引进新品牌，大厦除追回已发放的招商奖励外，还将对招商经理进行如下处罚……，分不同情形按已发放招商奖励的0.3倍至2倍对招商经理进行处罚。""应扣发部分奖励在今后发放的招商提成中扣除，直至扣满再发放其余应发提成。如此期间员工离职，未发放提成及薪资应先用于折抵应扣发金额。"二利公司作为用人单位，虽有权利设置招商奖励的发放条件并对不符合条件的招商成果不予发放招商奖励或追回已经提前发放的招商奖励，但三利公司除此之外再行对招商经理进行惩罚性扣款，并将扣款从薪资或符合领取条件的招商奖励中予以扣除，实际侵犯了劳动者的劳动报酬权，故本院认定上述规定中对员工进行惩罚性扣款的内容因违反法律强制性规定、剥夺劳动者主要权利而无效。
16	田向辉与北京中广物业管理有限公司劳动合同纠纷二审民事判决书（2014）京二中民终字第03610号	是	中广物业公司2011版《管理手册》中的处罚条例第二篇第二章第五"处罚条例"系为严肃劳动纪律，加强劳动管理制度，对员工违规违纪行为的表现、处罚种类等进行了规定，属于用人单位规章制度的范畴。田向辉主张相关规定过苛，不具有合理性。由于中广物业管理公司系从事物业管理营业，所在的行业系服务行业，经营过程中理应注重保护客户隐私、提升服务质量，故其公司将擅自进入客户机房或工作房间造成重大影响者、私配私藏公司或客户房间箱柜钥匙等情形认定为严重违纪具有经营管理上的合理性，不构成不合理情形。
17	北京丽池商务酒店管理有限公司与郭燕霞劳动争议纠纷上诉案（2014）京三中民终字第05994号	否	丽池酒店的《备忘录——关于会所成立市场公关部以及部门职责、薪资结构和绩效考核办法（试行）》《备忘录——关于会所成立市场公关部薪级和绩效考核办法对照表（补充）》中"连续2个月未能完成岗位工作任务降一级薪资，连续3个月未能完成工作任务予以自动淘汰"的规定具有不合理性，违反了《中华人民共和国劳动合同法》第40条关于"劳动者不能胜任工作，经过培训或者调整工作岗位，仍不能胜任个人工作的，用人单位方可与其解除劳动合同"的规定，应属无效。

续表7

序号	案名与案号	是否认定效力	裁判理由
18	郑自强与摩根大通亚洲咨询（北京）有限公司、第一创业摩根大通证券有限责任公司劳动争议二审民事判决书（2017）京02民终6959号	否	郑自强在一创摩根公司工作期间存在多次数额较低的不实报销行为，一创摩根公司将此等同于《员工手册》中列举的违反一次即可立即解雇的"不符合正当并忠实履行职责的欺诈、不诚实或不当行为"以及"不诚实或虚假陈述的行为"，郑自强则从一创摩根公司未给予其申辩或自我纠正的权利、《员工手册》的相关规定过于宽泛等角度提出规章制度过苛以及对一创摩根公司滥用解除权的质疑，鉴于防止用人单位通过宽泛且缺乏处罚程序规制的规章制度可能导致劳动者在履行劳动合同过程中极易陷入不安之中的价值判断，本院认为郑自强的质疑具有一定的合理性。
19	葛兰素史克（中国）投资有限公司与孙志鹏劳动争议二审民事判决书（2017）京03民终12309号	否	葛兰素公司主张孙志鹏严重违反公司的相关规章制度，根据该公司提交的制度内容来看，召开和资助相关会议、提供招待和支付费用等实际系属于其推广和营销产品的一种重要形式，其所谓组织活动和赞助召开相关会议必须具有科学、医学和教育性质的规定与企业的盈利导向显然是相矛盾的，实际也是难以执行的，该公司关于禁止对医务人员提供礼品的例外规定和可提供餐饮等活动费用的相关规定，导致判断员工相关行为合规性的标准模糊。葛兰素公司现提供的相关电子邮件不足以证明孙志鹏违法，给予了医务人员不当利益或好处，该公司仅以其他人向孙志鹏发送的邮件中反映的相关活动规划或意向来推测孙志鹏参与了违纪或违法行为，法院难以采信。
20	王凤勇与中国银河证券股份有限公司劳动争议二审民事判决书（2017）京02民终8008号	是	双方在劳动合同中约定王凤勇的工资按公司薪酬福利管理办法规定执行。根据银河证券公司《薪酬管理办法》及《薪酬分配实施办法》规定，绩效奖金应在年底时根据考核结果，按照当年绩效考核办法和奖金分配方案完成发放，可结合考核周期进行预发。《劳动法》第47条规定，用人单位根据本单位的生产经营特点和经济效益，依法自主确定本单位的工资分配方式和工资水平。依据上述法律规定，按照其公司薪酬管理办法制定年度奖金分配方案及对员工进行年度考核属于银河证券公司自主决定的用工管理权范畴。

资料来源：本表系课题组根据中国裁判文书网、无讼网自行整理。

三、简要评析

从所检索的案例来看，法院审查用人单位内部劳动规章的案件虽然较多，但判定其是否合法多是从程序制定角度进行审查的。例如，审查用人单位制定劳动规章制度是否经过民主程序，是否公示或告知劳动者等，如果制定程序合法则对其直接适用，而一并审查内容合法性和合理性的判决则非常少。

即便是对劳动规章制度的内容进行审查，也仅审查其合法性，而不对其合理性进行审查。在一些案件中，有的当事人在诉讼请求中提出了公司规章制度不合理，希望法院进行审查，法院仍视而不见。例如，在"李任金与重庆大全新能源有限公司劳动争议案"中，法院认为，企业依照民主程序通过的规章制度对员工进行管理，必然涉及奖惩，奖惩属于企业用工自主权的范围，只要惩罚不明显失当，法院就不应干涉企业的用工自主权。又如，在"杜贤录与天来酒店有限公司劳动争议案"中，法院认为，用人单位在规章制度和重大事项决定实施过程中，职工认为不适当的，可以向用人单位提出，通过协商予以修改完善，认定具体条款不合理申请不属该案审查范围，法院对此不予审查。也就是说，在对劳动规章制度效力的认定上，劳动者处于绝对的弱势地位，法院在认定时一般都持谨慎态度，不轻易否定劳动规章制度的效力，认为只要劳动规章制度是经过民主程序制定，且劳动者已经或应当知悉的，就直接予以适用，对其中的具体条款内容不作评价。

实际上，许多用人单位在制定劳动规章制度时，虽然满足了民主程序和告知义务的要求，但其内容仍然存在一些不合法或不合理的地方。例如，一些单位的规章制度规定，劳动者必须无条件地服从单位的加班安排，或者规定女职工在被聘用后的一定期间内禁止结婚或怀孕，或者规定本单位没有带薪年休假，或者规定单位有权对劳动者实行搜身检查，或者规定劳动者如厕的具体限定时间等。这些规定严重侵犯了劳动者的人身权利。

我们认为，用人单位的规章制度制定权来源于法律的授权，制定规章制度的目的则在于通过加强内部人员的管理，实现科学的人力管理和良好的劳动秩序。由于用人单位制定规章制度来源于法律的授权，因此规章制度自然不得违反法律、法规的规定。虽然规章制度作为劳动争议案件的裁判依据，至少应当满足合法性和公示性两个必要条件。然而，合法性和公示性并不能等同于规章制度作为裁判依据的充分条件。如果没有途径对用人单位规章制度的制定权进行合理规制，则用人单位通过严苛的规章制度滥用用工自主权的后果就难以避免。因此，有必要对这种滥用行为进行规制。

然而，由于劳动规章制度仅限于用人单位内部适用，对其合理性进行审查时需依每个用人单位的具体情况而定，但因为缺乏一般性或普适性的标准，因而时常难以判断。例如，迟到一次属严重违纪的规定，如果企业为员工就近安排了宿舍，步行时间较短，因而这种规定就不能视为不合理。因此，有观点认为，将这种合理规制寄希望于法院及仲裁部门对规章制度的合理性审查，并不完全有效，原因在于法院及劳动仲裁部门只能对进入司法程序的案件进行审查，而大量的劳动争议由于种种原因并未进入司法程序，因此即便法院及仲裁部门在司法程序中对规

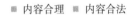

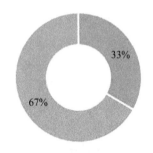

图7-1　内部规章内容审查情况

注：本图系课题组自行整理。

章制度进行合理性审查，也仅能对少数涉诉劳动者进行救济。此外，法院及劳动仲裁部门并非用人单位劳动管理的亲历者，面对千差万别的用人单位，法院及劳动仲裁部门亦很难就规章制度是否过于严苛作出完全符合实际情况的审慎判断。而劳动者作为用人单位劳动管理的亲历者，对涉及切身利益的规章制度内容最敏感也最有发言权，因此保障劳动者适当参与规章制度制定程序的权利，才是规章制度最重要最有效的合理规制手段。因此，只要满足了合法性、公示性和民主程序的要求，就可以认定劳动规章制度的效力。①

我们认为，对用人单位的行为进行管制一直是《劳动法》的主旋律。劳动规章制度涉及劳动者的切身利益，但对用人单位制定的劳动规章制度的管制，却仅关注表面形式，而忽略实质内容。合理性不仅体现为外在形式的合理性，更为重要的是表现为实质内容的合理性。通过某种途径或程序制定，既是合法性的表现，亦是促成实质内容合理性的工具或手段，但两者并无必然的因果。制定途径或程序的合法，并不必然导致劳动规章制度的合理，无论形式上还是实质上，都可能存在不合理性，仍需审查后才能确认。再加上工会制度和协商机制的不健全，协商共决的民主程序并不能实至名归，因而对其合理性更需要实质审查。因此，合理性主要表现为实质内容的合理性，而非仅为形式或程序上的合理性。因而仅有形式上的合理性，不足以确认实质内容的合理性。民主程序是形式合理性，还需审查其实质内容的合理性。当然，对劳动规章制

---

① 陈伟忠：《再谈法院对用人单位规章制度合理性审查》，载《中国劳动》2014年第9期。

度的内容进行司法审查，还需确立必要的标准。这些标准可以包括：一是是否与生产经营相关，即进行劳动组织和劳动管理所必要；二是是否与诚信履行劳动合同与集体合同相关，需要以辅助劳动合同或集体合同的履行为标准；三是是否违反公序良俗导致劳动者其他非劳动权利受到不公正对待；四是是否明确具体可操作性。例如，在（2013）沪二中民三（民）终字第 128 号案中，用人单位的劳动规章制度明确规定，员工应听从上级的指定，需要顾全大局，服从领导的安排，服从工作调动，法院认为，这些规定将用人单位的指示权不适当地扩及本应由劳动合同约定的范畴，故违反了法律规定。

第三编

司法审判中对劳动法律的正确适用

第八章　劳动争议司法裁判标准
统一问题研究

习近平总书记指出，"努力让人民群众在每一个司法案件中感受到公平正义"。因此，确保每一个案件的判决都让当事人感受到公正，是司法裁判的最高目标之一。然而，针对同类案件，如果不同法院或不同法官作出不同判决，就将让当事人觉得公理不再存在，进而造成社会对审判工作的不信任、不认同，损害司法公信力和司法权威。解决"同案不同判"的问题，只有一把钥匙，那就是裁判标准的统一。劳动争议司法裁判中，由于劳动法律法规政策浩如烟海，纷繁复杂，加上在处理过程中，不同的法院或不同的裁判者可能思考的角度不一样，适用的规定也不一样，因此不同的地方采取了不同的甚至截然相反的裁判标准，造成了劳动争议案件"同案不同判"现象更为严重，严重影响了社会公众对劳动争议司法裁判的信心，不利于劳动关系的和谐稳定。

一、司法裁判标准统一的含义

推进裁判标准统一，实现同案同判，首先需要明确何为"同案"，也就是说，认定一个案件与另一个案件属于"同案"，其认定标准是什么。因为只有"同案"才需要"同判"。有学者指出，在法律适用上，只有在认定了两个案件属于"同等情况"的基础上，才能探讨是否应当予以"同等对待"。[①] 因此，如果缺乏关于"同案"的判定标准，则"同判"亦将如沙上之塔，充满坍塌的风险。例如，在案件事实方面，应包括案件性质上的定性分析和案件情节上的定量分析。也就是说，两个案件只有在"质"和"量"两个方面都"等同"

[①]　白建军：《同案同判的宪政意义及其实证研究》，载《中国法学》2003 年第 3 期；冯小光：《试论民事案件同案同判的宪政意义》，载《人民司法》2006 年第 12 期；刘树德：《刑事司法语境下的"同案同判"》，载《中国法学》2011 年第 1 期。

时，才可以称得上是"同案"。

关于司法裁判标准统一的具体含义，在最高人民法院颁布的《关于案例指导工作的规定》和其他相关文件中并没有找到明确的判断标准。最高人民法院苏泽林对司法统一内容作了如下表述："司法统一包括四个方面的内容：(1) 程序展开方式的统一；(2) 事实认定的统一；(3) 法律适用的统一；(4) 自由裁量权行使规则的统一。其中事实认定的统一又可细分为三个方面：一是事实判断规则的统一；二是证据采信规则的统一；三是法律责任确定规则的统一。"① 基于此，我们认为，司法裁判标准统一的含义具体包括以下四个方面：事实标准统一、法律标准统一、程序标准统一和裁判结论统一。

事实标准统一，即确定待决案件与已决案件属于类似案件。有专家认为，"类似就是相似或相同，包括行为类似、性质类似、争议类似、结果类似、数额类似或者某一情节类似"② 。显然，上述诸多类似都是案件事实类似的一个方面。在裁判过程中，判断事物基本属性是否相同，或者案件是否类似，却并不是一桩易事。任何案件事实都包括许多要素。究竟哪些要素相似才可判断为类似案件，学术界却存在不同观点。第一种观点是事实要素说。这种观点借鉴新闻中的"六要素"，即时间、地点、人物（主体）、原因、经过、结果，去固定某个案件事实，形成的事实可以表述为"某人某时在某地如何做了某事出现了何种结果"。第二种观点是事实类型说。这种观点认为，任何案件都包括基本事实和非基本事实。基本事实是指关系到案件性质、责任构成以及责任程度的事实，是形成判决结论必要的基础性事实。第三种观点是案件事实"明显重大雷同"说。这种观点认为判断类似案件的标准是案件事实"明显重大雷同"，即没有经过专门训练的常人一眼就能判断出的雷同。我们认为，就事实判断而言，审判人员的法律素养尤为重要。只有在事实的判断、证据的采信和责任的确定方面坚持统一认定规则，并通过细化类似案件事实的构成要件和特征，将案件事实的方方面面都纳入比对关系中，结合一定时期的经济、社会实践的具体情况，才能作出较为恰当的判断。

法律标准统一，即类似案件适用同样的救济手段和法律规则，类似案件处理的依据应当一样。③ 法律标准统一表现为：一是相同的案件必须选择相同的法律规范。不能一案选 A 法、一案选 B 法；一案选 A 法 a 法条、一案选 A 法 b

---

① 秦宗文：《案例指导制度的特色、难题与前景》，载《法制与社会发展》2012 年第 1 期。

② 蒋安杰：《最高人民法院研究室主任胡云腾——人民法院案例指导制度的构建》，载《法制资讯》2011 年第 1 期。

③ 陈林林：《类似的案件类似的处理》，载《人民法院报》2005 年 10 月 10 日。

法条。二是法律规范的解释相同，相同的案件必须对相同的法律规范作出相同的法律解释。①

程序标准统一，即对于事实相同案件，应当适用基本一致的裁判程序。然而，我国现在正在推进以审判为中心的诉讼改革，并不要求所有案件一律适用一致的标准化的审判程序。尤其是目前案多人少的矛盾日益突出，造成了司法资源的紧张。要以解决争议为着眼点，研究设计适用于不同类型案件的审判程序。对于简单案件，可以最大限度简化审判程序，及时高效审理，将有限的司法资源集中于重大疑难复杂案件，为实现程序精密化、推进庭审实质化创造有利条件。

裁判结论统一，是判断同案同判的效果标准，也是最直观的判断标准。法律是否得到统一适用，是通过一个个具体个案的审理结果体现出来的。"同样的案件必须得到同样的判决，这意味着同一个或不同法院的两个法官在相同的案件中能够独立做出相同的结论。"②

二、劳动争议司法裁判标准统一的必要性

裁判标准的统一，是指法官在裁判时应当尊崇适用规则的一致性。裁判的标准不外乎要件事实、法律、案例等。新形势下，统一司法裁判标准具有重要意义。

第一，司法责任制下司法公正的必然要求。审判是社会管理极其重要的组成部分，公正司法是法院的生命线，是社会管理和社会公众行为的风向标。在司法放权的背景下，党的十八届四中全会《中共中央关于全面推进依法治国若干重大问题的决定》和中央政法委都明确提出了司法责任制。2015 年 9 月，最高人民法院颁发了《关于完善人民法院司法责任制若干意见》，要求清晰界定司法人员的权力和责任的内容、界限，并建立了符合司法规律的责任追究规则，同时也为法官依法履行职责提供了切实有效的保障。最高人民法院司改办主任胡仕浩在最高人民法院 2016 年 2 月 29 日举行新闻发布会，通报中国法院司法改革有关情况并回答记者提问时称，司法责任制改革后"确实有可能产生裁判标准不统一、同案不同判的现象"③。这表明，在司法责任制下，通过

---

① 张向东：《司法实践中法律适用统一的路径》，人民法院网 2007 年 6 月 20 日。
② 葛毅：《法律确定性与法律适用技术——德国案例分析法引介》，载《判解研究》2003 年第 4 期。
③ 《最高法：司法责任制改革后确有可能出现同案不同判》，中国新闻网 2016 年 2 月 29 日。

统一裁判标准强化对权力运行的监督的重要性。这是因为，既然把权力给审理者了，最后当然要由裁判者负责。裁判者能否负起这个责任，直接关系到司法是否公正的问题。其中，裁判标准统一是社会能看得见的东西，也是社会评价司法是否公正的主要标准。法院努力在每一个司法案件中实现公平正义。但背离司法公正要求的"同案不同判"现象却时有出现。这严重危害法制的统一和司法权威，法院的裁判难以为社会公众所接受，质疑司法公正的声音不绝于耳。

第二，建立稳定的行为指引。保证这些规则的统一执行，使人们对法律后果和法律规则的后果有一个稳定的预期。如果法院的裁判尺度不一致，即相同事实却有不同的裁判结果，势必会引发社会公众对司法公正的质疑。如果一条法律同时存在截然相反的解释与适用结果，法律本身应该具有的预测功能与指引功能自然无从谈起。[①] 法律指引功能是"统一裁判尺度"的核心价值，既包括建立较为稳定的行为指引，也包括建立基本一致的裁判尺度指引。"同案同判"不仅顺理成章地成了普通社会民众的心理预期，而且是社会民众在司法实践中对司法公正最基本的评价标准。[②] 实际上，由于大数据的发展以及网络信息社会的到来，当事人往往事先在网络上搜索类案，以便思量自己胜诉的可能性。如果同类案件没有同样判决，这对当事人的信心打击很大，使得社会公众缺乏必要的规范指引。

第三，保障司法的公信力和司法权威。同样情况同样对待，通过统一裁判规则实现同案同判，是实现司法公平正义的基本要义。[③] 党的十八届四中全会《中共中央关于全面推进依法治国若干重大问题的决定》明确指出，"公正是法治的生命线"。公正作为法治的核心价值，同时是法治的衡量标准，没有公正就没有真正的法治。我国司法裁判都是"以事实为依据，以法律为准绳"的，对同一事实只能有同一的法律处理结果，但如果裁判自相矛盾，或者差异判决、同案不同判等情形屡见不鲜，则在信息网络高度发达、传播力极强的今天，这些问题就会迅速而大范围地传播，司法权威将会受到动摇，严重动摇公众对法律的信仰。这样，法院不仅不能起到定分止争的作用，反而挑起了更大的矛盾。裁判标准的不统一，违背了宪法规定的"法律面前人人平等"的基本原则，与法治统一的基本理念和内在要求完全相悖，严重危害司法权威，使

---

① 刘贵祥：《再谈民商事裁判尺度之统一》，载《法律适用》2012 年第 5 期。
② 林清毅：《论"同案同判"的价值与实现》，载《福建法学》2015 年第 1 期。
③ ［美］E·博登海默：《法理学——法律哲学与法律方法》，邓正来译，中国政法大学出版社2004 年版，第 315 页。

得社会公众对法律的信仰和对司法的信任都大大降低。

三、劳动争议"同案不同判"的原因分析

最高人民法院胡云腾将影响法律统一适用的因素分为五类，分别为法治环境因素，案多人少因素，司法责任制配套机制不健全因素，审判组织人员人数偏少、集体智慧不足因素，和法官惯性思维、司法能力和审判经验不足因素。① 实际上，出现"同案不同判"的原因，主要有法律制度本身的原因和审判机制的内部原因。

1. 法律制度存在问题

法律制度本身的原因是"同案不同判"的主因。一方面，劳动争议处理的法律法规或地方政策的规定并不统一。在我国所确立的立法体制及其法律解释体制下，有权立法的主体或者有权进行法律解释的主体过多过杂，在对同一事项进行立法或法律解释时，不同主体的理念、方法和结论并不一致，导致不同主体作出的相关规定并不统一，这给统一的法律适用造成了较大障碍。裁判者在处理类似案件时，适用不同的规定自然将得到不同的裁判结果。例如，关于劳动者工伤损害赔偿的标准，我国工伤赔偿规定，按照职工收入来计算工伤赔偿数额，而每个职工的工资收入会因地域、行业、工龄、业绩等而导致收入水平不同，也就造成同一工伤事故中，不同职工的工伤赔偿数额并不一致。甚至一些用人单位尽量压低职工的基本工资，以便在职工出现工伤事故时可以少赔。

另一方面，劳动法律的规定存在抽象、模糊之处，造成裁判者对同一规定存在不统一的理解。法律语言的简明、准确，是立法活动所应追求的目的。如果法律较为模糊，那么人们的权利义务与责任就可能无法确定下来，例如，法条中的"等""情节严重""其他情形"等等，这些比较模糊的法律言语表达，并不能给予法官直观和准确的判断，留下不同的操作空间。劳动法律过多的模糊语言的使用，使得法律法规应该刚性十足的特征并不明显，法律法规难以操作。例如，我国社保制度规定，劳动者已达法定退休年龄并可以享受养老金待遇的前提是，个人缴费年限至少达到 15 年。然而，个人缴费年限是连续缴费还是累计缴费年限，法律并未明确，而且，养老保险缴费年限满 15 年是否可以不再缴费，也未明确，导致实践中各地做法不一，裁判结果也不一样。

---

① 胡云腾：《谈谈在司法责任制下如何保证法律统一适用》，载《中国审判》2016 年第 9 期。

2. 法官自由裁量权过泛

鉴于制定法的滞后性、模糊性和局限性，法官在一定范围内拥有自由裁量权是必要的。然而，由于自由裁量权的应用尺度不统一，法官在行使自由裁量权时，会将个人的主观因素融入对案件的审理和判断之中，但由于不同法官的专业水平、审判经验、阅历及观念等存在差异，因而不同法官的裁判结果也就不会相同。在司法实践中，法官常常基于自由心证主义之判断独立性、经验规则之选择多样性等而行使自由裁量权。

其中，自由心证主义之判断独立性是一个重要因素。所谓自由心证主义之判断独立性，是指在认定基础事实时，法官可以自由判断审理中出现的一切资料，不仅包括证据调查的结果，还包含辩论的全部内容，最后形成心证。① 这表明，法官是依据良心和理性来判案的，是独立地对事实形成确信，法官只服从事实和法律，并不受其他因素的干涉。在这种独立判断的情况下，对类似案件形成不同看法也就合乎情理。

再者，经验规则之选择多样性是另一个重要因素。所谓经验规则，是指经验归纳而来的一切法则，包括人们归纳总结出的各类自然法则、逻辑法则、公理、原理、惯例、习惯等。② 在审判中，经验规则对具体事实适用抽象法规发挥连接法律判断的大前提与小前提的媒介作用。③ 也就是说，在将具体事实转换为法规的抽象要件时需要经验规则的运用。④ 可以说，法官对事实认定的裁判和解释法律时，完全是经验规则的运用，如果法官适用的经验规则不同，法律适用与事实认定自然也就不同。⑤ 可见，案件的审判需要依赖法官的个人经验，但不同法官的社会阅历、知识层次、社会公德、裁判心态、审判经验、价值评价等难以形成一致，不同法官对法律的理解和认知水平也不统一，因而在具体裁判案件时，不同法官会根据自己的理解选择适用不同的法律规范，进而得出不同的裁判结果，导致同类案件的判决结果相差甚远。这让当事人很不理解，会让其觉得司法不公正。

---

① ［日］小林秀之：《证据法》，弘文堂1995年版，第35页。

② ［日］岩松三郎：《民事裁判的研究》，弘文堂1961年版，第148页；［日］五十部丰久：《损害赔偿额计算的诉讼上的特殊性》，载《法学协会杂志》1963年第6期。

③ ［日］小室直人：《上诉制度研究》，有斐阁1961年版，188页；［日］藤原弘道：《损害及其数额的证明》，《判例时代》1990年10月第733号。

④ ［日］中野贞一郎：《过失的推认》，弘文堂1978年版，第40页；［日］加藤新太郎：《程序裁量论》，弘文堂1996年版，第152页。

⑤ ［日］本间义信：《诉讼中经验规则的机能》，载《讲座民事诉讼（5）》，弘文堂1985年版，第63页。

3. 个案决定上升至一般指导的实践不足

在法院内部，如果能够总结有疑难的、复杂的、新型的案件的审判经验并进而形成一般指导，形成具有典型示范效应的类案的处理方案，那么有助于实现类案同判的目的。然而在实践中，基层法院案件请示会或庭务会常常止步于个案决定，其一般指导性功能往往被虚化。拘泥于"讨论个案"而轻视统一审判理念的局面难以打开。中级法院各业务庭更多时候会退化为推动个案流转处理的机构，导致其统一裁判尺度的功能严重受限。同一案件虽工作思路统一，但由于形式上仅是对个案的讨论，尽管在中院与某一基层法院之间达成共识，还是缺少向外辐射的出口，无法保证对此后类似案件做出相同处理。探索从"个案"裁断到"普遍"问题指导的有效路径，既及时、有针对性，又能保证一定的普适性，是改革亟待探索的问题。上级法院应根据《最高人民法院关于规范上下级人民法院审判业务关系的若干意见》的规定，通过审理案件、制定司法解释或者规范性文件或审判业务文件、发布指导性或参考性案例、召开审判业务会议、组织法官培训、总结审判经验等形式，对下级法院的审判工作进行指导，规范和统一裁判标准。但是，从目前来看，这些都还做得不够。即便一些上级法院针对审判实践中出现的某一类突出问题出台了规范意见，但这些规范意见常常具有滞后性，而且不同区域法院之间的规范意见又存在不一致，更加剧了"同案异判"现象。

4. 司法改革存在副作用

首先，司法责任制配套机制不健全。司法责任制的顺畅运行需要完备的配套机制，既包括防止干预审判组织依法独立行使审判权的机制、支持审判组织有效行使审判权的服务性机制，也包括为法官、合议庭提供咨询、参考和指导的法官会议制度，甚至包括审判委员会制度、合议庭制度等。然而，这些制度现在尚未完善。因而，在落实司法责任制的过程中，必须关注如何完善这些配套机制。例如，根据司法改革的要求，在完善审判责任制方面，改革裁判文书签发机制，主审法官独任审理案件的裁判文书，不再由院长、庭长签发。具体个案的裁判尺度实质上解除了主管领导的签前审核。在这种情况下，主审法官的自由裁量权力加大。

其次，为配合"繁简分流"，法院将大量系列案件分流至立案庭速裁程序。由于案件裁判尺度等审判标准并未统一，因此部分案件与既往生效裁判不一致。而且，大量单案涌入某个部门，审理难度增大，个案情况由于当事人诉讼请求、举证责任履行与诉讼策略（集中表现为所诉案由选择）的存在类案识别难度增大，进一步加剧发改率拉升，裁判尺度异化。

再次，专业审判团队建设缺乏。劳动争议处理是一项专业性较强的事务，需要审判人员的经验积累，因而确立相对固定的专业审判团队，并完善以员额法官为中心的审判辅助人员队伍，是非常重要的。虽然最高人民法院《关于完善人民法院司法责任制的若干意见》明确指出，可以组建相对固定的审判团队，审判团队的配置，应根据职能定位和审判情况，由一名法官以及法官助理、书记员、其他必要辅助人员组成。这种审判团队乃一个工作团队，是为了实现专业化审判工作而相互需要的正式群体。在这一审判团队中，毫无疑问，法官是这一金字塔的顶端，其他团队成员是辅助法官工作的，因而如何进行配备和组合就是一个效率问题了。当前，主要有两种团队模式：一是独任制审判团队模式，即"一名法官+若干名法官助理+若干名书记员"。在这种模式下，法官助理作为法官的高级助手，不独立承办案件，仅从事审判辅助性事务。法官审理案件形成的裁判文书，由法官直接签署，法官对案件审理承担全部责任。二是合议制审判团队，即"一名审判长+若干名法官+若干名法官助理+若干名书记员"，审判团队内设合议庭。在这种模式下，合议庭审理案件形成的裁判文书，由承办法官、合议庭其他成员、审判长共同签署，全体合议庭成员共同承担责任。然而，实践中，作为法官最为重要助手的法官助理缺口较大，而行政性质的辅助人员占比较大。而且，法官内部调岗较为频繁，影响了专业审判团队的建设。

最后，法院内部没有建立法律统一适用的协调机制。上下级法院、同级法院之间，同一法院内设业务部门之间以及法官与法官之间没有进行协调，导致"你判你的，我判我的"现象时有发生。尤其是对于发改案件中的共性问题缺乏必要的提炼、总结，没有形成指导性意见。

四、劳动争议司法裁判标准统一机制的构建

（一）案例指导机制的建立

第一，建立案例指导制度。最高人民法院于 2010 年出台了《关于案例指导工作的规定》，确立了案例指导制度。规定由最高人民法院统一发布具有指导性的案例，并明确指出指导性案例应当作为各级人民法院审判类似案件的参照。同时，各高级人民法院也可以出台参考性案例，供各高级人民法院辖区法院对类案裁判时参考。目前基本形成了以指导性案例为统领、参考性案例为基础、其他案例为补充的案例多元化发展格局，为统一裁判标准建立了保障机制。

第二，确立类案指导机制，由上级法院加强业务指导，规范裁判标准。对

于案件审理中发现的某一类问题、难点或者审判实践中形成的经验做法，应当适时召开审判长联席会、专业法官会议，分析研究问题，统一裁判思路，总结审判经验，并将会议记录在相应范围内发布，用以指导相关审判工作。会议讨论成果在法院系统具有普遍指导意义的，形成"类案类判"这种法律适用指导机制。"类案类判"是指通过类案裁判方法总结，对类案裁判方法进行规制，使同类事实获得相对一致的法律评价，增强当事人对裁判的可预测性，提升当事人对裁判的信服度。例如，可以将劳动争议案件细分为劳动关系确认、劳动者工作岗位及工作地点、劳动合同无法履行、劳动合同解除、未订立书面合同及合同期限法律问题、带薪年休假、工资标准及各种争议计算基数、社会保险等主要类型。对于每一类型，总结出可普遍使用的裁判方法，使得审理法官形成统一的思路，掌握相同的要点和难点，作出相同的裁判。这种类案总结可以交由资深法官和理论功底扎实的法官共同完成，经反复论证修改后逐级报请领导审核，最后提交审委会讨论通过，并下发给处理劳动争议的法官。这种办案指引可以有效推动"类案类判"工作。

第三，完善类案案例库建设。需要完善案例编报机制，及时跟踪，精心指导、培养精品案例。同时，完善案例遴选工作，着力提升案件选编质量。推进法院案例库建设，实现各级法院的案例库对接，方便法官报送、查阅、使用案例库。信息技术的深度运用，可实现参考案例智能推送，为法官办案提供帮助。对于数量较多的大型系列案件进行示范诉讼改革，推动示范诉讼制度化、规范化、常态化，使判例发挥指引作用。加强办案标准化工程建设，依据现行法律、行政法规、司法解释，对法院近年来审理裁判的各类型案件的经验、做法进行梳理总结，统一各主要类型案件的裁判标准，汇编成册，为法官的审判工作提供指引和参考。

第四，建立示范案例报送制度。法院可以要求拟报送案例先提请讨论通过。在讨论相关案例时，应当要求承办法官列席并讲解裁判理由，以便确保案例具有一定的示范效应。然后，提交上一级法院作为参阅案例，并作为典型案例在本院官方网站予以公布推广。实际案例可以使社会公众更加深刻、直观地了解合法与违法，可以对社会价值起到示范、引领作用，实现法律对社会公众的示范、指引功能。建立示范案例报送制度也可以为法官在审理类似案件时提供必要参考，通过指导案例来帮助类似案件的裁判，其实质是一种先"从抽象到具体"再"从具体到具体"的法律适用形式，解决当前法律适用中的裁判准则发现、裁判结论正当化、法官裁量权调控这三大机制缺失问题，以便规范和限制法官的随意的自由裁量，确保同类案件可以适用基本统一的裁判规则，保证处理结果基本一致，还可以缩短办案时间，提高司法效率，促进司法公正。

第五，信息化下的智慧法院建设。推进信息化对审判工作的全覆盖，为法官办案提供智能化、个性化的信息支持。依托智慧法院成果增强裁判统一信息化技术，针对法官在办案中"只知个案、不知全局"造成的裁判尺度不统一问题，建立基于历史案件的裁判预警系统，抽取立案信息、核心证据、认定事实等要素，构建同类案件裁判趋势图，校验裁判尺度。建立类案与关联案件检索机制，通过案件数据库，将既有案件判决汇总成库，以方便对同类案件的查找和参照，统一裁判思路和尺度，避免出现"同案不同判"的现象。

（二）法院内部多层次协调机制的构建

第一，建立上下级法院之间、同一法院各审判机构之间、审判组织之间的法律观点、法律认知和法律适用协调机制，包括实行相关专业审判的联席会议制度，定期举办审判长联席会议、疑难案件研讨会，加强系列案件、疑难案件和新类型案件的法律适用研讨，逐步在法院内部统一法律观点和裁判标准。同时，建立类案参考制度、裁判文书交叉校验制度，要求特定类型案件需要征求相关业务庭室主管的意见。

第二，针对劳动纠纷案件中常见的系列案、同类案问题，完善系列案首案报告、案件登记造册等工作机制。加强与上下级法院的联系和沟通，定期对改判、发回重审案件进行汇总分析，定期召开审判业务会议，开展审判经验交流活动，促进法律适用和裁判尺度的统一。组织法院审判业务培训，增进法院审判人员之间讨论与交流，深化裁判意见共识；实施"合议庭对口指导基层法院"的工作机制，定期走访，做好发改案件的总结、分析工作；畅通基层案件请示渠道，尤其对于涉及主体众多、社会影响广泛的劳动争议案件，要指导基层法院把握好裁判尺度，避免案件批量发改。

第三，示范诉讼模式。引入示范诉讼模式，实现精细化审理。对于数量较多的大型系列案件进行示范诉讼改革，推动示范诉讼制度化、规范化、常态化，对案件快审快结、形成判例，发挥指引作用，提升案件质效，提高审判人员庭审水平及能力，探索提前化解维稳信访矛盾新模式。集中时间和精力对案件进行精细化审理，实现审理程序规范，裁判尺度统一，案件繁简分流，注重案件审理社会效果，快速形成典型判例，以便对类案裁判进行指引。这既能极大地节约司法资源、缓解案多人少的矛盾，又能有效地疏导抱团诉讼情绪及其对法院和办案法官带来的心理压力，从而切实提升司法效能、减少涉诉信访风险。

（三）完善司法权力清单和责任清单

第一，建立法官独立地位，培养高素质法官。统一同类案件裁判尺度，必须有一支高素质的员额法官队伍。确保司法公正体现在每一起具体案件中，法官是决定性因素。因此，要建设以员额法官为中心的新型审判团队。推进法官单独职务序列改革，优化审判资源和职权配置。让审理者裁判，由裁判者负责，没有法官的独立，就难以实现公正。司法改革的主要目标之一就是确立法官的独立地位，取消院长、庭长的签发和审批制度，由案件的承办法官签发和审批自己的裁判文书。《最高人民法院司法责任制实施意见（试行）》明确要求，坚持"放权放到位"，落实法官主体地位，对于类似案件相同判决的案件，只要承办法官在合议庭评议中作出说明后即可制作、签署裁判文书，院长、庭长不得干涉，不得再以口头指示、旁听合议、文书送阅等方式变相审批案件。在实行随机分案制度后，没有了院长、庭长的统一审核把关，这就很容易导致不同承办法官和合议庭之间因司法能力素养个体差异而在理解适用法律、司法解释和指导性文件时容易发生认识偏差，进而在裁判中造成"同案不同判"现象。因此，要确保同类案件裁判尺度一致，加强法官正规化专业化职业化建设，严把员额法官遴选关，注重法官的履职能力水平。

第二，落实院长、庭长监督管理职责。推进司法责任制和法官员额制改革，完善司法管理体制和司法权力运行机制，应有之义是突出法官在司法审判中的主体地位。然而，突出法官权力主体和责任主体地位，强调司法审判去行政化，裁判案件不搞层层审批、集体把关、请示汇报，并不意味着院长、庭长从此以后不再依照相关程序行使审判监督管理职权，只是规定院长、庭长不得擅权，直接改变裁判结果，行使个案监督职权必须"师出有名"，严守法定程序。这两者并不矛盾。而且，从另一方面来看，明确院长、庭长监督管理的权限和程序，更能杜绝院长、庭长随意干涉个案审判的情形。对此，可以规定，如果新的裁判结果将成为新的裁判尺度，应将裁判结果交由院长、庭长决定，或者提请专业法官会议、审判委员会来讨论决定；如果新的裁判结果将与原有的裁判尺度不一致，则应提请专业法官会议、审判委员会来讨论决定。这样，同类案件裁判尺度的确立由院长、庭长，专业法官会议、审判委员会等共同讨论决定，可以规避承办法官和合议庭的百密一疏、力不从心。

（四）建立案例引证制度

在典型案例数据库的基础上，可以实施案例引证制度。所谓案例引证，是指当事人或独立的专家等第三方对过往类似案件进行类型化梳理，提供不同形式的案例引证报告，供法官在裁判文书中加以利用，以确保司法文书的说服力和一致性。案例引证制度并不同于案例指导制度，使用适用案例引证制度，需要尊重当事人的自愿选择，在当事人愿意选择的情况下，当事人就应遵循法院规定的特定程序。适用案例引证制度后，法院在裁判说理部分必须对质证后的案例引证报告作出回应。在审理阶段由双方提交案例引证报告，双方、法官分别进行质证和认证。实际上，案例引证报告是作为一个证据出现的，主要作用于法律实务方面。案例引证旨在增强对法律的理解和解释。法官通过案例引证，力求从分散的裁判文书中提炼司法过程中法律适用的标准与规则，将隐含在裁判文书之中的直觉、经验与顿悟，进行抽象、概括和编码，并将上述裁判规则在待决案件中加以适用。

（五）专业审判团队建设

组建专业化合议庭，对案件进行类型化的审理。在我国现有司法体制下，设立专业化合议庭，推行专业化审判模式，进行案件类型化的审理和裁判，追求同类案件裁判的同质化，达到"类似案件类似处理"的要求，进而实现"相同案件相同裁判"的目标。这就需要做到：第一，建立相对固定的法官队伍。劳动争议处理涉及众多法律法规政策，劳动用工形态复杂，案件的社会影响较大，需要审判人员的经验才能较好处理。因而专业化是保障司法审判公正的基础，也是保障"同案同判"的前提条件。第二，配置"一名法官+若干名法官助理"的模式。法官助理承担了大量审判技术性工作，应当加大配置，发挥审判团队的作用，让法官集中精力审理案件，保障审判质量。第三，推进人民陪审员工作机制改革，完善专业人民陪审员制度和专家陪审员制度，提升专业领域问题的处理水平。

第九章 用人单位违法解雇赔偿金责任的司法认定[①]

一、问题的提出

为了保护劳动者的职业安定性，抑制用人单位恣意妄为的解雇行为，维护劳动关系的稳定，规制用人单位的解雇行为，一直都是许多国家或地区的劳动法重点关注的问题。在我国，《劳动法》和《劳动合同法》都从解雇条件、解雇程序、解雇责任等多方面对用人单位的解雇行为进行必要限制。在解雇责任方面，《劳动合同法》第87条创设性地规定，如果用人单位违法解雇劳动者，应当依照法定标准的劳动合同解除或终止经济补偿金（简称经济补偿金）的二倍向劳动者支付违法解雇赔偿金。

在我国法定的用人单位解雇责任中，不仅有违法解雇赔偿金，还包括额外赔偿金、违法解雇期间工资支付、强制继续履行等责任形式。而司法实践中，许多法院在判决用人单位支付违法解雇赔偿金后，不再考虑适用额外赔偿金、违法解雇期间工资支付等责任。[②] 至于强制继续履行，如果用人单位不愿恢复与劳动者的劳动关系，法院一般会认为继续履行的必要基础已经丧失，而不会判决用人单位继续履行劳动合同。因此，违法解雇赔偿金往往成为用人单位违法解雇唯一需要承担的责任。

然而，一个问题值得思考：从《劳动合同法》创设违法解雇赔偿金制度到现在已6年，该制度是否起到了补偿受违法解雇之害的劳动者的损失，又是

---

① 刘焱白：《我国违法解雇赔偿金的功能重塑及制度完善》，载《法学》2015年第3期。

② 这相当于是用违法解雇赔偿金替代了违法解雇的其他责任。当然，额外赔偿金、违法解雇期间的工资支付等责任能否被违法解雇赔偿金所替代，在学界和司法界尚存争议，但我们看到，许多法院的判决结果是支持这种观点的。囿于篇幅，本书对此不做详述。

否有效遏制了用人单位违法解雇的冲动呢？用人单位在实施违法解雇行为时是否因这种责任的存在而有所忌惮呢？答案是否定的。实际上，现有的违法解雇赔偿金制度达不到立法者的预设目的。既如此，重新检视这种责任制度的缺陷，并使之完善，显得非常必要。

二、违法解雇赔偿金的功能重塑

（一）违法解雇赔偿金的功能定位

《劳动合同法》所设立的违法解雇赔偿金制度，其主要功能是什么？是对劳动者实际损失的补偿，还是对用人单位违法行为的制裁？

由于违法解雇赔偿金是经济补偿金的二倍，而且《劳动合同法实施条例》第 25 条又规定，被违法解雇的劳动者得到了赔偿金就不能再主张经济补偿金。因此，要探究这个问题，还需首先分析经济补偿金的法律性质及其与违法解雇赔偿金的关系。经济补偿金，也可称为"离职费""解职金""遣散费""辞退补偿金""资遣费"等。对其法律性质，学界众说纷纭，有"劳动贡献补偿说""就业机会补偿说""失业帮助说"[1] "用人单位帮助义务化或法定化"[2] "额外补贴或福利说"等观点。[3] 我们比较赞同王全兴教授的观点，认为我国劳动法律所规定的经济补偿金包含了上述各种观点的精神，[4] 也就是说，经济补偿金具有多重性质。当然，其主要性质，正如黄越钦、郑尚元、冯彦君等教授所指出的，还是用人单位基于劳动伦理而额外支付给劳动者的一笔离职补贴。而经济补偿金是否具有惩戒性质？对此，黄越钦教授指出，"在不可归责于劳雇双方当事人之事由时，资遣费乃是雇主保护照顾义务之效力所衍生的一种义务，其法律性质为对受解雇劳工之'离职补贴'，具有劳动契约之伦理功能。唯因可归责于雇主之事由而劳工被迫辞职时，其资遣费之性质则有民事违约制裁之意义……"[5] 我们亦持相同看法：不同情形下的经济补偿金的性质不同，一般情形下具有补贴性质，特殊情形下也有惩戒性质。

---

① 王全兴：《劳动合同法条文精解》，中国法制出版社 2007 年版，第 167 页。

② 王立明：《经济补偿的政策、性质和规范分析》，载《中国人力资源开发》2009 年第 3 期。

③ 黄越钦：《劳动法新论》，中国政法大学出版社 2003 年版，第 158 页；郑尚元：《劳动合同法的制度与理念》，中国政法大学出版社 2008 年版，第 303~307 页；冯彦君：《劳动合同解除中的"三金"适用——兼论我国〈劳动合同法〉的立法态度》，载《当代法学》2006 年第 5 期。

④ 王全兴：《劳动合同法条文精解》，中国法制出版社 2007 年版，第 167 页。

⑤ 黄越钦：《劳动法新论》，中国政法大学出版社 2003 年版，第 158 页。

而违法解雇赔偿金是两笔同等数额的经济补偿金的相加，那是否可以认为违法解雇赔偿金与经济补偿金的性质一样呢？我们认为，将违法解雇赔偿金拆分为"两笔"经济补偿金来理解更为合理。当然，将其视为一种完全吸收了"两笔"经济补偿金的独立概念也是可以的。不管是将其拆分来理解，还是视作一个整体来理解，都无法否认其具有多重性质。这是因为，"第一笔经济补偿金"是用人单位解雇劳动者时，无论是否合法，一般都需支付的，只要劳动者没有存在不予支付经济补偿的情形。"第二笔经济补偿金"则是违法解雇情形下对用人单位加重的责任。也就是说，"第一笔经济补偿金"是用人单位合法解雇情形下本来就有的责任，与违法解雇无关；而"第二笔经济补偿金"是用人单位违法解雇情形下才有的责任。"第一笔经济补偿金"与"第二笔经济补偿金"适用情形不同，性质也不同。因此，涵括了两笔不同性质经济补偿金的违法解雇赔偿金具有多重性质。实质上，"第二笔经济补偿金"才具有违法解雇赔偿金的性质。

关于"第二笔经济补偿金"的性质，可以肯定的是，不是对劳动者的一种额外补贴或福利。那么，是对劳动者的实际损失的补偿（"损失补偿论"）还是对用人单位违法行为的制裁（"违法制裁论"）呢？有学者认为是补偿劳动者的损失。[①] 理由主要在于，劳动者与用人单位确立劳动关系，有权在约定的期限内获得确定数额的工资及福利；若期限届满前，劳动关系被违法解除或终止，会使劳动者失去工作和基于此产生的预期利益。对于并无过错的劳动者来说，这是利益的受损。所以，一般而言，用人单位提前解除劳动合同的行为都会对劳动者权益造成损害，用人单位应承担以其相应价值的财产给予补偿的责任。郑尚元教授认为，我国《劳动法》第 98 条规定了用人单位违法解雇对劳动者造成损害的，应当承担赔偿责任，而《劳动合同法》第 87 条的规定就是对《劳动法》第 98 条规定的赔偿责任的标准化和加重化。[②] 谢增毅研究员也指出，在违法解雇情形下，用人单位应当赔偿劳动者的合同剩余期限的工资和其他损失。[③] 不可否认，"第二笔经济补偿金"虽然具有一定的损失补偿作用，可以对包括劳动者预期利益损失在内的损害进行某种程度的补偿，但设立"第二笔经济补偿金"的目的绝不仅仅于此。理由在于：第一，经济补偿金是合法解雇条件下的责任，而二倍经济补偿金是违法解雇条件下的责任，皆为用

---

① 黄越钦：《劳动法新论》，中国政法大学出版社 2003 年版，第 156 页。

② 郑尚元：《劳动合同法的制度与理念》，中国政法大学出版社 2008 年版，第 307 页。

③ 谢增毅：《雇主不当解雇雇员的赔偿责任》，载《法律科学》（《西北政法大学学报》）2010 年第 3 期。

人单位提前单方解除劳动合同，都会对劳动者预期利益有所损害，但为何违法解雇情况下用人单位的责任要加重，显然，补偿预期利益损失不是设立这种责任制度的主要目的。第二，如果设置违法解雇赔偿金是想补偿劳动者预期利益损失，就应补偿预期利益损失，而违法解雇赔偿金却是以劳动者在本单位已经工作的年限来计算的，是过往利益而非预期利益，似有南辕北辙之嫌。如要理解为补偿，将其看作是对劳动者过往贡献的补偿似乎更为合乎情理。第三，如果劳动者在临近合同期限届满时被违法解雇，[①] 虽然劳动者在预期利益方面的损失非常小甚或没有什么损失，但用人单位同样需要承担违法解雇责任，也表明该责任并不主要是补偿预期利益损失的。

因此，"违法制裁论"似乎更合乎设立这种制度的初衷。违法解雇赔偿金是专门针对用人单位违法解雇行为而设立的，必然有意图遏制或约束用人单位违法行为发生之目的。实际上，对用人单位违法解雇行为（或不当解雇行为）进行制裁或惩罚也是世界上许多国家劳动立法的基本态度。例如，在瑞典劳动法中，也设立了不当解雇的损害赔偿责任。但这种赔偿责任"实为以赔偿为名的制裁手段，它可以说是赔偿与惩罚相结合的一种责任形式。其赔偿性体现在它能为违法行为的受害方带来利益，其惩罚性体现在即便没有实际损害发生，亦可令违法者承担这一责任，或者虽有损害，但判处的赔偿数额远远高于实际损害本身。因此，一般赔偿涵盖了不同类型的非金钱损失，不仅仅是精神损失也包括对另一方在劳动力市场上地位的其他侵犯"。[②] 经济补偿金尚有制裁之义，更遑论违法解雇赔偿金了。当用人单位存在违法解雇行为时，法律必须体现出对该种行为的否定态度。因此，设立违法解雇赔偿金并不以补偿为主，而应以制裁为主。即便其具有补偿和制裁双重功能，制裁作用也应更为显要。

（二）违法解雇赔偿金的功能设置缺陷与改进

既然违法解雇赔偿金应以制裁违法行为为主，兼顾损失补偿，所设计的制度就应当体现这一功能。然而，《劳动合同法》中的违法解雇赔偿金责任制度在功能设置上存在缺陷。

1. 违法解雇赔偿金的功能设置缺陷

第一，补偿功能设置问题。按照赔偿责任制度的基本原则，损害多少就必

---

① 虽然这种情形下用人单位的行为并不经济，因为用人单位完全可以等到劳动合同期限届满后再终止，而不必在此之前就采取这种提前违法终止的行为，进而需要承担更重的法律责任和更多的解雇成本，但我们不能否认，在理论上和实践中都可能存在这种情形。

② 陈国文：《瑞典劳动法中的解雇制度研究》，载《西部法学评论》2008 年第 5 期。

须赔偿多少。当劳动者被提前违法终止劳动合同，其所受损失主要就是预期利益的损失。因此，如想补偿被违法解雇劳动者的损失，则应进行充分、全面的补偿，且应针对预期利益来设置赔偿责任。但是，如前文所述，违法解雇赔偿金责任制度却没有这样设计，也就不能体现对劳动者进行充分补偿的功能。

另外，这一责任制度还缺少对社会整体利益损害的补偿。虽然社会整体利益是区别于个体利益的，且不是个体利益的简单相加，而是表现出利益的社会性和整体性，但是，"社会利益并非超脱于个体利益之外，乃是绝大多数社会个体的共同利益"①。因此，欲实现社会整体利益，必然需要谋求最大多数人的个体利益最大化的实现。在劳动法领域，作为劳动者个体的利益总是与包括劳动关系和谐稳定以及对处于弱势地位的劳动者群体的特别保护在内的社会整体利益紧密相连的，对劳动者利益的侵害意味着最终将造成社会整体利益的受损。例如，用人单位的恶意违法解雇行为不仅侵害了劳动者的工作稳定权，亦违反了整体社会对劳动关系运行所应遵守的基本法律和道德准则，并对社会整体利益造成了损害。因此，在对个体利益的损害进行补偿时，要求用人单位也对社会整体利益的损害予以补偿，并无不妥。但是，违法解雇赔偿金责任制度不能体现出对受损的社会整体利益予以补偿的功能。②

第二，制裁功能设置问题。前文已述，制裁是其最重要的功能，应当通过这一制度使惩罚、阻却和遏制的功能得到凸显。虽然现有的违法解雇赔偿金责任也在某种程度上体现出了一定的制裁和威慑作用，但与《劳动合同法》中其他有制裁功能的责任条款比较，其制裁力度显然过轻。例如，根据《劳动合同法》第85条的规定，用人单位拖欠劳动者劳动报酬、加班费或者经济补偿，又或劳动报酬低于当地最低工资标准的，用人单位逾期不支付其差额部分的，劳动行政部门可以责令用人单位按应付金额50%以上100%以下的标准向劳动者加付赔偿金。又如，根据《劳动合同法》第82条的规定，用人单位自用工之日起超过一个月不满一年未与劳动者订立书面劳动合同的，应当向劳动者每月支付二倍的工资。这些额外的加重责任，对于实施违法行为的用人单位来说，无疑是一种制裁。较之未签书面劳动合同或者拖欠经济补偿金等违法行为，违法解雇行为对劳动者影响更为严重，也更需要通过加重责任来惩戒这种违法行为。然而，实践中违法解雇赔偿金之制裁功能根本就没有得到体现，以至于许多学者都认为其仅具有补偿作用。这实在是一大缺憾。其实，对劳动

---

① 蒋悟真、李晟：《社会整体利益的法律维度——经济法基石范畴解读》，载《法律科学》（《西北政法学院学报》）2005年第1期。

② 刘焱白：《用人单位惩罚性赔偿金的适用研究》，载《法商研究》2013年第6期。

者的实际损失进行充分赔偿与另行要求用人单位支付额外赔偿金并行，才能达到制裁之功效。如果连劳动者的实际损失都没有得到充分补偿，更遑论制裁用人单位的违法行为了。可见，现有的制度设计尚不能单独对用人单位的违法行为凸显制裁功能。

2. 违法解雇赔偿金功能设置的改进

鉴于前述违法解雇赔偿金既对劳动者补偿不足，更对用人单位惩戒无力，完全没有体现出设立该种责任的立法旨意。为了更好地补偿劳动者及利益相关者的损失，也为了凸显制裁用人单位的作用，将违法解雇赔偿金责任重新设置为惩罚性赔偿责任似乎更为合理。

第一，惩罚性赔偿责任可以凸显制裁作用。惩罚性赔偿责任发端于英美法系，其主要功能不仅有损害填补（补偿）功能，亦有惩罚、阻却、遏制之功能。[1] 无论是对惩罚性赔偿持支持态度的，还是以私人不应拥有惩罚权和不应授予不相关的人"不当得利"的诉权等理由对惩罚性赔偿持否定态度的学者大都认为，惩罚性赔偿责任是一种以法院最终判给受害人的损害赔偿额超出了其实际损失额的方式作为对受害人的补偿和对加害人的惩罚的责任形式。其中，惩罚不法行为与威慑将来不法行为之目的更为重要。[2]

第二，惩罚性赔偿责任可以补偿受损的社会整体利益。劳动者的个体利益与其所依存的社会整体利益紧密相连。对劳动者个体利益的损害，就是对与之相连的社会整体利益的损害。用人单位违法解雇对被解雇劳动者利益造成损害，同样，也会对社会整体利益特别是劳动关系和谐稳定所蕴含的社会利益造成损害。因此，在对受到违法解雇损害的劳动者进行补偿时，要求用人单位也对同时受到损害的社会整体利益予以补偿自属情理之中。只有这样，损害补偿才是完整的，也才是更符合社会正义的。[3] 当然，补偿性赔偿责任可以对受损的个人利益进行补偿，但无法补偿社会整体利益的损害并进而维护社会整体利益。只有惩罚性赔偿责任才可以既补偿劳动者的损害，亦补偿社会整体利益的损害，并通过补偿社会整体利益的损害达到惩罚用人单位的目的。从社会本位观来考量，设立惩罚性赔偿责任，保护社会整体利益才是其重要且最终的目的。通过惩罚用人单位从而实现良好的社会秩序，最终维护社会整体利益，而不仅仅是私人之间的损害填补，更不是私人之间纯粹的惩罚行为。因此，必须借助惩罚性赔偿责任对用人单位恶意的违法行为予以惩戒。例如，《瑞典劳动

---

① 马新彦：《内幕交易惩罚性赔偿制度的构建》，载《法学研究》2011 年第 6 期。
② 袁碧华：《惩罚性赔偿在合同领域的排除与扩张》，载《政治与法律》2008 年第 6 期。
③ 应飞虎：《知假买假行为适用惩罚性赔偿的思考》，载《中国法学》2004 年第 6 期。

法》规定："如法院宣告通知解雇或即时解雇无效，而雇主拒不遵守法院的判决，那么雇佣关系应予解除，但雇主应承担赔偿责任，这一赔偿责任具有显著的惩罚性，因为它已不仅仅是对雇员的赔偿，而是藐视法院判决所应付出的代价。"①

第三，惩罚性赔偿责任可以激励劳动者维权。从激励的视角出发，惩罚性赔偿可以对劳动者产生激励作用，让劳动者有更大动力去维权，而劳动者维权所产生的惩罚性赔偿后果是对这些违法侵权行为的最好惩罚，能有效遏制同类违法行为的发生或蔓延。

第四，惩罚性赔偿责任可以只对用人单位的违法行为实施惩戒，而不必考虑实际损害后果。这是因为，用人单位的违法行为会造成劳动者"实际损害"或"损害可能"。在劳动立法层面，将"损害可能"或"损害之虞"纳入劳动者损害的范畴，而不必等到实际损害真正发生，可以防患于未然，更好地保护劳动者的利益。② 例如，用人单位违法不订立书面劳动合同给劳动者所造成的损害就具有潜在性，③ 要求用人单位承担惩罚性的二倍工资责任，就可以减少损害的发生。而且，如果用人单位的侵权行为的主观恶意性严重，且行为的潜在危害性严重，社会负面影响较大，单纯地对这种行为予以惩戒也是正当的。

三、违法解雇赔偿金的数额确定

既然应将违法解雇赔偿金设置为惩罚性赔偿责任，那赔偿数额应如何确定才能凸显其惩罚性赔偿之功能？为何现行法律规定违法解雇赔偿金以经济补偿金为基数来计算？这种计算方法是否合理？如果不合理，应以何种依据来确定赔偿数额，而所确定的赔偿数额既能对用人单位的违法行为予以有效惩戒，又不至于出现惩罚失度的现象？

（一）与经济补偿金分开计算

在仲裁和司法实践中，当用人单位违法解雇行为成立，需要计算违法解雇赔偿金数额时，裁判者只需以"法定标准"的经济补偿金乘以二即可。平常所见到的案例大都如此，即用人单位实施解雇行为时，没有支付任何补偿，在

---

① 陈国文：《瑞典劳动法中的解雇制度研究》，载《西部法学评论》2008 年第 5 期。
② 刘焱白：《用人单位惩罚性赔偿金的适用研究》，载《法商研究》2013 年第 6 期。
③ 王全兴、粟瑜：《用人单位违法不订立书面劳动合同的"二倍工资"条款分析》，载《法学》2012 年第 2 期。

历经仲裁或司法程序后被认定为违法解雇,进而裁判用人单位须支付二倍的经济补偿金作为赔偿金。但有一些案例却是另外的情形:用人单位解雇劳动者时,并不认为自己的解雇行为是违法的,已向劳动者支付了经济补偿金,且这笔经济补偿金高于法定标准,甚至超过了法定标准经济补偿金的二倍。之后,劳动者提起仲裁或司法程序,要求认定用人单位违法解雇,并要求支付赔偿金。① 在计算违法解雇赔偿金时,如果以"法定标准"而非"实际支付"的经济补偿金为基数,其计算结果显而易见:被确认违法解雇后,用人单位需要支付的赔偿金要少于先前已经支付给劳动者的经济补偿金。甚至还会有已付经济补偿金高于二倍法定经济补偿金即违法解雇赔偿金的情形,这就存在一个滑稽现象:用人单位先行支付的经济补偿金数额与其应支付的违法解雇赔偿金数额之间存在差额。在许多裁判者看来,劳动者获得该差额既没有法定理由也没有约定理由,② 属于"不当得利",劳动者理应退回。可见,认定用人单位合法解雇,劳动者还可多得补偿;认定用人单位违法解雇,劳动者还得退回部分补偿。那么在这种情形下,承担不利后果的究竟是劳动者还是用人单位?因此,赔偿金与经济补偿金合并计算的方式值得反思。

1. "第一笔经济补偿金"的计算

前文已述,违法解雇赔偿金包含"两笔"经济补偿金。计算"第一笔经济补偿金"已有法定标准,但这种法定标准能否由当事人双方的约定来替代?也就是说,经济补偿金是否可以由当事人双方自行约定?

我们认为,"第一笔经济补偿金"可以由劳资双方自行约定。理由在于:第一,法定经济补偿标准属于劳动基准,劳资双方可以做出高于基准的约定,但约定不得低于基准。例如,《上海市劳动合同条例》(2002 年)第 42 条就明确规定:"补偿总额一般不超过劳动者十二个月的工资收入,但当事人约定超过的,从其约定。"第二,我国《劳动法》并未对这种行为予以禁止。实际上,我国《劳动法》规定法定补偿标准的目的主要在于,在劳资双方对经济补偿的数额没有约定并因此而发生争议的情况下,让裁判者有一个判决的法律依据。但是,在《劳动法》中并未看到明确限制当事人双方自行约定经济补偿的规定。第三,根据一般的法理,权利人可以放弃权利,义务人可以自愿加重义务,此于法不悖。获得经济补偿是劳动者的权利,劳动者可以自愿放弃权

---

① 参见广州市越秀区人民法院穗越法民一初字(2013)第 1110 号民事判决书和广州市中级人民法院中法民一终字(2013)第 4368 号民事判决书。

② 在司法实践中,许多裁判者就是如此认为的。其中,"没有法定理由"是因为法律明确规定了赔付标准,"没有约定理由"是因为许多裁判者认为经济补偿金的支付标准不能约定。

利或减少；支付经济补偿也是用人单位的义务，用人单位不可不给，但可以自愿加重义务，可以自愿多给。第四，当用人单位超过法定标准多给经济补偿时，对劳动者更为有利，可看作是用人单位给予劳动者的一种额外福利，按照"有利于劳动者利益的条款优先适用"的原理，劳动法律绝不会强制让劳动者退回的，除非劳动者有导致用人单位意思表示不真实的行为存在。第五，如果认为经济补偿不能由双方约定，必须按照法定标准来确定。那么，这种制度就会对劳动关系的有序运转产生不良影响。这是因为用人单位和劳动者都很可能置双方的约定于不顾，事后再行追索事宜。例如，用人单位可以事先许诺较之法定标准更优厚的经济补偿让劳动者走人，事后再去追回；劳动者可以先领走与用人单位约定好的较低的经济补偿，事后再去追索。此类争议确无必要。

2. "第二笔经济补偿金"的计算

"第二笔经济补偿金"是否应与"第一笔经济补偿金"完全等同？实际上，正如前文所述，这两笔经济补偿金的性质并不一样，与"第一笔经济补偿金"可以由当事人约定不同，"第二笔经济补偿金"是法律对用人单位违法行为的一种惩罚，法律已经对其计算标准作出了明确规定，也就是说，对用人单位的制裁不能随意加重，其标准必须是法律预先明确规定的，是用人单位在采取违法解雇行为时就可预期的。因此，"第二笔经济补偿金"的计算基数是法定标准下计算出来的经济补偿金，而不能是当事人双方约定的那个事先不确定的经济补偿数额。

可见，如果用人单位与劳动者约定了经济补偿金，那这个经济补偿金与计算违法解雇赔偿金的那个经济补偿金是不同的。而且，在双方约定较高的经济补偿金的基础上计算违法解雇赔偿金显然也不公平。因为双方约定的较高的经济补偿金本来是用人单位给予劳动者的一笔额外福利，是用人单位对劳动者的额外关怀，这种现象应得到立法者的鼓励，而不能对用人单位自愿加重义务的积极性给予打击。① 所以，当用人单位的解雇行为在事后被认定违法时，不能依此较高的经济补偿金来确定对用人单位的惩罚标准。较为公平的做法是，由用人单位已经给了"第一笔经济补偿金"，对该笔钱就交由劳资双方意思自治，而对于"第二笔经济补偿金"，只要在法定标准上另行计算作为赔偿金即可。

因此，违法解雇赔偿金与经济补偿金应当分开计算，只有当两者都需在法

---

① 显而易见，如果赔偿金是在用人单位自愿多给的经济补偿金的基础上乘以二，那么用人单位在解雇劳动者并支付经济补偿金时必然会非常慎重。由于用人单位也不能肯定自己的解雇行为一定是合法的，因而多给经济补偿金的可能性将变得微乎其微。

定标准下计算时，才能合并适用。

（二）违法解雇赔偿金数额的确定依据

1. 以劳动者工作年限为确定依据

根据《劳动合同法》的规定，违法解雇赔偿金是以劳动者在本单位工作年限为基础计算的。违法解雇赔偿金为什么要与劳动者的工作年限挂钩呢？难道劳动者在本单位工作时间越长，就需要对用人单位实施越重的惩罚吗？① 反之，如果劳动者的工作时间越短，相应地对用人单位的惩罚就应越轻？经济补偿金包含了对劳动者过往工作中所提供劳动的补偿，所以与劳动者工作年限相联系有其合理性。而违法解雇赔偿金与工作年限挂钩，可增加违法解雇工作年限长的劳动者的成本，有利于抑制违法解雇工作年限长的劳动者的行为，某种程度上亦是可取的。但是，违法解雇赔偿金与经济补偿金并不相同，其既包含对劳动者损失的补偿，亦包含对用人单位的惩戒。劳动者的工作年限是否与劳动者的损失以及与应否实施惩戒存在关联性？

首先，劳动者的工作年限是否与劳动者的损失相关联。在用人单位违法解雇的情形下，劳动者的利益必将受到一定损失。但很明显，这种利益受损不是过往利益（即已经提供劳动的工作年限），而是预期利益的受损。预期利益的受损主要包括：劳动合同剩余工作年限没有履行的工资收益方面的损失；违法解雇工作年限较长且年纪较大的劳动者，对其将来重新就业的损害。当然，实践中，用人单位违法解雇时也会混杂其他一些侵害劳动者过往利益的行为，例如，拖欠工资。但是，这些侵害劳动者过往利益的行为与违法解雇行为是不同法律性质的行为，承担责任的依据和法律后果也是不同的。因此，在违法解雇情形下，劳动者的工作年限与劳动者的损失并无关系。

其次，劳动者的工作年限与应否实施惩戒是否相关联。一般而言，在对侵权人实施惩罚时，所考虑的因素主要包括：违法行为的轻重、对被侵权人造成的损害大小以及社会影响的恶劣程度等。劳动者的工作年限并非完全与此无关。例如，对一个在本单位工作时间非常长的老职工（虽然未达《劳动法》规定的禁止解除条件，但也比较接近）予以违法解雇，则对该劳动者将来利益（如重新就业）造成的损害较之年轻劳动者可能更大，社会影响也可能更恶劣，故而可以给用人单位更重的惩罚。但一般而言，是否需要加重赔偿责任并不需要考虑劳动者已经工作的年限长短。而且，由于与劳动者工作年限挂钩，赔偿结果就千差万别。每个案件中用人单位的违法解雇赔偿金都不尽相

---

① 对于那些在用人单位工作时间较长且距退休年龄较近的劳动者实施违法解雇的，如此规定才是较为合理的，而其他情形下则不太合理。

同。尤其是有的违法解雇行为的情节非常恶劣，但由于劳动者工作年限比较短，用人单位所承担的赔偿金也非常少。

可见，以劳动者工作年限为确定依据虽然在某种程度上是合理的，却不是最为理想的确定依据。

2. 以劳动者预期利益为确定依据

用人单位的违法解雇行为的确会对劳动者的预期利益造成损害，因为用人单位违法解除劳动合同，使并无过错的劳动者丧失继续履行合同并获得相关工资收入等待遇的机会。然而，这种预期利益（即劳动者履行完该劳动合同所获得的工资收入及其他福利待遇）的损失是否需要赔偿？

王全兴、郑尚元、谢增毅等学者认为，在违法解雇情形下，用人单位应当赔偿劳动者预期利益损失，主要包括合同剩余期限的工资损失。[①] 谢增毅研究员指出，美国法院在处理固定期限合同被提前解除的案件时，通常会要求雇主赔偿劳动者合同解除时至合同到期日之间的工资损失。[②] 甚至，如果劳动者今后找到的工作的收入较之先前工作收入要低，前雇主还得赔偿这部分损失。[③] 我国《合同法》第113条也有类似规定："当事人一方不履行合同义务或者履行合同义务不符合约定，给对方造成损失的，损失赔偿额应当相当于因违约所造成的损失，包括合同履行后可以获得的利益，但不得超过违反合同一方订立合同时预见到或者应当预见到的因违反合同可能造成的损失。"可见，依循民法之违约损害赔偿的原则，让劳动者所受损害能够通过赔偿得到完全充分的弥补，达到合同被履行的状态，这不失为一种维护劳动者权益的好对策。

我们认为，这种对预期利益损失的完全充分补偿不仅没有必要也是不可能的。理由主要在于：第一，对包括劳动合同预期利益在内的损失予以赔偿，已经在"第一笔经济补偿金"中得到部分体现，即便这种对预期利益的补偿并不充分，但设立"第一笔经济补偿金"的主要目的即在于此，如需对预期利益充分补偿，应当完善"第一笔经济补偿金"制度。第二，许多预期利益本身难以计算。例如，劳动合同未履行届满期间的工资收入、福利待遇等属于预期利益，但这些预期利益受损既可能是由用人单位的违法解雇行为造成的，也可能是由劳动者的能力缺陷或过错造成的，如何厘清确实是一个司法难题。又

① 王全兴：《劳动合同法条文精解》，中国法制出版社2007年版，第174页；郑尚元：《劳动合同法的制度与理念》，中国政法大学出版社2008年版，第306页；谢增毅：《雇主不当解雇雇员的赔偿责任》，载《法律科学》（《西北政法大学学报》）2010年第3期。

② 谢增毅：《雇主不当解雇雇员的赔偿责任》，载《法律科学》（《西北政法大学学报》）2010年第3期。

③ 谢增毅：《对〈劳动合同法〉若干不足的反思》，载《法学杂志》2007年第6期。

如，在劳动者被违法解雇后，劳动者的预期利益受到损害，如果劳动者找到其他工作后又被违法解雇，其预期利益再次受损。这两种预期利益出现叠加，但实际上劳动者在同一时期只能履行一份劳动合同，如何厘清这两种预期利益、劳动者分别受到多大损失、责任如何在两个用人单位之间分配，又将导致一系列司法难题。第三，对预期利益进行完全补偿也容易导致道德风险。例如，劳动者为了让前雇主支付更多赔偿而故意找到一个低工资的工作岗位，在获得赔偿后就马上另寻其他工作。

另外，谢增毅研究员还提出，现行的以劳动者过往工作年限为依据计算赔偿金，容易对用人单位"尽早"违法解除合同产生"激励"作用。因为劳动者工作年限越少，用人单位的违法解雇赔偿金就越少。[①] 这种观点看似合理，但我们认为，现行的赔偿金责任制度会导致用人单位"尽早"违法解雇劳动者尚缺乏实证，也经不起推敲。实践中，用人单位在解雇劳动者时，不会将劳动者的工作年限作为主要考虑因素，而主要考虑劳动者的能力与行为、用人单位生产经营管理的需要等因素。当然，劳动者工作年限会增加用人单位的解雇成本，但如果用人单位一定要解雇劳动者，是不会因为这一因素而不解雇的。况且，如果以劳动者预期利益作为计算违法解雇赔偿金的依据，则用人单位也很容易采取规避措施，即在确定劳动合同期限方面非常慎重，尽量与劳动者签订比较短的劳动合同期限。若如此，今后违法解雇的成本就会随着劳动合同期限长短而有所不同，期限越短，对违法解雇的制裁就越轻；期限越长，制裁就越重。实际上，《劳动法》设置这一责任制度的目的是制裁用人单位的违法解雇行为，而不是要引导用人单位考虑劳动合同期限的长短。制度设计不能偏离其目的，否则违法解雇赔偿金责任制度很有可能成为劳动合同期限制度的一部分。

因此，补偿劳动者的预期利益损失虽然重要，但在违法解雇赔偿金责任中，预期利益的补偿金既难以估量，也不是设立该制度的关键所在。因此，以劳动者预期利益为依据来确定赔偿金也不太妥当。

3. 以违法解雇行为的轻重程度为确定依据

设立惩罚性赔偿责任的目的是惩罚不法行为。但有学者认为，无法以行为的恶性为标准具体量化赔偿数额。该学者建议，由于惩罚性赔偿的目的在于遏制其他类似不法行为的重复发生，如果通过惩罚性赔偿将不法行为人所获非法利益完全予以剥夺，则可有效实现阻遏之功能。因此，应以行为人因不法行为之全部收益（包括受害人的损害数额和可能的受害人的损害数额）为确定赔

---

① 谢增毅：《对〈劳动合同法〉若干不足的反思》，载《法学杂志》2007 年第 6 期。

偿数额的标准。① 然而，不法行为的所获收益同样难以界定，也难以量化，且即便让不法行为人将其全部获益交出，即便遏制了不法行为的重复发生，但不法行为人也没有承担加重的责任，没有得到惩罚。因此，鉴于违法解雇赔偿金是专门针对违法解雇行为而设置的，确定数额应以违法解雇行为的轻重程度作为主要考量依据。实际上，在一些国家，针对雇主不当解雇行为而设置的赔偿金也主要是以不当解雇行为的轻重为考量依据的。在英国法中，其解雇赔偿金由基本赔偿金、补偿性赔偿金以及额外赔偿金等几个部分构成。其中，基本赔偿金在于补偿雇员工作的丧失，补偿性赔偿金在于补偿雇员被解雇后遭受的损失，这两者皆属于补偿性的赔偿；而额外赔偿金是为惩罚雇主的不当解雇行为而设的，是否应当承担额外赔偿金及其数额的确定，主要以不当行为为考量标准。② 而且，对于同等违法程度的行为，处罚力度应当一样，赔偿数额也应当一样，这才是合理的。当然，为了对同等违法程度的行为适用统一的赔偿责任，有必要制定统一的标准。

一种方案是：根据违法行为轻重程度制定标准，由法官依据这些标准作出具体判决。根据美国法的规定，确定惩罚性赔偿金的参酌标准主要有：被告行为的可非难程度及持续期间，被告不法行为是否曾经发生过以及发生的频率等。③ 根据《最高人民法院关于确定民事侵权精神损害赔偿责任若干问题的解释》第 10 条的规定，确定精神损害赔偿数额的参酌因素主要如下：侵权人的过错程度，侵害的手段、场合、行为方式等具体情节，侵权行为所造成的后果等。借鉴域外立法及我国其他部门法的经验，我们认为，考量违法行为轻重程度的主要因素有：（1）用人单位的主观恶意。主观恶意是指行为人清楚地预见到其行为会给他人造成损害结果，但是出于不正当的动机和目的仍积极地实施该行为。④ 这种行为应主要从以下几方面加以认定：一是用人单位的行为是否违反法律的强制性规定；二是用人单位的行为是多次的行为还是初次的行为；三是用人单位的行为是否经劳动者举报并经政府有关部门责令改正仍不改正的。（2）行为的恶劣程度，主要包括情节恶劣和后果严重两方面。对于那些存在邪恶动机、诈欺或滥用权利、故意或重大疏忽而不计后果、不顾他人权

① 余艺：《惩罚性赔偿责任的成立及其数额量定——以惩罚性赔偿之功能实现为视角》，载《法学杂志》2008 年第 1 期。

② 谢增毅：《雇主不当解雇雇员的赔偿责任》，载《法律科学》（《西北政法大学学报》）2010 年第 3 期。

③ 王利明：《美国惩罚性赔偿制度研究》，载《比较法研究》2003 年第 5 期。

④ 张新宝、李倩：《惩罚性赔偿的立法选择》，载《清华法学》2009 年第 4 期。

利和安全,① 或者用人单位违法手段恶劣,持续时间较长或频率较高,均应认定为社会不可容忍的情节恶劣情形。后果严重具体是指劳动者因此而伤亡所造成的社会恶劣影响等。(3)在确定具体的赔偿金数额时,还需要参考用人单位因不法行为获利的情况、用人单位的财务状况、受诉法院所在地平均生活水平,等等。但是,在这种方案下,法官自由裁量的空间会很大。在我国司法审判和法官素质、能力尚存诸多问题的情况下,对用人单位违法行为惩罚过度或惩罚不够的现象大量出现。因此,这一方案并不理想。

另一种方案是:首先,将违法解雇行为分为三个类别或层次,即"一般违反""严重违反"和"特别严重违反",对每一层次的违法行为分别确定一个赔偿幅度,规定最低和最高赔偿额。例如,我国《香港雇佣条例》将违法解雇分为"轻微违反""重大违反"和"特别重大违反"三类,并分别设定处罚标准,即"轻微违反"最高罚款额为 1 万港元,"重大违反"最高罚款额为 5 万港元,"特别重大违反"最高罚款额为 10 万港元。② 我国立法亦可做此划分。我们建议将违反《劳动合同法》第 40 条(即预告辞退)或其他规定的行为界定为"一般违反",将违反《劳动合同法》第 42 条(即禁止辞退)或其他规定的行为界定为"重大违反",将违反《劳动合同法》第 41 条(即规模裁员)或多次违法解雇以及其他规定的行为界定为"特别重大违反",并分别确定一个赔偿幅度。其次,法官在审判时,先确定违法解雇行为属于哪一类别,并在该类别所确定的赔偿幅度内再根据其他因素(主要指上文提到的考量标准)决定赔偿金数额。

我们认为,第二个方案既能以违法解雇行为的轻重程度为依据,又能建立一个较为统一的裁判标准,较为理想。当然,考虑到各地差异性较大的具体情况,可以授权省级地方人大分别制定本地的赔偿指导标准。另外,虽然预期利益的损害并非确定赔偿金的关键考量因素,但在依据第二个方案确定了一个基本赔偿幅度后,综合考虑其他因素的时候,也还需恰当考虑劳动者预期利益的损失情况,以便最终确定赔偿数额。

---

① 王利明:《美国惩罚性赔偿制度研究》,载《比较法研究》2003 年第 5 期。
② 香港雇佣条例 [EB/OL]. (2013-12-13). http://www.labour.gov.hk/tc/legislat/content2.htm.

四、违法解雇赔偿金的适用限制

如果将违法解雇赔偿金设置为惩罚性赔偿责任，则应当对这种加重责任的适用范围做必要限制，才既符合解雇保护基本原则，也不至于对用人单位过于苛严。作为解雇保护制度重要组成部分的违法解雇赔偿金责任，其适用的条件应与适用解雇保护的条件一致。

解雇自由是用人单位自主经营权的应有之义，而解雇保护是对解雇自由的部分限制，其理由在于解雇自由对劳动者的生存构成了威胁，解雇自由权应受到劳动者生存权的必要制约。因此，解雇保护有其适用条件，即非因正当事由劳动者不得被解雇。综观境外解雇保护立法，解雇保护的规制对象一般仅为用人单位的"不当解雇行为"。一般来讲，缺乏"正当理由"的解雇就是不当解雇。例如，根据国际劳工组织《雇主提出终止雇用公约》（第158号公约）的规定，正当事由是雇主解雇雇员的必要条件。没有正当理由，将构成不当解雇。[①]《德国解雇保护法》《日本劳动基准法》和《韩国劳动基准法》都规定，企业解雇员工要有正当理由。那何为"正当理由"？各国并未形成一个统一的标准。在德国，立法者划定了几种情状，将其界定为"正当理由"，包括与雇员行为关联的解雇（雇员违反劳动合同主从义务的违约行为）、与雇员本身关联的解雇（雇员在相当时间内无法提供劳务给付，丧失成立劳动关系的基本要素）、与企业状况关联的解雇（企业出于减少必要岗位的企业紧急需要）。[②]其余情形的认定则需要法官的自由裁量。在日本，立法者也只是确认了一些社会普遍认可的正当理由，如员工消极怠工、严重扰乱企业经营秩序等。[③] 在韩国，正当理由通常限于雇员具有"重大过失"以及"企业经营需要"，而且由法院来判定其是否属于正当理由。[④] 在美国的判例法中，"不正当理由"包括基于员工参与工会组织、参加罢工等产业行动以及基于性别、年龄等各方面歧

---

① 劳动和社会保障部劳动工资研究所编：《中国劳动标准体系研究》，中国劳动社会保障出版社2003年版，第302页。

② 谢增毅：《雇主不当解雇雇员的赔偿责任》，载《法律科学》（《西北政法大学学报》）2010年第3期。

③ 丁文：《论日本劳动法"解雇权滥用法理"的确立》，载《当代经理人》2006年第8期。

④ 程延园、王甫希：《日韩解雇制度比较分析——解雇中的法律和经济问题》，载《北京行政学院学报》2008年第6期。

视性所导致的解雇,[1] 还包括违背公共政策,雇主的人事政策、管理流程、口头承诺明示或隐含了续订雇用合同的承诺,违反合同所遵循的诚实信用和公平合理原则,如雇主故意剥夺合同中约定的雇员的权益、奖金或津贴,等等。[2]

　　与境外解雇保护制度仅针对没有正当理由的不当解雇行为不同,我国《劳动合同法》规定的违法解雇赔偿金责任的适用范围显然要大得多。因为违法解雇既包括对法律规定的实体性规定的违反,也包括对法律规定的程序性规定的违反。用人单位在违法解雇劳动者时对程序性规定的违反,当然属于违法解雇。问题是,当用人单位没有违反解雇实体性义务而仅仅违反解雇程序性义务时,一概适用违法解雇赔偿金责任,是否具有合理性?

　　我国《劳动合同法》第 43 条规定:"用人单位单方解除劳动合同,应当事先将理由通知工会。用人单位违反法律、行政法规规定或者劳动合同约定的,工会有权要求用人单位纠正。用人单位应当研究工会的意见,并将处理结果书面通知工会。"我国《工会法》第 21 条也有相同规定。用人单位违反《劳动合同法》第 43 条和《工会法》第 21 条,显然是违法行为。至于是否需要承担违法解雇赔偿金责任,一直存在争论。例如,江苏省高级人民法院、江苏省劳动人事争议仲裁委员会《关于审理劳动争议的处理意见》(苏高法审委〔2009〕47 号)第 17 条就规定,违反向工会或者全体职工说明情况、听取工会或职工的意见等程序性义务的,应认定为违法解雇行为,适用违法解雇赔偿金责任。而《深圳市劳动争议仲裁、诉讼实务座谈会纪要》(2010 年 3 月 9 日)第 13 条则作出相反规定,违反提前 30 日以书面形式通知劳动者或未事先通知工会等程序性义务的,不认定为违法解雇行为,不适用违法解雇赔偿金责任。直到 2012 年《最高人民法院关于审理劳动争议案件适用法律若干问题的解释(四)》(简称"《司法解释(四)》")的出台,才明确了一点,即如果用人单位已经组建了工会,则用人单位未履行通知工会这一程序性义务的,属于违法解雇行为,应承担违法解雇赔偿金责任。[3] 但用人单位在以下两种情况下无须承担赔偿金责任:一是用人单位后来补正了;二是用人单位未组建工会。而且,《司法解释(四)》并没有对违反其他通知程序的法律后果予以

---

　　① 胡立峰:《美国劳动法对雇主不当解雇行为的规制:源流、发展与反思》,载《环球法律评论》2009 年第 1 期。

　　② 程延园:《英美解雇制度比较分析》,载《中国人民大学学报》2003 年第 2 期。

　　③ 《最高人民法院关于审理劳动争议案件适用法律若干问题的解释(四)》第 12 条规定:"建立了工会组织的用人单位解除劳动合同符合劳动合同法第三十九条、第四十条规定,但未按照劳动合同法第四十三条规定事先通知工会,劳动者以用人单位违法解除劳动合同为由请求用人单位支付赔偿金的,人民法院应予支持,但起诉前用人单位已经补正有关程序的除外。"

明确。

我们认为，《司法解释（四）》这一规定值得商榷。程序性的规定固然重要，但是基于下述理由，对用人单位未违反实体性义务而只违反程序性义务的行为科以赔偿金责任，理由并不充分：第一，违法解雇赔偿金若设定为惩罚性赔偿责任，对其适用应当慎重，即在适用时就应考虑用人单位的主观恶意、行为后果是否严重、情节是否恶劣等因素，而不宜只要是违法行为，就随意科以惩罚性赔偿责任。用人单位未履行通知等程序性义务显然属于轻微的违法行为，在主观恶意、严重后果、恶劣情节等方面都达不到适用惩罚性赔偿责任的标准。在现行立法中，对于用人单位恶意侵权导致劳动者人身遭受不可逆转的伤害，甚至造成众多劳动者伤亡的情形，尚没有适用惩罚性赔偿责任，而对于这些违反程序的、未对劳动者造成较大实质性损害的轻微违法情形，却适用惩罚性赔偿责任，不尽合理。第二，对仅违反程序性义务的解雇行为，违法解雇赔偿金责任并不是最好的选项，而规定"解雇行为无效"更为合理。解雇行为无效，则双方劳动关系依然需要继续履行，但用人单位无须承担惩罚性赔偿责任。在许多立法例中都可以见到这样的规定。例如，我国《公司法》规定，召开股东会未通知股东的法律后果就是，股东可以行使股东会决议撤销权，一经撤销，该股东会决议无效。又如，《德国企业组织法》第102条第1款规定："任何解雇必须经由企业委员会听证。雇主必须向企业委员会说明解雇理由。没有经过听证的解雇为无效解雇。"[①] 第三，有时用人单位的这种程序瑕疵是由劳动者造成的或劳资双方共同造成的，例如，劳动者采取各种方式让解雇通知书送达不成。这样，对用人单位施以惩罚性赔偿责任，明显不公。第四，用人单位组建了工会就可能因程序性违法需要承担赔偿金责任，而未组建工会就无须为此承担赔偿金责任，这将引导企业不支持组建工会，而不利于提高工会组建率。

因此，对用人单位违反实体性义务适用惩罚性赔偿责任确有一定道理，而对仅仅存在程序性瑕疵就适用惩罚性赔偿责任确实过于严苛。所以，应将惩罚性赔偿金的适用范围限定于违反实体性义务的解雇行为，而将违反程序性义务的解雇行为排除在外。

---

① 黄卉：《德国劳动法中的解雇保护制度》，载《中外法学》2007年第1期。

第十章　用人单位年休假民事责任的司法认定[①]

一、问题的提出

随着现代社会文明的发展，享受带薪年休假（以下简称"年休假"或"年假"）已成为劳动者一项不容剥夺的重要休息权。[②] 为保障劳动者通过年休假保持或恢复其劳动力，需要建立年休假制度，强制规定用人单位每年须安排劳动者享有保留原职和工资的连续性休假的权利，这是现今世界各国劳动法律制度的普遍做法。我国也不例外，在 2008 年颁布了《职工带薪年休假条例》（以下简称"《条例》"）和《企业职工带薪年休假实施办法》（以下简称"《实施办法》"），从适用范围、享受条件、休假期限、休假安排、工资待遇、未休假的法律后果等方面搭建了我国的年休假制度，力图促进年休假的落实。

然而，事与愿违，我国年休假制度从一开始就遭遇了实施困境。这突出表现在，许多用人单位随意不安排劳动者年休假，也有许多劳动者基于单位压力而主动不休假，导致大部分劳动者都无法享受年休假。这种情况尤以民营企业为甚。早在 2008 年，人民论坛"千人问卷"调查组经过调查就发现，有47.18%的受调查劳动者表示没有休年假，有63.82%的受调查劳动者表示出于工作方面的考虑不准备休年假，有60.04%的受调查劳动者对本单位执行年假制度的情况不满意，他们认为年休假虽然由国家通过制度强制执行，但依然很

[①]　刘焱白：《用人单位年休假民事责任制度设计的偏差与校正》，载《法学》2016 年第 11 期。
[②]　王全兴：《劳动法》（第三版），法律出版社 2008 年版，第 277 页。

难落实。① 到了 2015 年，年休假制度的实施效果仍未见好转。据人社部 2015 年调查显示，我国年休假制度的落实率仅有 50%，且落实较好的主要集中在机关事业单位，而对于民营企业的众多劳动者而言，年休假始终"遥不可及"，落实率非常低，年休假权利只是"睡在纸上的权利"。②

虽有制度保障，但年休假实施效果仍然较差，于是许多人就将目光投向年休假制度之外，探寻影响年休假落实的各种法外因素，包括劳资的强弱地位、用人单位的逐利性、劳动者的维权意识、劳动力市场结构、经济社会发展状况、年休假文化氛围和年休假传统等。这些都被认为是制约年休假落实的关键要素，因而所提出的应对措施也与此相对应：或者主张通过行业协会、工会等社会团体的弥补来保障实施；③ 或者主张通过政府给企业（尤其是中小企业）年休假补贴或免税的方式来保障实施；④ 或者主张党政机关和事业单位率先落实年休假，形成带头和示范效应，引领民营企业落实年休假；等等。一些地方政府为此还专门出台年休假实施细则，将年休假落实情况与机关事业单位、个人的考核、评优等挂钩。

然而，这些真的是影响年休假落实的关键要素吗？其实，如下现象在任一市场经济国家中皆是如此：因劳动力市场供需失衡而导致的"资强劳弱"；因"资强劳弱"而导致的劳资双方主体地位的不对等；用人单位不是福利机构而是追求自身利益最大化的营利性组织；劳动者在企业管理中缺少参与决策的权利；单个劳动者维权意识薄弱和维权能力较差；等等。既然情形大致相同，那么这些国家的年休假制度实施效果本应差别不大，但为何有些国家实施较好，有些国家却落实起来困难重重。如果行业协会、工会的功能健全，自然可以有效辅助年休假制度的实施，但在我国，这些社会团体自身存在较大缺陷，难以担此弥补重任。由国家给予企业年休假补贴以激励企业安排年休假的做法亦不可行，因为企业作为理性经济人定然会在生产经营效益和补贴之间权衡选择，究竟多高的补贴才能让企业选择年休假补贴而不选择生产经营效益，且统一标准的年休假补贴如何能让绝大多数企业理性地自觉选择年休假，这都是难以解决的问题。另外，民营企业更为关注自己的经营效益，评优评先不会对其产生

---

① 人民论坛"千人问卷"调查组：《47.18% 受调查者表示不休带薪年假——2008 带薪年假调查》，载《人民论坛》2009 年第 1 期。

② 王珂、唐偲：《人社部调查显示：目前带薪休假落实仅有 50%》，载《人民日报》2015 年 7 月 27 日。

③ 阳雪雅：《劳动者放弃休息权的规制困境与突围》，载《学习与探索》2015 年第 6 期。

④ 朱蕾：《为什么带薪休假在中国这么难》，http://finance.sina.com.cn/zl/china/20140901/165920181099.shtml，2016-01-20。

激励作用。由此看来，影响年休假制度实施的关键不在这些要素。

　　实际上，年休假如需较好落实，不能指望用人单位的自觉和良心，亦不能只依靠外部力量的扶持和引导，而必须让制度本身具有一定的强制力，以至于在这种强制力下，用人单位不得不安排劳动者年休假。这种制度的强制力主要就是通过设置法律责任赋予的。因为通过法律责任，公权力就可以"直接发动有形的物理力量"或者"以发动物理力量或实施其他惩罚措施为威胁"之方式，救济被侵害的权利或法益。[①] 只有在法律责任设置上给予用人单位足够的压力，才能迫使其尽可能安排劳动者年休假，保障年休假制度的顺利实施。当然，用人单位年休假责任主要包括民事责任和行政责任。许多人特别认可行政责任对用人单位的威慑力和强制力，强调为了保障年休假制度的实施，须加大劳动监察部门主动监督和追责力度，加强年休假的执法检查，赋予劳动行政部门针对用人单位的罚款权，加重用人单位年休假违法的行政责任。我们认为，较之行政责任，民事责任更具威慑力，亦能对用人单位产生更大的压力。理由如下：第一，从启动机制来看，行政部门不是利益相关者，缺乏启动追究行政责任的动力，因而在实践中少见用人单位受到行政处罚的情形；而劳动者是利益相关者，对于自己的受损利益，最有启动追索民事责任的动力；[②] 第二，从违法监督主体来看，行政部门的监察力量有限，无法顾及众多企业的各种违法行为，而劳动者是违法行为的直接受害者，最清楚自己什么权益受损，何时受损；第三，从制裁结果来看，用人单位承担行政责任并不能完全救济受到损害的劳动者，而劳动者的受损权益仍然需要通过民事责任来得到救济。

　　可见，用人单位年休假民事责任应成为保障年休假制度有效实施的关键所在，进而，如何合理规范用人单位年休假民事责任，也应成为年休假制度研究的核心问题。

二、用人单位年休假民事责任制度的缺陷

（一）基于表面形式的意思自治的责任豁免

　　由于我国并未确立"年休假必休原则"，因而劳动者可以基于自身主动提出不休。在实践中，劳动者主动不休行为主要表现为：一是用人单位安排劳动者休假，但劳动者因本人原因主动提出不休；二是劳动者主动提出放弃年休

---

　　① 余军、朱新力：《法律责任概念的形式构造》，载《法学研究》2010 年第 4 期。
　　② 刘焱白：《用人单位惩罚性赔偿金的适用研究》，载《法商研究》2013 年第 6 期。

假，用人单位同意，双方就劳动者不休年休假达成合意。劳动者主动不休并与用人单位达成合意，是当事人意思自治的体现。在现代社会，遵从当事人的意思自治是一项基本原则，该原则亦可部分适用于劳动关系领域，许多时候《劳动法》也尊重双方当事人作出的选择。此种情形下，视为年休假作废或劳动者已休年假，用人单位无须承担任何年休假的法律责任。然而，这种意思自治必须基于双方真实的意思表示，且由于在劳动关系中劳动者明显处于弱势，因而尤需立基于劳动者的真实意思表示。如果因用人单位的强迫或欺诈而导致劳动者意思表示不真实，则用人单位仍应承担责任。

1. 劳动者书面声明不休与用人单位责任豁免

根据《实施办法》第 10 条的规定，在劳动者因本人原因书面提出不休年假的情况下，用人单位就无须承担支付年休假工资的法律责任。其意是指，只要劳动者"书面提出不休"就是其自愿不休的真实意思表示。这种规定显然不符合真实意思表示的认定标准。因为，以书面形式作出该意思表示仅为表象，具体的认定标准是必须排除可能导致意思表示不真实因素的存在，方可认定该意思表示是真实的。[1] 也就是说，仅有书面声明还远远不够。

实际上，在劳动关系存续期间，用人单位因其管理者的地位而享有管理、支配、控制的优势，劳动者与用人单位并不是地位平等的主体，这是劳动法律制度之所以倾斜保护劳动者的前提性认识，我们也需要在这一前提性认识下考察劳动者书面声明中是否存在用人单位的强迫行为等因素。虽然有些劳动者确因自己原因不愿休年假，但显而易见，年休假对劳动者的体力恢复和身心健康有着较大益处，因而绝大部分劳动者都是愿意休年假的。例如，据一份调查显示，高达 86.92% 的劳动者"很想休假"，只有 8.41% 的劳动者"不想休假"，但实际休假的比例仅为 40.19%。[2] 另据携程网的调查显示，高达 80% 的劳动者希望通过带薪休假的方式旅游，而不是黄金周。[3] 但为何实践中又会出现许多劳动者书面声明不休的情形呢？这是否因用人单位强迫所致？

强迫有显性强迫和隐性强迫之分。在显性强迫情形下，劳动者的书面声明虽然容易被认定为不真实的意思表示，但用人单位为了规避不利后果，仍然可以利用其优势地位事先固定下对其非常有利的书面证据，以致在劳动争议发生

---

[1] 米健：《意思表示分析》，载《法学研究》2004 年第 1 期。

[2] 王友青、姚明亮：《我国带薪休假制度实施的现状、原因及对策分析——以西安为例》，载《上海企业》2010 年第 4 期。

[3] 朱迅垚：《带薪休假与经济转型》，载《南方日报》2014 年 10 月 8 日。

后用人单位有证据证明是劳动者首先书面提出不休的。[①] 而在隐性强迫情形下，劳动者的书面不休声明似乎容易被认定为真实意思表示，因为用人单位没有直接强迫劳动者不休，而是对不休的劳动者许诺更多利益或好处，或是营造一种心理压迫氛围（选择休假而产生的被排斥感、羞耻感、失落感等），让劳动者自觉或不自觉选择不休年假。隐性强迫情形下，无论劳动者作何选择，表面上皆是一种自愿行为，用人单位并未强制劳动者必须选择前者或后者，但实际上，用人单位将年休假等法定权利与劳动者的福利待遇和个人发展对立起来，让劳动者在本来并不是非此即彼的选项中作出选择，对选择不休年假的劳动者给予倾斜性的年终奖、配股分红、升迁、调薪等待遇，这不仅是一种巨大的利益诱惑，也是对选择休年假的劳动者的一种利益剥夺，从而对劳动者形成强迫，使其不能自由表达其意志，不得不作出符合用人单位利益最大化的选择。可见，无论是显性强迫还是隐性强迫，用人单位都可能让劳动者首先提出书面不休的声明。然而，强迫情形下的书面声明并不是劳动者的真实意思表示。

因此，《实施办法》第 10 条的规定仅仅基于表面形式的意思自治就将用人单位的法律责任予以豁免，造成了用人单位利用这一规定强迫劳动者"自愿书面声明不休"的诸多怪象。

2. 双方合意放弃年休假与用人单位责任豁免

如果劳动者与用人单位合意放弃年休假，尤其是劳动者主动提出并与用人单位协商一致，用人单位是否还需承担补偿责任？这视乎双方合意放弃年休假的行为是否有效。有观点认为，年休假是法律明确赋予劳动者的一项权利，既为权利，那么权利主体既可以行使，当然也可以放弃。如果劳动者自己决定放弃年休假，则视为该劳动者已经享受了当年的年休假。[②] 在我国立法中，无论是《条例》还是《实施办法》对此皆未予以明确，然而，通过《实施办法》第 10 条等的规定仍然可以推定，我国立法至少并未禁止双方合意放弃年休假，甚至是持认可态度的。因为根据《实施办法》第 10 条所规定的情形来看，劳动者主动提出不休，最终用人单位也未安排，从形式上表明双方对于不休年休假达成了合意。进而，如果双方就放弃年休假进行协商并达成合意，其实与《实施办法》第 10 条所规定的情形并无本质差异，且根据"法无禁止即可为"

---

① 例如，无论是用人单位先提出不安排年休假，还是劳动者先提出不休年假，用人单位都会要求劳动者先填一份不休年假的申请表格，用人单位再在申请表上批准同意，从而在表面上做成似乎是劳动者自愿不休的假象。

② 王少波：《关于我国企业职工带薪年休假制度的一些思考》，载《中国流通经济》2008 年第 11 期。

的一般民事法律原则，实践中大都认可合意放弃年休假协议的效力。

然而，合意放弃年休假并因此而豁免用人单位的年休假法律责任，将不可避免地造成劳动者年休假权利的丧失。这是因为在劳动关系存续期间，处于弱势地位的劳动者只有被迫同意和接受，而用人单位基于管理者的优势地位也是很容易做到让劳动者"同意"的，因而所谓的"合意"常常只是用人单位的单方意思表示，用人单位很容易通过这种方式免于承担其年休假法律责任。

（二）不同事由下不安排年休假的责任混同

在年休假的安排上，德国、法国等国家确立的是"尊重劳动者意愿准则"，即劳动者如果认为需要休假，用人单位必须安排；如果用人单位因工作需要拟不安排，劳动者不同意，用人单位就须放弃原先的计划并重新安排；劳动者可以根据自己的意愿自主决定何时休假，雇主没有法定例外情形是不得拒绝的。[①] 与此不同，我国确立的是"用人单位统筹决定准则"。根据我国《条例》和《实施办法》的规定，用人单位可以根据其生产、工作的具体情况，并考虑劳动者本人意愿，统筹决定是否安排劳动者年休假，用人单位确因工作需要不能安排年休假的，经劳动者本人同意，可以不安排劳动者休年假。因此，年休假的安排或不安排都由用人单位根据其生产经营情况来决定。

很显然，我国明确规定了用人单位不安排年休假的适用条件：一是确因工作需要；二是征得劳动者同意。因此，仅从表面来看，用人单位不安排年休假也是可以区分为两种情形的：一是满足了法律规定（即合法）而不安排年休假；二是未满足法律规定（即违法）而不安排年休假。从具体的适用条件来看，亦可做进一步的细分：第一，"劳动者同意"可以分为劳动者的真实意思表示和不真实意思表示。因为用人单位可以利用其管理者的优势地位实施各种强迫手段让劳动者"被迫同意"。第二，"工作需要"可分为合理事由和不合理事由。"因工作需要"这一概念涵盖范围较广，用人单位在劳动管理过程中实施的任一行为，究其本质都是进行与生产经营相关的工作或活动，都可归属于"因工作需要"的范畴。实际上，考察用人单位不安排年休假的必要性和对生产经营的影响程度，"因工作需要"还可进一步区分为合理事由和不合理事由。可见，虽然征得劳动者同意，却是劳动者不真实意思表示，或者虽有工作需要，却不是必要的合理事由，就不符合法定的适用条件，也就是一种违法不安排年休假的行为。

然而，我国并没有区分不同事由下不安排年休假的责任承担。根据《条例》第5条和《实施办法》第9、10条的规定，对劳动者应休未休的年休假，

---

① 王倩：《德国年休假法律制度》，载《德国研究》2013年第2期。

用人单位只需按照该劳动者日工资收入的 300% 支付年休假工资。可见，在用人单位统筹决定不安排年休假的情况下，我国立法只笼统地规定了一种责任，这就导致用人单位合法不安排年休假所承担的责任与违法不安排年休假所承担的责任是一样的。用人单位不征得劳动者同意而不安排，或者没有合理事由而不安排，其后果都仅是支付年休假工资，而无须承担更重的法律责任。这样，立法似有引导用人单位违法不安排年休假的嫌疑，这与立法目的明显不符。

（三）未安排约定年休假的责任不明

实践中，一些用人单位实行较好的福利待遇，除了法定年休假之外，用人单位与劳动者还通过劳动合同、集体合同、劳动规章制度等多种方式约定年休假。主要有：第一，约定更好的年休假，包括年休假天数多于法定天数和补偿标准高于法定标准；第二，约定累积年休假，累积多年的年休假一起休。对于约定年休假，我国《实施办法》第 13 条只简单规定，约定的年休假天数、未休年休假工资报酬高于法定标准的，用人单位应当依约执行，而对于用人单位不安排高于法定标准的约定年休假和累积年休假的法律责任，立法却没有明确。

1. 未安排高于法定标准的约定年休假的责任不明

本质而言，法定年休假与约定年休假都是年休假，两者的区别只在于确定方式不同而已。在许多国家，年休假本来就有多元化的确定方式，既可由立法确定（即法定），也可由劳资双方协商确定或通过第三方机制确定（即约定），而且，实践中更为普遍的确定方式是约定。例如，德国法律规定的适用于所有雇员的年休假天数是 24 天，法国的法定年休假天数是 30 天，瑞典法律规定的是 25 天。[①] 然而，这些国家的劳动者实际享有的年休假天数一般都会高于规定的数字。德国劳动者通常可以通过集体合同的方式确定 30 天的年休假。《法国劳动法典》规定，年休假的天数和如何安排由集体劳动协定或协议确定，如果没有订立集体劳动协定或协议，则由雇主参照一般习惯并听取企业委员会与员工代表的意见后确定。而经由这些方式确定，法国劳动者的年休假时间通常会多达 6 周。[②] 因此，无论是通过法定方式还是约定方式，只要年休假被确定下来，就属于劳动者的基本权利，就应当得到法律的同等保护并确保其实施。而且，无论是法定的年休假还是约定的年休假，只要用人单位不安排，都应承担法律责任。

然而，我国立法对于约定年休假的法律责任没有直接规定，导致在如下一

---

① 郑雅妮：《国内外带薪年休假制度之比较研究》，载《工会论坛》2008 年第 4 期。

② 郑爱青：《法国带薪年休假制度及启示》，载《比较法研究》2014 年第 6 期。

些重要问题上存在争议：第一，如果约定了年休假却没有约定补偿标准，用人单位不安排约定年休假，是否应承担补偿责任？第二，在计算用人单位不安排约定年休假的补偿责任时，如果约定的补偿标准低于法定标准，是否以约定的补偿标准为准？第三，如果用人单位既没有安排法定年休假也没有安排约定年休假，在计算补偿责任时，是全部按照法定标准还是全部按照约定标准，抑或是分别对待法定年休假和约定年休假？第四，如果用人单位没有合理事由，拒不安排约定年休假，是否应承担加重的民事赔偿责任？对此，有观点认为，不安排法定年休假需要承担责任，而不安排约定年休假是无须承担责任的。因为超过法定标准的约定年休假是可给、可不给的额外福利，本来就属于用人单位自主决定的事情，即便事先约定了，但最终用人单位因经营需要而没有安排，也是不违法的。这种观点立基于企业组织理论，认为作为一个组织的企业拥有共同的利益，共同利益的实现高于个人利益，企业自然地、事实地获得指挥管理权。[1] 况且，劳资双方没有规定违反约定年休假部分的违约责任，因而用人单位无法也无须就超过法定标准部分计算并支付年休假工资，当然，更无须承担加重的民事赔偿责任。一些地方法院也认同这种主张，仅支持违反法定年休假的法律责任，而在劳资双方事先仅约定年休假天数而没有约定补偿标准的情况下，不支持违反约定年休假的补偿责任。[2] 还有观点认为，对于约定年休假及其补偿标准，应按照"有约定则从约定"的原则予以处理，无论高于还是低于法定标准，皆以双方的约定为准。[3] 另有观点认为，要求单位按照法定标准即 300% 支付约定年休假工资，对单位而言并不公平，也不合理，会起到反向作用并最终造成单位减少甚至取消具有福利性质的约定年休假，因而比照周末工作的标准给予补偿较为合理。[4] 可见，立法的不明确增加了年休假制度实施的困境。

2. 未安排累积年休假的责任不明

累积年休假是约定年休假的一种特殊情形，是指双方约定当年不安排年休假，而将年休假天数累积到较多天数时再一并休完。累积年休假在我国较为常见，这主要是因为我国法定年休假天数较少。根据规定，我国工作时间不长的劳动者每年可享有的法定年休假天数仅为 5 天，且用人单位可将 5 天的年休假拆分为几段并分段安排。这样短的假期并不适合长途休闲旅游或长途返家探

---

① 郑爱青：《法国劳动合同法概要》，光明日报出版社 2010 年版，第 120 页。

② 广州市越秀区人民法院穗越法民一初字（2013）第 1110 号民事判决书、广州市中级人民法院中法民一终字（2013）第 4368 号民事判决书。

③ 黄昆、张淑华、俞里江：《带薪年休假该怎么休（下）》，载《中国劳动》2011 年第 4 期。

④ 黄昆、张淑华、俞里江：《带薪年休假该怎么休（下）》，载《中国劳动》2011 年第 4 期。

亲，因而一些劳动者就与用人单位协商，累积一两年甚至更多年份的年休假天数以便凑够较长时间的假期。当然，也有一些用人单位因工作需要当年不能安排年休假，也不给劳动者年休假工资补偿，而是与劳动者协商累积年休假，要求劳动者今后将几年的年休假一起休完。

用人单位未安排累积年休假的法律责任为何，关键在于累积年休假的约定是否有效。如果约定有效，对于在职劳动者来说，既可要求用人单位继续履行约定，允许休完累积的年休假，也可要求用人单位承担年休假工资的补偿责任，而且，如果用人单位拒不安排且缺乏合理事由，还需承担加重的赔偿责任；对于已经离职的劳动者，则可要求用人单位承担年休假工资补偿责任或赔偿责任。如果约定无效，则劳动者不能主张继续履行合同，只能主张年休假工资的补偿责任，而年休假工资的追索涉及仲裁时效的问题。

虽然我国立法对此没有作出明确规定，但在司法实践中出现一种观点，认为累积年休假的约定因违反法律的强制性规定而无效。[1] 其理由在于，根据《条例》第 5 条的规定，用人单位应在 1 个年度内安排年休假，一般不得跨年安排，因生产、工作特点确有必要跨年安排的，才可跨 1 个年度安排。可见，法律规定年休假须"当年安排当年休"，特殊情形下才可跨年安排，不得多年后才安排。据此，许多劳动争议裁判机构都会认定累积年休假的约定无效。然而，在认定无效情况下，会出现一个极不公平的结果，那就是，由于约定被认定无效，劳动者既不能要求用人单位继续履行，也不能要求用人单位承担违约责任，而年休假工资补偿责任又可能因超过仲裁时效而得不到支持，因此，用人单位不诚信地拒不执行事先约定好的累积年休假制度，将直接导致劳动者年休假权益完全受损，且得不到任何救济，用人单位反而从其不诚信的行为中获益。然而，累积年休假并不是一种放弃年休假权利的合意，仅为年休假实施方式的合意，在双方已经明确约定的情况下，对其效力的随意否定加重了年休假制度的实施困境。

三、用人单位年休假民事责任制度的完善

（一）基于真实合意确定用人单位的民事责任

1. 劳动者不休年假的真实意思表示的判定标准

如何在劳动关系中判断何为劳动者的真实意思表示，何为双方的真实合

---

① 郑爱青：《法国劳动合同法概要》，光明日报出版社 2010 年版，第 120 页。

意，并不能仅从表象来看双方是否有一份协议或劳动者是否作出了意思表示（如书面声明），而应探究是否形成实质合意。正如在 New Century Cleaning Co. Ltd. v. E Church 案中，法官霍尔斯伯里（Halsbury）认为，需要重点运用合理性条款和允许法庭从雇佣期间的双方行为中去寻找合意而不是仅仅通过雇佣合同进行判断。①

因此，在劳动关系存续期间，判断处于弱势地位的劳动者的书面声明是否为其真实意思表示，必须剔除处于强势地位的用人单位的各种显性或隐性的强迫因素，因而所确立的判断标准不能仅仅考虑劳动者作何声明，更需要从用人单位的行为上来判断，要考察用人单位是否对劳动者的意思表示施加了不当影响。对此，可以设立一个推定规则：如果用人单位本意是让全体劳动者享有该法定权利，而不是采取各种手段进行限制或施加负面影响，则推定用人单位不存在强迫等情形，进而推定劳动者不休的书面声明为真实意思表示，除非劳动者有相反证据；反之，则推定用人单位存在强迫、欺诈等不当行为，进而推定劳动者的意思表示为不真实，除非用人单位有相反证据。当然，如何判断用人单位的本意和是否采取了不当的限制行为仍然是司法适用中的难题，因而可以设置一个更为直观和便利的审查标准，即以该用人单位中实际享有权利的劳动者所占比例为依据进行审查，即比例审查原则。② 如果绝大部分劳动者（等于或高于80%）现实地享有年休假权，则推定用人单位愿意让全体劳动者享有该权利，进而认定劳动者不休的书面声明为真实意思表示；反之，则推定用人单位采取了不当手段限制劳动者实际享有该权利，进而认定劳动者不休的书面声明为不真实意思表示，用人单位不可免除支付年休假工资的责任。

2. 原则禁止双方合意放弃年休假

劳动关系双方主体是否可以如同民事主体一样随意通过契约方式放弃诸如年休假这些权利？我们认为不可以。理由如下：

第一，不得通过劳资合意方式放弃基本劳动权利。与劳动者生存、健康有关的权利皆为基本劳动权利，包括获得劳动报酬、休息休假、安全卫生、社会保险等权利。年休假权就是休息休假权的重要组成部分，因而年休假权属于基本劳动权利范畴。早在1948年的《世界人权宣言》中就明确规定："任何人都有休息、休闲的权利，尤其是享有合理的工作时间和定期带薪休假的权利。"有学者也认为，包括年休假权在内的休息权首先是人权，进而才是法定权利。劳动者休息权的人权属性突出地表现为它是人人所享有的，体现劳动者

---

① 侯玲玲：《论用人单位内工作调动》，载《法学》2013年第5期。

② 娄宇：《德国法上就业歧视的抗辩事由——兼论对我国的启示》，载《清华法学》2014年第4期。

维持尊严、谋求发展的一项基础性权利。① 在许多国家的劳动法中，基本劳动权利是不得合意减少或放弃的，当然，基于有利于劳动者原则，双方可以合意增加。我国《劳动法》也明确规定，劳资双方不得合意放弃基本的劳动权利，即使有此合意，用人单位的法律责任也不能免除。例如，如果双方合意放弃诸如获得工资、获得工伤赔付、获得社会保险、获得安全卫生的劳动条件等权利的，合意无效，用人单位仍须承担相应责任。然而，对于年休假这一基本劳动权利是否可以合意放弃，我国立法尚不明确。实际上，法国法早就规定，年休假权属于劳动者基本权利的范畴，对其违反属于违反"公共秩序"这样的强制性规范，禁止双方通过协商取消年休假。②

第二，不能将法律对劳动关系的强制干预通过劳资合意方式予以反转。这是因为，无论是在劳动合同缔约之时，还是在劳动合同履行之时，用人单位与劳动者的协商谈判能力差距很大。用人单位居于管理、控制、支配的地位，对关乎劳动者权利的事项进行谈判时有着天然的优势，而劳动者则缺乏谈判能力、谈判意愿和谈判手段，在劳动力市场整体供大于求的情况下，为了获得工作机会或维系工作机会，在缔结劳动合同或劳动关系存续期间，劳动者不敢也不会向用人单位提出更多的权利要求。因此，包括我国在内的许多国家的劳动法律才对劳资双方的合意进行干预，明确规定了劳动者应当享有的权利，并要求这些权利成为劳动合同的必备条款以供劳资双方遵守。但如果又允许用人单位与劳动者事后通过合意方式予以放弃，由于在劳动关系存续期间用人单位与劳动者的地位以及协商谈判能力并没有发生什么改变，那么一个显而易见的结果就是，之前通过立法干预而明确下来的权利，又可以通过劳资合意的方式将其从劳动合同中删除。这样一来将使得立法直接规定劳动权利这一做法变得毫无意义。如果我国劳动法律允许双方合意放弃劳动权利，用人单位也可因此而免责，那么"合意不要加班费""合意由劳动者自负工伤责任""合意不签书面劳动合同""合意缴纳入职担保""合意低于最低工资"等等乱象将层出不穷。因此，让劳动关系完全契约化既与《劳动法》基本原则相悖，也将造成诸多不合理现象。任由双方通过契约来让劳动者放弃某些权利，就可能导致实践中劳动者能够享有多少权利以及是否真正享有这些权利完全交由用人单位单方决定了。

因此，我国立法需明确，原则上不能由劳资双方合意放弃年休假，即便有

---

① 蓝寿荣：《休息何以成为权利——劳动者休息权的属性与价值探析》，载《法学评论》2014年第4期。

② 郑爱青：《法国带薪年休假制度及启示》，载《比较法研究》2014年第6期。

此合意，也不应产生用人单位免除支付年休假工资的法律后果。当然，作为例外规定，如果劳动者存在生病、学习、劳动合同中止等确实无法休假的特别理由的，确因劳动者这种特别的个人原因且双方合意的，年休假作废，劳动者不得请求相应补偿，更不得请求用人单位赔偿。

（二）区分不同事由确定用人单位的民事责任

1. 不同事由的区分

在确定用人单位不安排年休假的适用条件时，不能单纯考量用人单位的行为是否与其生产经营有关，而必须考察用人单位不安排的必要性及对生产经营的影响程度，将其区分为"合理事由"与"不合理事由"。如果虽有工作需要，但对生产经营的影响较小，并不会造成某一部门或整个企业的生产经营的无法正常开展或停顿或其他重大损失，就表明用人单位不安排的必要性不够，并不能谓之合理事由；反之，才是合理事由。然而，各用人单位生产经营管理的实际情况千差万别，在一个用人单位中难以安排的情形可能在另一用人单位中并不存在，而且，用人单位对某些劳动者不安排年休假的行为似乎总能找到工作上的合理理由。因此，立法仍需对"合理事由"进行一般性的归纳，以便进一步明晰其适用范围。在立法例上可以采取原则性规定和列举式规定相结合的方式，既将用人单位难以安排年休假的合理事由通过抽象性和概括性的文字表述予以归纳，也将主要的合理事由予以明确列举。我们认为，"合理事由"的原则性规定可以是，如要安排年休假，将导致单位的某个部门或整个单位陷入生产经营的困境。这种困境主要表现为生产经营的无法正常开展或停顿或其他重大损失；可以列举的"合理事由"主要包括：可能导致企业重大损失；企业客观情况发生重大变更；突然的紧急经营状况；抢险救灾；同一岗位的其他劳动者同时申请年休假并将导致无人在岗；等等。而"不合理事由"主要是指虽存在工作需要但仍然可以安排，具体包括：理由不充分；理由不具体，只是基于生产经营管理等笼统理由；没有任何理由；等等。

2. 因合理事由不安排的民事责任

在合理事由下，由于用人单位的不安排行为具有一定合理性和必要性，用人单位是否可以免除支付年休假工资和损害赔偿金的法律责任？我们认为，年休假工资不得免除，但损害赔偿金可以不支付。理由如下：

第一，劳动者本应休假却在年休假期间继续提供劳动，用人单位应支付相应对价，即支付年休假期间的加班工资，这与用人单位是否存在合理事由无关。年休假是国家给予劳动者的法定假期，通过连续性的休假而使劳动者的劳动力得以保持或恢复。因此，劳动者在本应休假的时间里额外提供了劳动，就不能视为正常工作时间里的上班行为，而应视为休息日的加班行为。就如同在法定节假日里用人单位安排劳动者上班一样，用人单位需要支付的不仅包括正常工作时间工资，还应包括对劳动者没有休息的额外补偿，即支付加班工资。而有无合理事由并不是加班工资支付的条件，只要用人单位安排劳动者加班，不管有无合理事由或法定事由，用人单位都需支付加班工资。因此，即便有合理事由，用人单位也不能豁免年休假工资支付的法律责任。

其实，关于年休假工资的性质，仍有争议。有观点认为，要求用人单位按照 300% 的标准支付年休假工资，是因为用人单位没有履行年休假这一法定义务所应承担的法律责任，是对劳动者未休年休假的赔偿，其性质属于赔偿金范畴。[1] 对此，我们认为，用人单位没有安排劳动者年休假，使得劳动者丧失了连续性休假的机会，而仍需继续提供劳动必然对其身体造成一定损害，因而可以要求用人单位赔偿劳动者的损失。但是，年休假工资并不是损害赔偿金。年休假工资并不是为了填补劳动者的损失而设置，其归责原则也不是过错责任原则，其计算标准也不是劳动者的损失额。年休假工资是劳动者在法定休息日因提供了劳动所得的劳动报酬，即劳动者在本应休假的时间里加班所得的加班工资。至于劳动者的损失，需另行考虑是否需要赔偿以及如何赔偿。另有观点认为，"带薪年休假是国家对各行各业职工所做贡献的认同，是国家给职工谋取的一项福利"，因而"年休假是国家规定给职工的福利，年休假工资报酬是用人单位对未能安排职工年休假的补偿"，其性质属于福利待遇范畴。[2] 对此，我们认为，年休假当然属于福利待遇范畴。然而，年休假工资与年休假的性质并不相同。年休假工资是劳动者在法定的本应休假的时间里仍然为用人单位提供劳动而所应得的劳动报酬，其性质应等同于法定节假日的加班工资。正如法定节假日一样，法定节假日是一项福利待遇，但劳动者在法定节假日加班的劳动报酬却不属于福利待遇的性质，而属于工资性质。年休假工资与此同理。因此，只要劳动者在年休假时间里提供了正常劳动，用人单位就应当支付相应的加班工资。

第二，用人单位因有合理事由可以免除支付损害赔偿金的法律责任。用人单位不安排劳动者年休假，必然对劳动者造成一定损害，劳动者也可以要求用人单位赔偿。但由于用人单位有合理事由，并非故意不安排，不具有违法性，故虽有损害事实发生，但其主观上并无恶意，也无过错。按照侵权责任一般的归责原则，要求用人单位承担损害赔偿责任，并不妥当。而且，当有合理事由时，用人单位已经恰当补偿了在年休假时间里提供劳动的劳动者，再要求用人

---

① 唐文胜：《带薪年休假工资报酬的法律适用》，载《中国劳动》2012 年第 11 期。

② 唐文胜：《带薪年休假工资报酬的法律适用》，载《中国劳动》2012 年第 11 期。

单位承担其他加重的法律责任，显得过于严苛。

3. 没有合理事由拒不安排的民事责任

年休假权利是法定的，而休假时间是不可逆转的。因而，因没有合理事由拒不安排而对劳动者休假权的侵害具有不可逆转性，尽管劳动者在休假期间的劳动得到了年休假工资的补偿，但超时劳动对劳动者的损害已经造成，很难获得完全的补救，因而需要对劳动者的损害另行赔偿。如有合理事由，尚能减免用人单位的赔偿责任。然而，没有合理事由拒不安排就是一种性质恶劣的故意违法行为，不仅侵害了劳动者的休息休假权，也损害了法律的权威。

基于对劳动者所受损害的赔偿，也基于对用人单位故意违法行为的惩戒，必须对用人单位的故意违法行为加重法律责任，即不仅要求其支付年休假工资，还要求其承担加重的损害赔偿责任，以区别于有合理事由而不安排的情形。而且，没有合理事由拒不安排年休假的民事赔偿责任不应以劳动行政部门责令支付为前提条件，亦不以年休假工资是否支付为构成要件，只要没有合理事由，就须承担民事损害赔偿责任。对于赔偿金的追索，劳动者既可请求劳动行政部门处理，亦可循司法途径予以处理。只有这样，才能加大用人单位的违法成本，也才能对其产生威慑力，尽可能扭转用人单位随意不安排年休假的现状。

当然，我国《条例》也规定了用人单位的赔偿责任。根据《条例》第7条的规定，用人单位只在应当支付年休假工资而不支付，且由劳动行政部门责令限期改正而逾期不改正的情形下，才需支付赔偿金。《条例》第7条规定的赔偿金责任与《劳动合同法》第85条规定的赔偿金责任类似。《劳动合同法》第85条也规定，如果用人单位未及时足额支付工资、安排加班不支付加班工资等，在劳动行政部门责令限期支付后仍然逾期不支付的，可以由劳动行政部门责令用人单位向劳动者加付赔偿金。这种赔偿金责任是一种民事赔偿责任吗？有学者认为，由劳动行政部门责令用人单位加付赔偿金是一种行政救济机制，用人单位所付赔偿金是一种民事赔偿责任。[1] 我们认为此观点不妥。从法律行为、实施主体的法律地位、适用条件和程序、救济方式等方面来看，劳动行政部门责令损害劳动者权益的用人单位赔偿的行为，是一种行政行为，是劳动行政管理主体对违反劳动法律规范的当事人作出的一种行政处理决定；劳动行政部门在责令赔偿损失的法律关系主体中，占有主导地位，具有依法行使国家权力的职权，在其管辖范围内的相对人必须服从；劳动者只能申请劳动行政

---

[1] 张在范：《限额赔偿·加额赔偿·等额赔偿——劳动合同法赔偿规则体系之构建》，载《法学论坛》2008年第4期。

部门作出这种具体行政行为。如果劳动行政部门不作为或违法行政，劳动者或用人单位与劳动行政部门产生行政争议，需依循行政争议处理的救济途径，而不是劳动争议处理程序。因此，《条例》第 7 条规定的赔偿金责任是用人单位拖欠工资且在劳动行政部门责令支付后所应承担的行政责任，而非因拒不安排年休假对劳动者造成损害的民事赔偿责任。

另外，关于赔偿金的数额应如何确定的问题，鉴于劳动者未休年休假的受损难以用金钱衡量，可以年休假工资为基础确定赔偿金，即如果用人单位没有合理事由拒不安排，须支付二倍的年休假工资作为赔偿。

（三）以有利于劳动者原则确定约定年休假的民事责任

1. 不安排约定年休假的民事责任

在责任制度设置上，应同等对待本质属性相同的法定年休假与约定年休假，并以有利于劳动者的原则确定。对此，我们认为，约定年休假的天数及其相应的补偿标准皆须等于或高于法定标准才可。如用人单位因合理事由不安排，应按照法定标准以上的标准承担补偿责任；如用人单位没有合理理由而拒不安排约定年休假，还须承担加重的民事赔偿责任；如果约定补偿标准比法定补偿标准更高的话，遵循有利于劳动者的条款优先适用的原则，[①] 在综合计算未休法定年休假和约定年休假的补偿时，应不做区分，全部适用更高的约定补偿标准，除非双方事先明确约定了法定年休假和约定年休假分别适用补偿标准。理由在于：

第一，法定标准是强制性的底线规定。一方面，立法所规定的年休假天数和年休假补偿标准只是最低基准，劳资双方另行约定的天数和补偿标准都只能等于或高于而不能低于法定标准。《实施办法》第 13 条也隐含了这层含义，即用人单位只有在年休假天数和年休假补偿标准都高于法定标准的情况下才可按照约定执行，任何一项低于法定标准，则该项应按照法定标准执行；另一方面，如果只约定了天数而没有约定相应的补偿责任，在要求用人单位补偿时并不是没有什么依据可循，完全可以适用法定标准这一兜底性的法律规定。在劳资双方没有约定或约定不明的情况下，适用法律的兜底性规定，这是《劳动法》中的一个基本原则，完全可以解决没有约定或约定不明的问题。这与约定工时制是一样的。例如，双方约定了 6 小时的工时制，较之 8 小时法定工时制少了 2 小时，如果安排劳动者工作 10 小时，应认定超过 6 小时的工作时间皆为加班，即当天加班了 4 小时，而不能认为只加班了 2 小时；而且，虽未明确约定加班费及其支付标准，但 4 小时的加班毫无疑问皆须支付加班费，且支

---

① 许建宇：《"有利原则"的提出及其在劳动合同法中的适用》，载《法学》2006 年第 5 期。

付标准至少不能低于法定标准。约定年休假与此同理。

第二,用人单位应受有效约定的拘束。既然确定了高于法定标准的约定年休假天数,就表明用人单位自愿承受更为严苛的义务约束。如果用人单位不安排约定年休假也无须承担什么不利后果,则约定年休假就成为用人单位的恩赐,是否执行缺乏应有的强制性。至于认为如果要求用人单位承担约定年休假的法律责任将起到反向效果,会造成用人单位减少或取消约定年休假,这种观点也是欠妥的。因为约定年休假很多时候并不是用人单位主动给予的,而是劳动者通过集体力量争取来的。况且,既然达成了协议,用人单位理所当然应诚信履约。

2. 不安排累积年休假的民事责任

累积年休假的约定一定是无效的吗?我们认为,需视情形分别来看。当劳动者主动提出并与用人单位协商一致的,约定应当有效。理由在于:第一,《条例》第 5 条是用来规范用人单位的安排行为,而非针对劳动者的自行安排行为,也就是说,法律并未禁止劳动者自行安排年休假的行为。这是因为,我国将年休假是否安排以及如何安排交由用人单位统筹决定,为了杜绝用人单位滥用其统筹决定权,《条例》第 5 条对用人单位的安排行为作出了一定限制,要求用人单位需当年安排年休假。但如果是劳动者自行安排年休假,包括自主决定累积年休假,应不属于《条例》第 5 条所禁止的范围。也就是说,劳动者自行累积年休假并未违反法律的强制性规定,这种约定应为有效。第二,年休假应以更有利于劳动者保持或恢复劳动力为基本的安排原则,而劳动者自愿累积年休假显然属于对劳动者更为有利的安排,符合年休假立法精神。要求年休假"当年安排当年休"是年休假安排的重要原则,因为用人单位每年给予劳动者一定带薪假期,这样才能让劳动者的劳动力得以及时保持或恢复,跨年或多年后才一起休假,并不能及时有效地帮助劳动者保持或恢复劳动力。但是,每个劳动者的劳动力状态都是不同的,法律规定仅是顾及了一般情形,而未顾及特殊劳动者或劳动者的特殊需求,因而,不禁止劳动者作出对自己更为有利的安排应是年休假安排的另一重要原则。况且,累积年休假并不是要放弃年休假这种基本劳动权利,而只是年休假安排的不同方式而已,应允许双方合意年休假具体的享有程序或方式,只要双方意思表示真实即可,这样可以照顾到个别劳动者的特殊需求。

当用人单位主动提出并与劳动者协商一致的,约定因为违反法律的强制性规定而无效。然而,在"用人单位统筹决定准则"下,年休假如何安排完全取决于用人单位的单方决定,用人单位应当按照法律规定每年安排年休假,但用人单位明知累积年休假违反法律强制性规定而仍然安排累积年休假,因此,导致约定无效的原因全在于用人单位，用人单位存在过错，且其过错造成了劳动者的损失，用人单位应承担过错赔偿责任，弥补劳动者的所有损失，包括承担支付年休假工资补偿责任和加重的损害赔偿责任，以便通过填补劳动者损失的方式使双方恢复到没有约定累积年休假的状态。

第十一章　小微企业劳动关系的差别化司法保障研究^①

一、问题的提出

个体工商户和小微企业是数量最多的用人单位。根据国家工业和信息化部、国家统计局、国家发展和改革委员会、财政部于 2011 年联合发布的《中小企业划型标准规定》的规定，可依据从业人员、营业收入、资产总额等划型标准将企业划分为大、中、小、微企业。^② 我国现有小微企业数量达 7000 万户（含个体工商户），提供了 75% 的城镇就业岗位，在国民经济发展中占有重要地位。^③ 由于小微企业相对于大中企业的弱势地位，各国大多将小微企业在劳动法适用范围中至少就某种规范作出排除，我国则是一个例外，《劳动法》对大中企业与小微企业统一适用。依《劳动法》第 2 条和《劳动合同法》第 2 条的规定，只要用人单位与劳动者建立了劳动关系，就适用劳动法律规范，不管用人单位人数的多寡，哪怕是个体经济组织，都统一适用劳动法律的各项规定。

我国的劳动法规范一般是以中型企业为蓝本制定的，因为只有在中型企业内，一个劳动者才能完整地享有就业促进、劳动合同、社会保险、民主管理等劳动权。^④ 而在众多的小微企业中，没有工会、没有规章制度、没有规范的劳动合同或集体合同、没有完善的职业安全保护等，小微企业的经营管理不正规，经常在劳动法制覆盖的范围之外运营。与大中企业相比，传统产业中绝大

---

① 倪雄飞、涂景一：《小微企业劳动关系的劳动法调整模式研究》，载《政法论丛》2016 年第 6 期。

② 刘焱白：《我国违法解雇赔偿金的功能重塑及制度完善》，载《法学》2015 年第 3 期。

③ 国家工商行政总局：《2015 年全国市场主体发展情况年度汇总分析》。

④ 周长征：《劳动法中的人——兼论"劳动者"原型的选择对劳动立法实施的影响》，载《现代法学》2012 年第 1 期。

154

多数小微企业劳动者的就业质量较差,在工资福利、社会保险、劳动卫生、集体劳动关系等方面都存在劳动者权益保障不足的问题,小微企业存在大量的体面劳动赤字。鉴于小微企业劳动关系的特殊性,我国现有的劳动法规范在很多情况下并不适合小微企业的劳动关系:有的劳动法规范因为小微企业缺少相应的条件,没法适用,比如绝大多数小微企业没有建立工会组织,在法律规定需要工会作为一个主体参与的法律关系中,小微企业及其劳动者只能缺席。有的劳动法规范对小微企业的规制过于严苛,比如《劳动合同法》中的解雇保护制度使得小微企业无法依法解雇违纪员工。[①] 有的劳动法规范对小微企业的规制又过于宽松,比如小微企业是发生伤亡事故和职业病危害的主要领域,劳动法规范应强化小微企业职业安全卫生保障的规定。

　　我国《劳动法》对大、中、小、微企业的统一调整模式对小微企业的发展及其劳动者的保护极为不利,这种统一的调整模式值得理论界反思。建立完善的劳动法规体系是促进我国市场经济发展的现实需要,劳动法规范的内容必须与市场经济条件下我国劳动关系的真实情况相适应。劳动法规范统一调整模式是否应该根据小微企业的劳动关系现状向差别调整模式转变,这无疑存在着理论与现实的紧迫性。我们试图回答统一调整模式是否应该向差别调整模式转变、如何进行差别调整这两个问题,以期构建一个既能保障小微企业劳动者权益又能促进小微企业发展的劳动法制环境。

二、国外劳动法调整模式的比较研究

(一)劳动法调整模式类型[②]

1. 统一调整模式

　　以劳动法是否对小微企业劳动关系与大中企业劳动关系作差别调整为依据,可以将劳动法调整模式划分为不同类型。统一调整模式意味着制定统一的劳动法,并不论企业的大小、正规化程度如何,统一适用劳动法的所有规定。

---

　　① 倪雄飞:《我国解雇保护制度对小微企业的适用及其制度完善》,载《山东社会科学》2015年第10期。

　　② 本书对劳动法四种调整模式的有关论述参考了国际劳工组织文件《经营环境、劳动法,以及微型和小型企业》(GB. 297/ESP/1, 2006)以及Fenwick等人的文章"Labour and Labour-Related Laws in Micro and Small Enterprises: Innovative Regulatory Approaches (SEED Working Paper No. 81, Series on Conducive Policy Environment for Small Enterprise Employment, ILO, Geneva, 2007)"。

2. 选择适用模式

大多数国家的劳动法在法律所调整的劳动关系的不同领域对不同规模的企业采取差别对待。所谓差别对待，即劳动法明确规定在某些劳动关系领域将小微企业排除在适用范围之外。如《韩国劳工标准法》第 10 条规定：本法适用于自始至终雇用 5 名或 5 名以上工人的所有企事业或工作场所。在那些自始至终仅雇用 4 名或 4 名以下工人的企事业或工作场所，将根据总统令适用本法部分条款。[①] 差别对待的劳动关系领域以及企业规模的大小因国家的不同而有所区别，这些选择适用劳动法规范的领域包括劳动关系的各个方面。

首先，在最低工资领域，有些国家正式地将小微企业从适用国家最低工资的法律规定中排除。在菲律宾，小微企业的地区最低工资是根据大企业的工资水平制定一个更低的工资比率。雇佣 10 人以下的企业的最低工资比率是最低的；雇佣 10~15 人的企业其最低工资比率会高一些；雇佣 15 人以上的企业其最低工资的比率会更高。[②] 在南非，员工少于 10 人的小微企业一周加班时间最多可达到 15 个小时，而一般企业一周的加班时间是在 10 小时以内。此外，一般企业要支付不低于工资"一倍半"的加班费；而小微企业支付的加班费增加到"一倍又三分之一"。[③] 其次，非洲和亚洲的一些国家把小微企业排除在有关职业安全和健康的法律适用之外。在孟加拉国，雇佣 10 人或以上员工的企业才受到职业健康与安全法律的规制。[④] 2004 年《纳米比亚劳动法》第 42（1）条规定，雇佣 10 名以上员工的企业可以选出一个健康和安全代表。[⑤] 再次，在劳动合同领域，1964 年的《美国民权法案》适用于雇佣 15 人以上员工的雇主，该法案第七章禁止雇主因为员工的种族、国籍、宗教、性别、肤色对其进行歧视。[⑥]《德国解雇保护法》仅适用于雇员 10 人以下的雇主。[⑦] 再次，在结社与集体谈判领域，肯尼亚法律规定雇佣 7 人以上的企业员工有自己选择组建或加入工会的权利。[⑧] 1975 年《泰国劳资关系法》规定了私营部门的劳动

---

① 董保华：《劳动合同法争鸣与思考》，上海人民出版社 2010 年版，第 62 页。

② Philippines：Wage Order No. RB 05-10 Providing for New Minimum Wage Rates in Region-V，2004.

③ South Africa：Basic Conditions of Employment Amendment Act No. 122，2002，section 50 (1).

④ Daza，J. 'Informal Economy，Undeclared Work and Labour Administration'（Dialogue Paper No. 9，ILO，Geneva，June 2005）：24.

⑤ Namibia：Labour Act No. 42 (1)，2004.

⑥ Title VII of the Civil Rights Act of 1964，Section 701 (b).

⑦ 谢增毅：《劳动法与小企业的优惠待遇》，载《法学研究》2010 年第 2 期。

⑧ Bekko，G. and Muchai，G. 'Protecting Workers in Micro and Small Enterprises：Can Trade Unions Make a Difference? A Case Study of the Bakery and Confectionery Sub-sector in Kenya'（IFP/SEED Working Paper No. 34，Series on Representation and Organization Building，ILO，Geneva，2002）.

关系以及其建立的工会关系，但该法不适用于雇佣少于 10 名员工的企业。[1]
最后，世界上有不到 10% 的国际劳工组织的成员国在社会保障方面对中小企业
排除适用，主要都是前英国殖民地国家，如非洲的利比里亚、尼日利亚、苏丹
和乌干达，亚洲的巴林、孟加拉国、印度、印度尼西亚、伊拉克、约旦、基里
巴斯、老挝、巴基斯坦和越南等。这些发展中国家对排除适用社会保险法的小
微企业的人数要求并不相同，从雇佣 5~10 人，或 20 人不等。[2]

3. 平行劳动法模式

鉴于小微企业劳动关系的特殊性，一些国家制定了有别于一般劳动法规范
的针对小微企业适用的平行劳动法规范。这些平行劳动法规范的特点是减少法
律规定的复杂性，它把所有有关小微企业在劳动领域的特殊规定或豁免的规定
都统一放在一部法律中，避免了在不同法律中其规定所造成的混乱。如巴西在
1999 年制定了一部针对小微企业适用的劳动法，确保小微企业获得有差别的
法律待遇来促进小微企业发展。[3]

4. 完全豁免模式

完全豁免模式是指将雇佣少于一定雇员人数的小微企业完全排除在劳动法
适用范围之外。世界范围内，对小微企业采用这种调整模式的国家很少。国际
劳工组织的一份报告指出，大约有 10% 的国际劳工组织成员国立法排除劳动法
对小微企业的一般适用。[4] 在坦桑尼亚和巴基斯坦，雇佣少于 10 名工人的企
业豁免适用劳动法。[5] 1964 年《科威特劳动法》第 38 号第 3 条（F）排除了
雇员少于 5 人的非机械行业小微企业对该法的适用。[6]

（二）劳动法不同调整模式的比较分析

1. 统一调整模式评析

统一调整模式对不同规模的企业适用统一的法律规范，体现了公平的立法
理念。法律对企业的调整会形成一个法制环境，如果企业都生存在同一个法制

[1]　Brown, A. Thonachaisetavut, B. and Hewison, K. 'Labour Relations and Regulation in Thailand: Theory and Practice' (Working Paper Series No. 27, Southeast Asian Research Centre, Hong Kong, 2002).

[2]　Daza, J. 'Informal Economy, Undeclared Work and Labour Administration' (Dialogue Paper No. 9, ILO, Geneva, June 2005).

[3]　By Laws of Micro Enterprises and Small Companies (Law 9841), 5 October 1999.

[4]　Daza, J. 'Informal Economy, Undeclared Work and Labour Administration' (Dialogue Paper No. 9, ILO, Geneva, June 2005).

[5]　Drying Christensen, J. and Goedhuys, M. 'Impact of National Policy and Legal Environments on Employment Growth and Investment in Micro and Small Enterprises' (IFP/SEED Working Paper No. 63, ILO, Geneva, 2004).

[6]　Kuwait: Law No. 38 of 1964 concerning Labour in the Private Sector.

环境下，企业则获得了竞争的公平起点。反之，企业之间的竞争就不是站在同一条起跑线上。因此，统一调整模式保证了劳动法对企业调整的形式公平。但统一调整模式没有考量到不同规模企业劳动关系的具体特点，在实践中常常会出现有些法律规范无法适用的现象，而且，对大、中、小、微企业适用统一标准，法律规制的宽严程度也很难把握。

2. 选择适用模式评析

选择适用模式的最大优点是考量到了现实中小微企业千差万别，劳动法规范根据小微企业在劳动关系方面的某些特殊性对小微企业进行排除适用。同时我们也应注意到，在劳动法调整的哪些方面选择对小微企业排除适用是困难的。从上文所介绍的世界各国的劳动法规范来看，在劳动法调整的各个方面都有对小微企业排除适用的实践，但有些排除值得商榷，比如：只有雇佣 10 人或以上的企业才要求缴纳工人的工伤保险。在小微企业工作的员工并不能保证不发生工伤事故；相反，由于小微企业的工作环境一般比较恶劣，劳动保护比较差，发生工伤事故的概率比大中企业还多。工伤保险是通过互济原则在发生工伤事故后减少企业的负担，保障受损害员工的利益的措施。而如果小微企业不为员工缴纳工伤保险，一旦发生工伤损害，只能由小微企业和员工共同负担医疗费、伤残补助金、生活费等。小微企业一般资产少，承担责任的能力弱，即使企业能给予受损害员工一些补偿，那也是杯水车薪，必将使受损害员工陷入贫困。因此，在工伤保险方面对小微企业进行豁免，将损害劳动者最基本的人权。所以，各国劳动法在采取选择适用模式的时候，应根据本国国情，慎重选择劳动法可以豁免的领域。

3. 平行劳动法模式评析

平行劳动法模式与选择适用模式一样，都考虑到了小微企业的特殊性，对小微企业的劳动法调整适用特殊规则。与选择适用模式不同的是，平行劳动法模式不是对小微企业的特殊性进行简单的豁免，而是根据其特殊需要进行特别的规定。这符合"具体问题具体分析"的哲学方法论。比如，一般认为小微企业能够快速适应市场变化，具有"船小好掉头"的优势，但这实际上也表明小微企业的发展具有不稳定性。正因为小微企业要不断地变化，其雇佣的员工可能也会随着企业的发展变化而变化。因此，小微企业比大企业需要更加灵活的雇佣制度。

采取平行劳动法模式的一个难点在于如何制定这种特殊的劳动法规范。是否在小微企业特殊的地方只是简单地降低劳动法规制的标准？如果是这样，那劳动者的权益如何保障？又要考量到小微企业的特殊性，又要照顾到劳动者权益的保障，这里存在着一个"度"的拿捏。各国应根据本国国情，在充分把握小微企业劳动关系本质和规律的基础上，制定出符合小微企业发展的平行劳动法。

4. 完全豁免模式评析

把员工数额少于某一标准的小微企业完全排除在劳动法的适用范围之外，不仅给立法更重要的是给执法带来了极大的简便性。因为数量庞大的小微企业会消耗大量的执法资源，行政执行难、监管不易一直是小微企业在遵守劳动法规范方面所遭受的诟病。完全豁免模式排除了政府对雇佣人数少于某一标准的小微企业劳动关系的监管，让这类小微企业与劳动者完全遵循市场游戏规则。如果劳动者认为企业所提供的工资标准、劳动条件、福利待遇满足不了自己的要求，他（她）有权利不在该企业工作；如果企业认为劳动者不符合自己的用工需求，它也有权利不雇佣或者随时解雇劳动者。在这种情况下，劳动者就业质量的高低完全取决于双方力量的强弱。但通常情况下，世界各国都面临着就业岗位不足的窘境，特别是那些自身素质低、技能差的低端劳动者，只能在这类小微企业中忍受基本劳动权益被侵害的境况。

有些国家采取完全豁免模式主要是为了减轻小微企业遵守劳动法所带来的劳动力成本压力，试图以此来促进小微企业更好地发展。但现实中这样的法律规定，可能对小微企业发展起到相反的作用。比如，法律规定员工人数少于10人的企业不受劳动法的规制。这样的规定可能会制造一个"增长陷阱"，员工人数少于10人的小微企业没有动力进一步发展壮大，除非企业雇佣的员工超过10人后所带来的收益大于企业遵守劳动法所产生的成本负担。但这是很难办到的，因为超过10人后所产生的劳动力成本不是阶梯式的，即10人以下不发生劳动力成本，而第11人才产生劳动力成本，而是超过10人的企业，所有员工都要产生因遵守劳动法而产生的劳动力成本，比如都要给员工缴纳社会保险等。因此，这样的规定很可能会限制小微企业的进一步发展，甚至不能给社会提供更多的就业岗位。①

---

① Fenwick, Colin. Howe, John. Marshall, Shelly. And Landau, Ingrid. 'Labour and Labour-Related Laws in Micro and Small Enterprises: Innovative Regulatory Approaches', (SEED Working Paper No. 81, Series on Conducive Policy Environment for Small Enterprise Employment, ILO, Geneva, 2007), p. 35.

三、我国小微企业劳动关系劳动法调整模式的选择

（一）小微企业劳动关系的特殊性及其法律调整需求

小微企业的个体实力在国家经济中微不足道，但作为群体在促进我国经济社会发展中，既具有经济功能，更具有重要的社会功能。[①] 小微企业与大中企业相比，其劳动关系具有一定的特殊性及对法律调整的特殊需求。

1. 就业关系方面

小微企业比大中企业吸纳了更多的就业人员，特别是更多的低端劳动力。美国的小企业每年提供了 75% 的新增就业岗位，欧盟就业人口约 80% 受雇于中小企业。[②] 发达国家每千人平均拥有中小企业的数量是 45 个，而我国的是 28 个。[③] 我国小微企业数量严重不足，促进小微企业发展将是我国解决就业问题的主要渠道。

2. 劳动基准方面

低端劳动力属于低技能劳动者，一般是在小微企业技术含量低、以体力劳动为主的岗位上工作。劳动基准所确立的各项劳动标准是对劳动者权益的最低程度的保护，从某种意义上讲，劳动基准的适用主要是小微企业及其劳动者。最低工资制度是各国普遍实施的一项劳动基准，由于小微企业实力弱小，利润微薄，通常以最低工资雇佣低端劳动者。如果国家制定的最低工资水平超过了小微企业的承受能力，势必影响小微企业的发展。因此，最低工资标准的确立对小微企业影响重大。工时制度是劳动基准中又一项重要的保障劳动者身心健康的制度。每天工作 8 个小时的僵化的标准工时制度束缚了许多小微企业的经营发展，小微企业经营上灵活多变的特征客观上要求具有更加弹性化的工时制度。小微企业职业安全卫生形势非常严峻，是发生伤亡事故及职业病危害的主要领域。强化对小微企业劳动者职业安全卫生权的保护是劳动法必须承担的责任。

3. 劳动合同方面

为保障劳动者的就业稳定性，各国都建立了解雇保护制度。但由于小微企业的管理不规范，可能无法提供法律所要求的证据证明解雇的合理性；又或者

---

① 李国强：《大力扶持微型企业发展应摆上议事日程》，载《中国经济时报》2010 年 4 月 2 日。
② 陶莹：《宏观经济视野下我国的就业问题研究》，载《经济问题探索》2006 年第 9 期。
③ 国务院发展研究中心课题组：《中小企业发展：新环境、新问题、新对策》，中国发展出版社 2011 年版，第 58 页。

因为没有组建工会，解雇员工不符合与工会协商的程序要求；等等。要实现小微企业的用人自主权，小微企业需要更加宽松的解雇条件及解雇程序的制度设计。再者，我国《劳动合同法》强化了企业制定规章制度的义务，这是促使企业走向规范化经营的需要。但小微企业的经营是随着市场的瞬息万变而波动的，其生产经营很难像大中企业那样定型化。因此，法律在对规章制度进行立法时，应对小微企业在制定规章制度上的特点予以特别考量。

4. 集体劳动关系方面

法律对劳动关系的调整只能是最低限度的保障，劳动者的个体力量常常难以在个别劳动关系中获得平等的地位。劳动者只有团结在一起才能显示力量，通过签订集体劳动契约来维护自身的权益，因此我国的劳动关系调整正由个体调整向集体调整转变。但小微企业由于人员少，员工组建工会的意愿也不高，因此很少成立工会。法律应该根据小微企业的特点对工会的组建及集体协商制度方面做出特别安排。

5. 社会保险方面

与大中企业相比，小微企业所从事的行业一般利润微薄，现有法律法规所设定的过高社会保险费占去了小微企业的大部分利润，使许多小微企业无法扩大再生产，有的甚至影响到了其正常经营。作为市场竞争中的弱者，政府有必要促进小微企业获得更大的发展空间，以更好地发挥其可以提供更多的低端就业岗位的正外部性。因此，政府应该采取措施减轻小微企业的社保缴费负担来促进小微企业的发展以实现更大的社会效益。

（二）我国应选择差别调整模式

劳动法调整模式共有四种类型，但可以进一步归纳成两种类型：统一调整模式和差别调整模式。鉴于上文所论述的小微企业在就业关系、劳动合同关系、集体劳动关系、社会保险关系和劳动基准等方面存在着一定的特殊性，劳动法调整模式应该摒弃统一调整模式而选择差别调整模式。统一调整模式虽然在劳动立法上实现了对形式公平的追求，但法律并不仅仅具有文本意义，更重要的是在现实中能够获得实施，在实施中实现公平。统一调整模式不考量企业的差异，特别是小微企业的特殊性，以中等规模企业为参照进行的立法，必然造成有些法律规范在实践中无法有效实施。由于小微企业无法实施或是不能有效实施某些劳动法规范，因此统一调整模式所追求的形式公平在实践中并没有实现。"一部人们不可能服从或无法依循的法律是无效的，而且不算是法律，因为人们不可能……依其行事。"①

---

① ［美］富勒：《法律的道德性》，郑戈译，商务印书馆 2009 年版，第 40 页。

在差别调整模式中，我国的劳动法规范也不能采取完全豁免模式。虽然完全豁免模式考量到了小微企业的特殊性即把小微企业排除在劳动法适用范围之外，但并不意味着只要是差别对待就是合理的。其模式是把低于某一人数标准的小微企业排除在劳动法的调整范围之外，使这些劳动者的权益完全遵循市场规则，忽视了小微企业劳动者的弱者地位，从根本上违背了劳动立法所追求的偏重保护劳动者权益实现实质公平的法理念。因此，理论上我国劳动法规范在对小微企业的调整上应选择适用模式和平行劳动法模式。此两种模式考量到了小微企业与大中企业的差异性，又通过劳动法规范的差别调整实现了大中企业与小微企业的实质平等。差别调整模式将有助于小微企业进一步发展，并使其逐步走向正规化经营。

四、差别调整模式的两难困局及其破解

（一）差别调整模式产生的两难困局

差别调整意味着劳动法规范在调整劳动关系时，因调整对象即大中企业与小微企业的不同，而采取不同的法律规范以期达到法律调整的最佳效果。从劳动者的视角来看，小微企业员工就业质量较差，常常遭遇工作环境不安全、收入无保障、正当权益被剥夺以及性别歧视等诸多问题。因此，对于小微企业劳动关系的差别调整首先是如何强化小微企业劳动者合法权益的保障问题。从企业的视角来看，与大中企业相比，小微企业是市场竞争中的弱者，在资金、技术、人才、信息和市场竞争力等方面都处于劣势，在大中企业的夹缝中生存。以法的调整手段来解决小微企业问题，并不是小微企业作为一般市场主体而发生的私法问题，而是把小微企业作为竞争中的弱者，由国家进行保护和扶持的问题。[①] 因此，差别调整应该考量到小微企业的弱者地位，在劳动关系的某些方面放松对小微企业的规制。[②]

---

① 史际春、王先林：《建立我国中小企业法论纲》，载《中国法学》2000 年第 1 期。

② 小微企业大致可以分为两种类型：一种是在进入壁垒低、竞争激烈以及利润率低的经济领域中运营的小微企业，它们是小微企业的主体；另一种是具有高成长性且从事高科技行业的小微企业。本书所研究的主要对象无疑是第一种类型的小微企业。其原因在于：首先，高科技小微企业与大中企业相比，并不是竞争中的弱者；其次，高科技小微企业的员工也不是低端劳动者。因此，对于这一类型的小微企业不需要从劳动法角度放松规制，也不需要对这一类型的小微企业的员工进行强化保护。对于高科技小微企业来讲，由于不存在放松规制或强化保护的问题，因此，其并不是本书所论述的劳动法差别调整的主要对象。

劳动法规范对小微企业劳动关系的差别调整好像进入了一个两难困局：如果强化对小微企业劳动关系的法律规制，进一步保护小微企业劳动者权益，可能会使小微企业的经营雪上加霜，而小微企业生存困难必然会进一步降低劳动者待遇；如果对小微企业劳动关系放松规制，虽然可以暂时缓解小微企业经营的劳动力成本压力，但小微企业劳动者的就业质量就会进一步降低，这是以损害劳动者权益为代价促进小微企业发展。如何破解对小微企业劳动关系差别调整所产生的困局呢？这是劳动法学界在理论上必须回答的问题。

（二） 差别调整模式两难困局的破解

1. 破解两难困局的路径

破解法律规制小微企业劳动关系困局的路径只有一条，那就是制定适应小微企业劳动关系特点的劳动法律制度，营造有利于小微企业发展的劳动法制环境。只有制定出适合小微企业劳动关系特点的劳动法律制度，才能使小微企业卸掉不应承担的重负，从而促进小微企业的健康发展，而小微企业的发展必然带来更多的劳动就业岗位，并使小微企业有能力提高其员工的劳动待遇。因此，制定针对小微企业的特殊劳动法规范，并不是简单地放松规制或强化规制的问题，而是要根据小微企业自身的特点及其劳动关系特点，并依据本国经济社会发展的国情，在促进小微企业发展和保障小微企业劳动者权益之间找到平衡点。这正是我国目前劳动立法和政策所欠缺的。

2. 差别调整模式应坚持衡平保护原则

劳动法就是要矫正事实上的不平等，这种不平等即劳动者与雇主之间的不平等，再到不同规模的雇主之间的不平等都应在矫正之列，以实现劳动法对实质正义的追求。差别调整体现了这种矫正的理念，但差别本身不是目的，差别调整的法目标应该是构建既能保障小微企业劳动者权益又能促进小微企业健康发展的劳动法制环境。这一劳动法制环境的构建有赖于在差别调整模式中无论是从立法还是从执法角度都坚持衡平保护原则。

所谓衡平保护原则是指劳动法在调整雇主与雇员的劳动关系时，应综合平衡双方利益，使双方的地位、权利、力量及所获得的利益等处于平衡状态。只有双方处于平衡状态才能和谐发展，共享发展的成果。进一步讲，衡平保护原则要求既保护劳动者的权益，又照顾到小微企业的经济利益。衡平保护原则体现了促进经济发展与保障人权并重的劳动法理念。市场经济客观上要求一切生产要素必须遵从市场配置资源的经济规律，劳动力资源作为生产要素之一也应服从这一规律，劳动市场的规则应当以效率为目标，最大限度地促进经济发展。劳动者是劳动力的载体，劳动者应当享有人所应享有的各项基本人权，法律也应当保证这些基本人权的实现以实现社会公正。因此，衡平保护原则照顾到了经济发展与保障人权两方面的需求，准确地把握了市场经济条件下劳动关系实质与劳动市场的运行规律。① 差别调整指明了为了实现实质公平对法的不同调整主体应差别对待，但如何差别对待呢？衡平保护原则进一步解决了这个问题。劳动关系是雇主与雇员之间的双方关系，而且也是双方的利益关系。就像一个天平的两端，一端是劳动者及其利益，另一端是用工者及其利益。衡平保护原则就在于如何运用法律的手段使劳动关系的天平始终处于平衡位置，这就实现了劳动法的目的。

3. 衡平保护的实现需要经济法手段的辅助保障

差别调整模式客观上要求在强化对小微企业劳动者的保护时不能增加小微企业的用人成本负担，不能限制小微企业的健康发展；在放松对小微企业劳动关系的规制时，不能损害其劳动者的权益。强化与放松不是目的，劳动法规范的实施要能既保障小微企业劳动者的权益又能促进小微企业的健康发展，实现小微企业及其劳动者的衡平保护、衡平发展。在此情况下，只运用劳动法手段是不够的，还必须运用经济法手段，即通过宏观调控等手段，为保障劳动者就业和劳动关系正常运行创造宏观和微观经济条件，来实现小微企业及其劳动者权益的衡平。②

经济法中的市场规制法或是宏观调控法都是对市场经济中的主体（主要是各类企业）产生影响和作用的。经济法并不直接作用于劳动关系，经济法是通过对小微企业的保护和扶持，促进小微企业发展和壮大，从而间接地影响和作用于小微企业的劳动关系，进而影响到小微企业劳动者权益的实现。长期以来，我国经济发展中的大企业偏好，使得国家的人、财、物等多偏向大中企业，小微企业所获得的国家扶持很少。小微企业的弱者地位客观上要求国家应采取综合政策措施扶持其健康发展，并通过法律对这些扶持政策进行确认和保障。经济法对小微企业的保护、扶持手段很多，具体包括计划、价格、产业政策、财政、金融、税收等经济手段，这些政策措施在西方经济学家看来，都是国家调节国民经济运行的"宏观政策工具"③。经济法主要是通过对小微企业的扶持政策和措施，提高小微企业的经济实力，为小微企业劳动者提升就业质量奠定物质基础。小微企业如果增强了竞争能力，获取了更多的利润，就有能力提高员工的工资、改善劳动环境、为员工缴纳全部社会保险，等等。反之，

---

① 蔡红：《论我国劳动法理念的创新》，载《理论月刊》2006 年第 8 期。

② 王全兴、谢天长：《我国劳动关系协调机制整体推进论纲》，载《法商研究》2012 年第 3 期。

③ ［美］保罗·萨缪尔森、威廉·诺德豪斯：《经济学》（第 17 版），萧琛等译，人民邮电出版社 2004 年版，第 336 页。

让小微企业提高员工的福利待遇是不现实的。

五、完善我国劳动法调整模式的进路

（一）完善我国劳动法调整模式的现实需求

建立完善的劳动法体系是促进我国市场经济发展的现实需要，劳动法规范的内容必须要与市场经济条件下我国劳动关系的真实情况相适应，小微企业现实的劳动关系现状需要劳动法调整模式作出必要的改变。世界范围内几乎所有的国家都将小微企业从至少一种劳动法的适用范围中排除，我国是一个例外，我国的劳动法文本中没有作出这样的规定。1994 年《劳动法》第 2 条规定："在中华人民共和国境内的企业、个体经济组织（以下统称用人单位）和与之形成劳动关系的劳动者，适用本法。"2007 年《劳动合同法》第 2 条规定："中华人民共和国境内的企业、个体经济组织、民办非企业单位等组织（以下称用人单位）与劳动者建立劳动关系，订立、履行、变更、解除或者终止劳动合同，适用本法。"从这两部劳动法律来看，只要用人单位与劳动者建立了劳动关系，就适用劳动法规范。"用人单位"是中国法律创造的一个法律概念，并使之成为一个法学概念。[1] 我国劳动法上的"雇主"是以"单位"本位设计的，排除了自然人成为雇主的可能。不管"单位"人数的多寡，哪怕是个体经济组织，都统一适用劳动法律的各项规定。

但我国的统一调整模式在劳动法中贯彻得并不彻底。以我国劳动法规范为例，虽然坚持了对不同规模的"用人单位"一视同仁的态度，但其对不同类型的劳动者却差别对待。比如：《劳动法》第七章对女职工、未成年工的特殊保护；《劳动合同法》第 24 条对某些劳动者的竞业限制，第 47 条对高端劳动者支付经济补偿金数额的限制等。这些例子表明，劳动法规范会根据劳动者的特殊性制定与之相适合的特别规定。劳动关系是雇主与雇员形成的双方关系，其每一方都不是铁板一块，都是分层或分类的。如果只把劳动者分层，进行分别规制，却把用人单位看成一个统一整体，统一规制，这不能反映用人单位的差异性所形成的对劳动法调整的特殊需要。因此，我国应该对现有的劳动法律进行必要的修改、完善以适应小微企业劳动关系的特点，进而构建更加和谐的劳动关系。

---

[1]　郑尚元、李海明、扈春海：《劳动和社会保障法学》，中国政法大学出版社 2008 年版，第 24 页。

（二）完善我国劳动法调整模式的具体思路

1. 在《劳动法》中确立差别调整原则

1994 年颁布的《劳动法》是我国第一部与市场经济接轨的全面规范劳动关系的基础性劳动立法，它对劳动关系的各个领域都作出了原则性的规定。但由于我国市场经济的快速发展，制定《劳动法》时所依据的客观环境已经发生了巨大变化，《劳动法》的各项规定已经无法适应现实的需求。构建和谐的劳动关系需要顶层设计，在劳动法体系中作为起到基本法作用的《劳动法》必须与时俱进地作出修改、完善，以适应我国目前经济、社会发展的现实需求。应该把对小微企业劳动关系的差别调整原则作为《劳动法》修改的重要内容之一，只有在基本法中确立了差别调整原则，才能更好地促进单项劳动法律和法规的制定、修改、完善。

2. 选择适用模式与平行劳动法模式在我国单项劳动法律与法规中的应用

选择适用模式强调的是因为小微企业劳动关系的特殊性，劳动法的某些规范对小微企业豁免适用；而平行劳动法模式强调的是要根据小微企业劳动关系特点制定有别于一般劳动法规范的平行劳动法。在我国现行的劳动立法体制下，像其他国家那样另起炉灶制定一部专门调整小微企业劳动关系的法律是不现实的，但这并不妨碍我国在单项劳动法律、法规中针对小微企业制定特别的规定。以经济性裁员为例，按《劳动合同法》规定，裁减 10% 的员工就算经济性裁员，经济性裁员应该提前 30 日向工会或者全体职工说明情况，听取工会或者职工的意见后，裁减人员方案经向劳动行政部门报告，方可裁减人员。我国小微企业平均雇工不足 10 人，[①] 没有人会认为小微企业裁减一两个员工应该履行如此严格烦琐的程序限制，因此，《劳动合同法》应该明确规定经济性裁员制度对小微企业豁免适用。再比如，《工会法》《集体合同规定》等相关规制集体劳动关系的法律、法规的现有规定根本没有办法保障小微企业员工的集体谈判权。因此，应该根据小微企业工会组建率较低，还不能开展有效的集体协商的特点，制定特别的制度，如建立小微企业劳资双方谈判主体培育制度，完善县级以下行业性、区域性集体谈判制度等。我国不仅要修改、完善已有的劳动法律法规，在将来还会相继制定《工资法》《工时法》《集体合同法》《劳动保护法》《劳动监察法》等一系列单项法律法规。因此，我国在借鉴国外的劳动法差别调整经验的同时，应加强理论研究，针对我国小微企业劳动关系的具体情况，在具体的法律法规制定中或直接豁免，或设计特殊的制度安

---

① 国务院发展研究中心课题组：《中小企业发展：新环境、新问题、新对策》，中国发展出版社 2011 年版，第 187 页。

排。只有这样，才能既保障小微企业不因劳动法律的严苛增加小微企业的劳动成本而限制其发展壮大，又保障劳动者不会因小微企业游离于劳动法律规制之外而损害其权益。

3. 小微企业部分劳动法责任的豁免

根据某些国家或地区（例如美国、德国、韩国、日本以及我国台湾）的立法经验可知，对小微企业有一些特殊的帮扶措施，主要表现在，不仅在财政、税收等方面扶持小微企业的发展，而且还在劳动法的适用方面对小微企业实行一定的豁免或差别待遇。在我国，国家管理者也开始关注小微企业成长的艰辛，国务院办公厅于 2009 年 9 月 22 日发布了《国务院关于进一步促进中小企业发展的若干意见》，该文件要求，应营造有利于中小企业发展的良好环境，落实扶持中小企业发展的政策措施，清理不利于中小企业发展的法律法规和规章制度。近来，一些劳动法学者也开始关注劳动法领域小微企业的优惠问题。有学者提出，应在劳动合同解除等方面对小微企业实行一定的优惠待遇，"以减少小企业的负担，扶持小企业的发展，并促进劳动法的真正实施"①。

我们对此基本上赞同，但也有一些不同看法：小型企业不应与微型企业同等对待，只应对微型企业在劳动法的适用上优惠对待。理由主要在于：第一，在小型企业中的从业人员还是比较多的。根据上述《中小企业划型标准规定》的规定，工业、交通运输业、邮政业、物业管理等行业的小型企业最多雇佣人员可达 300 人，仓储业、住宿业、餐饮业、信息传输业、软件和信息技术服务业、租赁和商务服务业等行业雇佣人员在 100 人及以下的仍可归属于小型企业，只有批发行业的从业人员标准比较低一点，为 5~20 人。而微型企业的从业人员基本在 20 人以下，只有物业管理行业的微型企业高一些，为 100 人以下（见表 11-1）。用人单位在对几十个甚至几百个劳动者进行管理时，应当有能力也应当有义务制定规范的符合劳动法规定的管理制度，实行规范管理，包括组建工会等。试想，如果让一个将近 300 人的企业都可以在适用劳动法方面享受一定的豁免，未免过于宽泛。实际上，给予小企业优惠对待的国家或地区都没有把标准定得如此宽松。例如，《德国解雇保护法》规定，适用豁免的企业标准是 2003 年 12 月 31 日前除职业培训人员外的常规员工人数不超过 5 人，2003 年 12 月 31 日后常规员工人数为 10 人或 10 人以下。② 第二，虽然未见专门统计小型企业所占比例的数据，但我们一般接触到的企业大部分属于这类企业，如果将小型企业划入劳动法适用豁免的范围内，那就可能导致劳动法对许

① 谢增毅：《劳动法与小企业的优惠待遇》，载《法学研究》2010 年第 2 期。
② 黄卉：《德国劳动法中的解雇保护制度》，载《中外法学》2007 年第 1 期。

多企业中的劳动关系都不适用，将大大缩小劳动法的适用范围，极大削弱劳动法的社会影响力，可能产生诸如不公平、阻碍正规就业的发展、引发企业道德风险（例如，企业采取各种方法让劳动者人数限制在小型企业的标准内）等新的社会问题。因此，根据从业人员人数来判断，微型企业才是比较符合豁免标准的。

表 11-1 小微企业认定标准

类别 行业	小型企业从业人员标准 （单位：人）	微型企业从业人员标准 （单位：人）
工业企业	20～300	1～19
零售业	10～50	1～9
交通运输业	20～300	1～19
仓储业	20～100	1～19
邮政业	20～300	1～19
住宿业	10～100	1～9
餐饮业	10～100	1～9
信息传输业	10～100	1～9
软件和信息技术服务业	10～100	1～9
物业管理	100～300	1～99
租赁和商务服务业	10～100	1～9
其他未列明行业	10～100	1～9

资料来源：工信部联企业（2011）300 号《中小企业划型标准规定》。

当然，对微型企业在劳动法适用上予以一定豁免，并不是说微型企业无须遵守劳动法的任何规则，而是指凡涉及劳动者基本权利的诸如最低工资、最高工时、安全卫生、休息休假等，微型企业在这些方面的法定责任不能豁免，其他不涉及劳动者基本权利的责任则可豁免。例如，违法解雇赔偿金责任应否属于豁免范围？我们认为应予豁免。理由主要在于：第一，违法解雇赔偿金并不关乎劳动者的基本生存，也不涉及劳动者的体面劳动。与劳动基准中的最低工资、最高工时、最低就业年龄以及职业安全卫生等可能影响劳动者生命健康和体面劳动的规定不同，违法解雇赔偿金并不主要是赔偿劳动者的实际损失，而主要是针对用人单位违法解雇行为而实行的追加惩罚，是否实施这种惩戒措施完全不影响劳动者基本生存权和体面劳动权的享有。第二，许多微型企业无法承担这种赔偿责任。要求侵权人承担赔偿责任，应当考量侵权人的财务状况。如果微型企业无力承担这种责任，则设立这种责任对企业和劳动者皆无好处；如果微型企业因承担了这种责任而倒闭，更非设立这种责任的目的。故对微型企业在违法解雇赔偿金方面予以豁免，是比较合理的。第三，应照顾到微型企业的经营灵活性。微型企业一般为企业发展的初始阶段，经营灵活性是其基本特征。雇佣和解雇员工的灵活性是其经营灵活性的一种表现。基于鼓励微型企业发展的目的，在劳动法上，尤其是在解雇保护制度上给予微型企业一定的豁免，可以有效促进其经营的灵活性。因此，对于微型企业不遵守劳动合同法而违法解雇劳动者，其只要按照劳动合同法的规定给予劳动者经济补偿金即可，而无须承担惩罚性的赔偿金。基于对微型企业应予豁免的理由，对个体工商户更应豁免其部分责任。[1]

---

[1]　刘焱白：《我国违法解雇赔偿金的功能重塑及制度完善》，载《法学》2015 年第 3 期。

第四编

公正高效的劳动关系司法保障制度的构建

第十二章 我国劳动争议裁审关系研究

健全劳动争议处理制度，需要劳动争议仲裁与劳动争议审判之间存在较好的衔接机制。然而，我国劳动争议裁审衔接存在问题，导致我国劳动争议处理效率低下。是否可以及时化解劳动争议，是否可以有助于和谐劳动关系的构建，是评价劳动争议裁审关系合理性的最重要标准。我国的劳动争议裁审关系虽经 2008 年《劳动争议调解仲裁法》的出台做了一些调整，而且，最高人民法院、人力资源和社会保障部于 2017 年 11 月联合发布了《关于加强劳动人事争议仲裁与诉讼衔接机制建设的意见》，但其弊端依旧，因而对其进行必要改革也是大势所趋。

一、对我国劳动争议裁审关系的质疑

我国规定了劳动争议仲裁前置程序，但凡需要诉诸法院的劳动争议，皆需先行由劳动争议仲裁委员会处理，如果当事人仍然不满意，才可提起诉讼，将争议交由法院审判。设置仲裁前置程序的主要目的在于，希望劳动争议可以尽量由劳动争议仲裁委员会予以化解，而不要进入司法程序以免增加法院的负担。然而，对于前置的劳动争议仲裁程序，学界对其诟病颇多。主要在于：

1. 劳动争议仲裁增加当事人的负担

由于存在劳动争议仲裁，因此劳动争议处理程序繁杂、期限冗长、效率低下。司法审判本是一切争议的最终解决方式，在劳动争议处理中，如果不存在劳动争议仲裁这种前置程序，当事人就可以直接提起诉讼，径行要求法院解决。但由于这种前置程序的存在，劳动争议的解决只能被人为地增加了一道程序，因此劳动争议当事人较之一般民事争议当事人的讼累更重，负担更多，成本也更大。劳动争议处理时间上的延长，不利于劳动争议的及时且有效解决，容易激化当事人之间的矛盾，进而导致劳动关系的不和谐。劳动争议仲裁的弊端尤其体现在裁审模式所导致的周期延长上。根据《劳动争议调解仲裁法》

第43条的规定，劳动争议仲裁应当自劳动争议仲裁委员会受理仲裁申请之日起45日内结束。而劳动争议进入诉讼阶段之后，根据《民事诉讼法》第149条的规定，如果法院适用普通程序审理的案件，应当在立案之日起6个月内审结。一个普通的劳动争议案件，经过"一裁两审"程序，所耗费的时间大多在11个月。如果遇到法定需要延期的情形，则可能需要30多个月。据北京市朝阳区法院的统计，朝阳区仲裁委员会、朝阳区人民法院、北京市第二中级人民法院2011年审理的劳动争议案件的平均审限分别为1.6月、5.2月和2.9月，总计9.7月；2012年的审限分别为1.9月、4.9月和2.7月，总计9.5月；2013年的审限分别为1.8月、4.7月和2.8月，总计9.3月。① 而据广东省高院统计的平均审限达到了11个月。不管如何，劳动争议处理普遍的耗时至少需要9个月以上。

　　为了解决因劳动争议仲裁而导致劳动争议处理周期过长以及效率低下问题，我国在2008年制定《劳动争议调解仲裁法》时，曾尝试对"一裁两审"作一调整，规定了某些劳动争议案件的"一裁终局"制度。《劳动争议调解仲裁法》第47条规定，以下两类案件可以"一裁终局"：一是劳动者追索劳动报酬、工伤医疗费、经济补偿金或赔偿金的案件，金额不超过当地月最低工资标准12个月的；二是因执行国家的劳动标准在工作时间、休息休假、社会保险等方面发生争议的案件。当然，这是不完全的"一裁终局"，因为劳动者可以选择不"一裁终局"，即如果劳动者对仲裁裁决结果不服的，可以自收到仲裁裁决书之日起15日之内向法院提起诉讼；如果劳动者选择"一裁终局"，仲裁裁决才为终局裁决，裁决书自作出之日起发生法律效力。可见，我国立法部门也认识到劳动争议仲裁的弊端所在，也力图在原有框架下和较小的幅度内作一修改，以便于劳动争议无须走完全部过程，降低当事人的维权成本，改变劳动争议处理在社会大众心目中的不良印象。然而，这种微调似乎难以改变整个劳动争议处理的"机构重叠、程式冗长、多头管、重叠审"等的诸多弊端。②

　　2. 劳动争议仲裁与司法审判不衔接

　　这种裁审不衔接主要体现在"裁审脱节"上。劳动争议仲裁与劳动争议诉讼各自为政，劳动争议诉讼不以劳动争议仲裁为前提，无论劳动争议仲裁对证据的审查与认定如何，也无论劳动争议仲裁对案件事实是如何确认的，更无论劳动争议仲裁对当事人请求的支持是否公正、合法，法院一概置之不理，往

---

① 程立武：《劳动争议处理程序中非诉与诉的衔接和转化》，载《法律适用》2015年第1期。
② 郑祝君：《劳动争议的二元结构与我国劳动争议处理制度的重构》，载《法学》2012年第1期。

往依据法院自己的审查标准和认定程序重新进行案件审理，并根据自己的标准重新作出判决。甚至一些当事人在劳动争议仲裁时不提供相关证据，而到了诉讼时才向法院提交证据，究其原因，正是因为诉讼并非建立在仲裁基础之上的。因而劳动争议处理存在较为严重的重叠审查情形。

"裁审脱节"也可能导致仲裁机构与法院对案件的互相推诿。随着我国劳动关系形态日益多元化，劳动争议也趋于复杂化。一些新型劳动争议的出现，使得对其性质的界定成为难题。如果某些案件不被仲裁机构界定为劳动争议，却被法院认定为劳动争议，则可能让劳动者面临维权无门的窘境。因为仲裁机构认为不是劳动争议，告知当事人应到法院提起诉讼；而法院却认为是劳动争议，必须经过仲裁前置程序，要求劳动者先行仲裁。例如，许多从事"零工经济"的劳动者，企业对劳动者的弱控制以及劳动者工作时间存在较大弹性，因而对是否存在劳动关系存在不同意见，可能导致仲裁机构与法院互相推诿，阻却了这些当事人寻求公力救济的渠道。

"裁审脱节"还会使得劳动争议仲裁委员会与法院适用的规定不一致，对证据的认定标准也不一致，所适用的程序也不一致，最终使裁审的结果存在较大差异性和非对接性，使仲裁裁决沦落为一纸空文，使得劳动争议仲裁成为当事人眼中的"鸡肋"，严重弱化了劳动争议仲裁的权威性，增添了当事人讼累的负担，降低了争议解决的效率。[①] 对此，一个明显的证据就是，经过劳动争议仲裁之后而提起诉讼的案件，法院会将劳动争议视同一般的民事争议，交由民事审判庭审理，按照民事诉讼程序，适用民事审判的价值判断、思维方式、审判标准等，因而法院改判仲裁结果的比例较高。我国对劳动争议案件的审理不以仲裁裁决为基础，因此仲裁结果与诉讼结果不一致率较高。据统计，不服劳动仲裁裁决而起诉到法院后，有高达30%的案件结果被法院改判，这一比例远远高于法院民事案件的改判率或发回率。[②] 根据我们对广东省某基层法院的调查发现，在2017年该法院审理的劳动争议案件中，80.2%的案件是裁审一致，其余近20%为裁审不一致。在裁审不一致案件中，14.2%的案件为自由裁量权适用导致的不一致，5.7%为法律适用导致的不一致。

因此，劳动争议仲裁成了劳动争议处理中被虚化、重复性的程序，尽管劳动争议案件总量持续在高位运行，但不服仲裁裁决而起诉到法院的案件比例逐年上升，反映了"裁审脱节"情形下劳动争议处理的效率低下，浪费了司法资源。

---

① 朱京安：《我国劳动争议裁审关系之审视》，载《理论探索》2016年第4期。

② 李松、黄洁：《调研显示进入诉讼程序的仲裁结果高达三成被改变，劳动纠纷审理亟待统一证据规则》，载《法制日报》2010年11月18日。

二、我国劳动争议仲裁的存在价值

虽然劳动争议仲裁与诉讼的关系被社会大众诟病较多，但仲裁仍然有其存在的价值。

尽管劳动争议仲裁拦截劳动争议的效率尚未达到社会预期，但劳动争议仲裁仍然发挥了一定的作用。据统计，我国劳动争议仲裁基本上化解了 65% 左右的劳动争议案件。从全国来看，2016 年仲裁调解结案率为 47%，仲裁终局率为 28.4%，也就是说，经过仲裁程序之后，当事人没有继续提起诉讼的案件已达 62%（47% + 53% × 28.4% = 62%）。另据广州中级人民法院发布的劳动人事争议审判白皮书的统计，2016 年劳动仲裁后的起诉率仅为 26.0%。①

有学者指出，劳动争议处理程序需要针对劳动争议的自身特点而设。劳动争议的特点主要有兼容性、及时性、群体性和普遍性等，② 因而及时、便利、有效地解决争议是劳动争议处理程序设计的目标。但是，如果对劳动争议诉讼程序也实施改革，那么通过设置小额诉讼、简易程序、绿色通道等就可以将其改造成及时、便利、灵活的程序，那删除仲裁程序不是更为妥当？而且，将投入劳动争议仲裁委员会的财力和物力投入专门的劳动争议审判制度建设中，那是否可以使得劳动争议处理更有效率？③

实际上，劳动争议仲裁实体化、规范化和司法化的建设，使得现在的劳动争议仲裁程序越来越与司法审判程序同质化了，甚至已经抹杀了仲裁的本质。如果回归仲裁本质，仲裁还是具有较大存在价值的。一般认为，司法程序具有成本高、时间长、程序繁杂等弊端，实际上难以适应劳动争议的灵活处理特点。而真正意义上的仲裁，应当是具有低成本、灵活性、便捷性的一种程序，既能体现当事人双方的自愿性，也能体现三方原则，还能兼具强制执行力，其在解决劳动争议方面的优势较为明显。

另外，劳动争议仲裁还能在非诉性的群体劳动争议中介入并进行处理。对于群体劳动争议应主要由哪个机构处理的问题，各地探索不尽相同。目前主要有两种不同的模式：其一，以行政处理为主，以劳动监察和劳动仲裁处理为辅；其二，以劳动监察和劳动仲裁处理为主，以行政处理为辅。实践中，前一

---

① 沈建峰、姜颖：《劳动争议仲裁的存在基础、定性与裁审关系》，载《法学》2019 年第 4 期。
② 董保华：《论劳动争议处理体制中"裁审关系"》，载《中国劳动》2004 年第 3 期。
③ 沈建峰、姜颖：《劳动争议仲裁的存在基础、定性与裁审关系》，载《法学》2019 年第 4 期。

种模式已成为常态，但后一种模式也有实例，其对象多是那些参与争议的人数不太多、采取的抗争手段不太激烈的群体劳动争议。而在行政处理为主的模式中亦有不同类型，一是由当地党委、政府牵头，"联动"各方党政力量，包括人大、公安、工商、劳动监察、法院、劳动仲裁委、工会等机关，共同处理；二是由劳动监察机构牵头处理；三是由劳动仲裁委牵头处理。实践中，劳动监察和劳动仲裁处理为主的模式有较大局限性。在劳动监察和劳动仲裁处理群体劳动争议时，面临着如何有效维护社会稳定的政治压力，一般会极其慎用代表人诉讼制度，而选择单独立案、并案处理或者单独立案、分案处理。① 这种方式其实并不适合处理群体劳动争议。劳动监察和劳动仲裁审理劳动争议时所特有的程序运行规则、证据规则、时效规则等都会对处理结果产生影响，一旦结果不利于劳动者，则不仅不能平息争议，反而会使争议扩大化。例如，群体劳动争议处理，若进入仲裁或诉讼，原则上只有实体请求权的享有者才能提起诉讼并成为当事人。然而，群体劳动争议的参与者并不限于实体权利的享有者。而这种限制会让劳动者群体感到不公平且会激化矛盾。又如，由于针对单个劳动者的裁判没有扩张效力，其他受害的劳动者要获得赔偿，需重新走一遍程序，这也会让劳动者对这种程序失望，进而选择采取激进的对抗手段来达到快速获得赔偿的目的。实践中，以行政处理为主的模式具有较大的政策优势，各地更多地选择这一模式。然而，由当地党委、政府牵头，"联动"各方党政力量共同处理群体劳动争议，实乃出于政治考量而举全力进行处理的体制，既浪费公共资源，又没有形成长效处理机制，"联动"变成了"上级一压就动、上级不压不动"的缺乏具体牵头负责部门的机制。所以，应确定一个具体的负责部门。我们认为，鉴于已有专门处理劳动争议的部门——劳动监察机构和劳动争议仲裁机构，尽管这些机构在群体劳动争议处理中尚存在较大问题，但仍有大量资源可用，故应当珍惜而不是舍弃现有资源，以在对现有资源充分利用的基础上再开拓新资源，并追求现有资源与新资源的优化整合。至于劳动监察机构和劳动争议仲裁机构，由于劳动争议仲裁机构既可进行调解，亦可作出具有法律效力的裁决，而且，劳动争议仲裁机构具有行政性，隶属于劳动行政部门，独立性不强，这本是其缺陷，但在处理群体劳动争议中反而成为优势所在。因此，应建构以劳动争议仲裁机构为中心，劳动监察和其他主体辅助参与处理的体系。当然，也可以将劳动监察与劳动争议仲裁机构合署办公，共同处

---

① 李娜等：《群体性劳动争议解决机制研究——以和谐社会的构建为视角》，载《法治论坛》2009年第2期。

理群体劳动争议。[①]

三、我国劳动争议裁审关系的定位

劳动争议裁审关系定位，是一种顶层设计，实际上就是确定应当采取何种劳动争议处理模式的问题。

1. 关于劳动争议裁审模式的争议

从国外来看，许多国家如德国、澳大利亚等处理劳动争议的模式为（权利争议和利益争议）或裁或审，或只审不裁，其劳动争议处理中的诉讼与仲裁并无交集，因此，裁审关系并不受学界关注，学者只要对仲裁或诉讼分别研究即可。而从国内来看，由于劳动争议非经仲裁不得进入诉讼程序，因而裁审关系一直都是劳动法学界研究的重点。仲裁前置程序虽广受诟病，但学界对于如何调整现有裁审关系的思路则不尽相同。

第一，"或裁或审、各自终局"的模式。有学者主张，应建立"或裁或审、各自终局"的模式，即在发生劳动争议之后，由当事人自行决定是将争议交由仲裁机构还是法院处理，一旦做出决定，则要么由仲裁机构要么由法院进行审理，仲裁或诉讼程序各自独立，无须先仲裁后诉讼，仲裁是两裁终审，法院诉讼也是两审终审。也就是说，由当事人在申请仲裁和提起诉讼之间选择其一，选择仲裁的就不得再提起诉讼，反之亦然。其中，又可进一步分为"裁审分轨"[②]、部分"或裁或审"部分"只裁不审"[③]、"或调或裁或审"[④] 等观点。

第二，"只裁不审"或"只审不裁"的单一模式。有学者主张，应建立"只裁不审"或"只审不裁"的单一模式，[⑤] 即组建专门的劳动争议审判机构，由其专门处理，实行单一的两审终审制。这种专门的机构可以在现有的劳动争

---

① 王全兴、刘焱白：《我国当前群体劳动争议的概念辨析和应对思路》，载《中国劳动》2015 年第 2 期。

② 李淑娟、金英：《略论劳动争议中的"先裁后诉"在实践中的疏漏》，载《松辽学刊》（社会科学版）1997 年第 3 期。

③ 李德齐：《劳动争议处理与制度选择》，载《工会理论研究》2003 年第 1 期；王蓓：《以"或审或裁"模式重构个别劳动争议处理机制》，载《法学》2013 年第 4 期。

④ 肖卫兵：《劳动争议处理机制的反思和重构》，载《重庆商学院学报》2000 年第 5 期。

⑤ 王全兴、侯玲玲：《我国劳动争议处理体制模式的选择》，载《中国劳动》2002 年第 8 期；陈新：《劳动争议处理体制应实行两裁终决》，载《中国劳动》2001 年第 12 期；李勇：《关于调整和完善劳动争议处理体制的建议》，载《中国劳动》2003 年第 1 期。

议仲裁委员会的基础上予以完善，也可以在法院系统内部组建专门的劳动争议处理法庭或劳动法院。当然，如果确定了由劳动争议仲裁委员会处理，则法院不再审理该劳动争议案件。有学者主张"一裁一审"模式，即实际上将仲裁看作是一审，而将法院看作是二审，如果当事人不满意仲裁裁决的，可以向法院起诉，但需要直接向所在地的中级人民法院起诉，由中级人民法院作出终审判决。对此，有学者进一步认为，还需改变劳动仲裁机构的设置及其办案程序，主要包括：劳动仲裁机构不应依附于行政机关，而应当成为准司法的社会团体法人，并应分级设立，上级仲裁机构对下级仲裁机构有权监督；在劳动争议仲裁的办案程序上，应区分简易案件和重大、疑难案件，简易案件适用简易程序，重大、疑难案件则适用普通仲裁程序。①

第三，"先裁后审"模式。有学者主张，劳动争议当事人先行仲裁，再进入诉讼程序，具体包括"两裁一审"②、部分"一裁一审"部分"裁审分轨"③、部分"一裁一审"部分"只裁不审"④ 等模式。

第四，维持现有"一裁二审"模式。有学者主张，仍然适用现有的"一裁二审"模式，只不过需要继续健全和完善这一模式。⑤

在这些关于劳动争议裁审模式选择的观点中，引发社会较大关注的是究竟应当采取"或裁或审、各自终局"模式，还是维持现有的"一裁二审"模式。

2. 采用"或裁或审、各自终局"模式的理由

第一，避免司法资源的浪费。我国现有两套劳动争议的审理程序——仲裁和诉讼，这两套审理程序各有优点。例如，仲裁的非司法属性使其更具一定亲和力，在处理纠纷上也具有成本低、程序简便、机制灵活、侧重效率、及时处理等特点，可以尽可能让劳动争议在相对平和的气氛中得到化解。又如，诉讼具有更高的权威性，公信力是其主要优势，在处理纠纷上体现了程序刚性、规则严谨等特点，使得当事人更容易服从权威。可见，劳动争议仲裁本来就独立于劳动诉讼，两者互不隶属，分别独立处理劳动争议。如果将两者拼凑到一起，反而引发"裁审脱节"等弊端。原本是劳动争议处理体制的一大弊端，但如果让劳动争议在各自不同的领域内处理完毕，而无须顾及其衔接问题，也就将弊端化为优势。

---

① 王全兴、侯玲玲：《我国劳动争议处理体制模式的选择》，载《中国劳动》2002 年第 8 期。
② 曹晓勇：《关于我国劳动争议仲裁体制模式的思考》，载《中国劳动》2003 年第 4 期。
③ 高霖、苏海刚：《对现行劳动争议处理体制的探讨》，载《中国劳动》2000 年第 8 期。
④ 江君清：《我国劳动争议处理体制的重构》，载《中国劳动》2001 年第 11 期。
⑤ 秦国荣：《我国劳动争议解决的法律机制选择——对劳动仲裁前置程序的法律批判》，载《江海学刊》2010 年第 3 期。

第二，减少劳资双方的诉累。发生劳动争议之后，及时化解纠纷可以避免劳动争议的激化，有利于维护劳动关系和谐。而设置多个程序，只能增加当事人的时间成本和金钱成本，徒增当事人的诉累。这种"或裁或审、各自终局"模式早已在一些地方开始尝试，并取得一定效果。例如，内蒙古自治区通辽市早在 1996 年就开始实施"或裁或审、各自终局"的模式，在发生劳动争议之后，当事人既可申请劳动争议仲裁，通过"两裁"而终局，也可直接向法院起诉，经"两审"而终审。当然，裁审并不交叉，当事人不得既向仲裁机关申诉，再向法院起诉，或者既向法院起诉，又申请仲裁。[①]

第三，体现当事人的自主性。类似于商事仲裁，由当事人通过仲裁协议或仲裁条款来确定是否将案件交由仲裁处理。这给了当事人选择程序的机会，增加了当事人对纠纷处理的参与程度。当事人的愿望往往不同，有人希望快速及时、简便廉价地解决争议，有人则信赖诉讼，即使付出较高的成本也在所不惜。[②] 如果当事人之间没有仲裁协议或仲裁条款，发生劳动争议之后也未达成仲裁协议，则一方当事人起诉的，法院应当受理。至于是否可以由当事人选择仲裁员，使得当事人的自主性得以更加充分的体现，尚不在讨论之列。可见，"或裁或审、各自终局"模式可以让仲裁与诉讼各自发挥作用，在劳动争议处理中是共存而非相互取代的关系，以满足当事人不同的需求，而且，可以让劳资双方当事人根据具体的劳动争议情况选择合适的处理机制，以便于不同的处理机制都能发挥作用，即便当事人对处理过程或结果不满意，但由于是当事人自行选择的，当事人也会接受。[③]

3. 维持现有"一裁二审"模式的理由

第一，制度改进成本最少。选择其他裁审模式，无疑将导致劳动争议处理机制较大的改变，尤其是提出废除劳动争议仲裁的观点，将产生巨大的改革成本。成本与绩效的考量，既是企业在经营过程中需要考虑的，也是在进行制度改革时必须考虑的。如果成本过大，可能绩效并无太大提高，或者可能导致其他问题，则推倒重来的改革模式就应当放弃，而只能尽量在现有制度框架下进行改进。

第二，"一裁二审"模式化解大部分劳动争议，具有一定实际效果。"一裁二审"模式实施了许多年，在我国属于成熟的劳动争议处理模式，已经获

---

① 范跃如：《劳动争议诉讼程序研究》，中国人民大学出版社 2006 年版，第 242 页。

② 朱京安：《我国劳动争议裁审关系之审视》，载《理论探索》2016 年第 4 期。

③ 秦国荣：《我国劳动争议解决的法律机制选择——对劳动仲裁前置程序的法律批判》，载《江海学刊》2010 年第 3 期。

得社会的一定认同，在其他模式未经实践检验的情况下，贸然改变现有制度，必须对新制度的社会效果和社会影响予以充分调研和考虑。许多学者也认为，"一裁二审"模式虽然存在一些弊端，但尚未到不可救药、非改不可的地步。尤其是劳动仲裁所应体现出的三方性、自主性、简便性、及时性等特点，无不有助于劳动争议的及时化解，避免"劳动诉讼爆炸"的发生。① 由于劳动争议仲裁存在缺陷，加上"裁审脱节"，这种模式的实效与社会大众对劳动争议处理的期待存在较大差距，但无论怎样，劳动争议仲裁在阻止劳动争议案件进入诉讼程序上仍然发挥了巨大作用，大量的劳动争议没有进入司法诉讼程序，在仲裁阶段就得到了妥善处理。而且，那些缺陷完全是可以通过改进而予以消除的，没有必要另行确立新的机制。② 而且，保留"一裁二审"模式，既可避免变动较大，又可遵循"司法最终解决"原则，保证了司法的监督，保障了当事人司法救济权。

第三，劳动争议仲裁的司法化并不符合劳动争议处理方式多样化的目标。现代法治社会下，司法审判是所有争议的最终处理机制。"或裁或审、各自终局"模式的一个基本前提就是劳动争议仲裁的司法化，即存在两套基本上一致的处理程序，一套是司法程序，另一套是准司法（仲裁）程序，这样的模式将改变劳动争议处理方式的多样性特点。仅仅依靠司法处理程序，可能并不完全适合劳动争议，仲裁所具有的功能优势可以弥补司法程序的天然缺陷。劳动争议具有当事人地位的不对等、内容的高度敏感、实体法依据的社会法属性以及处理结果的社会效益等特点。③ 根据劳动争议处理的特点，维护劳动关系的和谐稳定是劳动争议处理的基本目标，因而非诉讼解决方式应优于诉讼解决方式。面对市场经济下更为复杂的劳动争议，应当尽量避免以对抗性的诉讼手段来解决劳动争议案件，要充分利用现有的调解和仲裁程序，确立非诉讼解决机制优先而以司法诉讼解决为补充的原则。故而劳动争议处理应优先采取更为灵活机动的处理模式，同时，也不能剥夺当事人进入权威性、程序刚性且繁杂的司法程序的机会。因而，建立多样化的劳动争议处理机制，才是裁审关系定位的方向，而不是设置重叠的两套司法程序，徒增社会资源的浪费。

第四，当事人自行选择"或裁或审"存在更大弊端。借鉴商事仲裁的仲裁协议优先适用的做法，"或裁或审"模式下当事人如想申请仲裁，需要以仲

---

① 刘大卫：《中国劳动争议处理机制失灵问题探析》，载《探索》2013 年第 4 期。

② 冯彦君、李娜：《劳务派遣的法治化探寻——解释论与立法论的双重考量》，载《学习与探索》2013 年第 8 期。

③ 王全兴、王文珍：《我国劳动争议处理立法的若干基本选择》，载《中国劳动》2007 年第 1 期。

裁协议或仲裁条款为基础。但是，与商事争议下双方当事人主体地位平等不同的是，劳动关系的双方当事人地位并不平等，在劳动关系存续期间，双方存在管理与被管理的关系，劳动者受到用人单位的控制和支配。在这种情况下，表面上交由双方当事人意思自治，实际上双方当事人并不能在平等条件下达成仲裁协议。也就是说，地位的不平等变相剥夺了劳动者的选择权，最终还是依循用人单位的意志来决定是否仲裁或诉讼。

4. 本书之观点

本书也主张在现有制度框架下作出一定的改进，使我国现有的劳动争议处理机制更加完善。在劳动争议裁审关系上，并非需要推倒重来，而是进一步理顺两者之间的关系。主要就是，肯定劳动争议仲裁的存在价值，改变现在的劳动争议仲裁司法化倾向，在三方原则的基础上对劳动争议仲裁进行改革，注重其协商和调解功能的发挥，扩大一裁终局的情形。同时，强化劳动争议诉讼机制，成立专门审判机构，并使之与仲裁紧密衔接，在劳动仲裁基础上进行必要审理，统一裁审标准。

四、构建新型裁审关系的具体制度设计

1. 重新定位劳动争议仲裁

根据《劳动法》《劳动争议调解仲裁法》《劳动人事争议仲裁组织规则》等法规的规定，劳动争议仲裁委员会是依照法律规定设立的代表国家行使仲裁权的仲裁机构，劳动争议仲裁委员会主任由劳动行政部门的代表担任，这表明劳动争议仲裁委员会是劳动行政部门主管下的一个半官方机构。因而劳动争议仲裁体现了政府对劳动争议处理的主导作用，具有行政化的特征。然而在实践中，劳动争议仲裁存在强烈的司法化倾向，也就是说，裁决过程力图将劳动争议仲裁打造为如同法院一般的另一个司法审判机制。劳动争议仲裁成为准司法性的强制性纠纷解决机制，[①] 这种做法的一个最大弊端在于，使得劳动争议存在多个司法处理机制。司法处理机制的重叠导致一个劳动争议需要经过"三审"才能审结，大大增加了劳动争议当事人的讼累，也大大降低了劳动争议处理的效率，造成了社会资源的浪费。而且，司法化的仲裁与行政部门主导机制存在天然的不协调，尤其是表现为仲裁裁决缺乏传统司法的完全强制性。实际上，诉讼所具有的对抗性并不适宜所有纠纷的解决，诉讼程序本身所具有的

---

① 沈建峰、姜颖：《劳动争议仲裁的存在基础、定性与裁审关系》，载《法学》2019年第4期。

高昂成本，以及当事人在诉讼程序中可能动员一切力量来实现自己的私权，争取自己利益的最大化，因而诉讼往往意味着当事人之间的关系断裂和感情破裂，无法继续履行劳动合同，需要维系长远利益的劳动关系当事人分道扬镳。因此，在劳动争议处理中，更多的国家或地区选择仲裁等非诉讼解决方式。①

因此，将劳动争议仲裁等同于司法审判，使其具备准司法性质，这并不具有合理性和可行性。劳动争议具有较强的社会性，劳动争议当事人的劳动关系人身从属性和劳动的生存发展性，决定了劳动争议处理的灵活、便捷、有效，以及当事人成本和争议处理资源的节约性。因而在劳动争议处理中，非诉讼纠纷解决机制应当占据更为重要的位置，这不仅是构建多元化纠纷解决机制的需要，也是劳动关系的特征所决定的。② 应当将劳动争议的非诉讼解决方式视为主流或主导的解决方式，而劳动争议仲裁是非诉讼解决机制中的重要一环，应当将劳动争议仲裁社会化，将其打造成成本较低、规则灵活、程序简单、处理及时、偏重效率的社会化处理机制。尤其是需要在劳动争议仲裁中充分体现三方原则，仲裁员由劳动行政部门代表、工会代表和企业方面代表组成，注重协商和调解。

2. 完善一裁终局制度

无论劳动争议仲裁的存在价值如何，劳动争议仲裁前置程序始终还是为当事人设置了一道程序，因此，劳动争议处理成本加大是不争的事实。因而，尽量减少劳动争议处理程序，让劳动争议处理更为便捷和及时，一直都是劳动争议处理机制改革的方向。《劳动争议调解仲裁法》将"一裁终局"制度引入劳动争议处理机制即是基于这种思量。

根据《劳动争议调解仲裁法》，劳动者追索工资、工伤医疗费、经济补偿金或赔偿金的案件，不超过当地月最低工资标准12个月金额的案件，以及因执行国家的劳动标准在工作时间、休息休假、社会保险等方面发生的案件，可以适用"一裁终局"。可见，主要就是小额案件可以适用"一裁终局"。然而，这些规定较为疏漏。

其中一个主要问题就是，如何判断案件为可以适用"一裁终局"的小额案件。按照《劳动争议调解仲裁法》，小额案件的判断标准为不超过当地月最低工资标准12个月金额的案件。但是，问题是，这个金额是申请仲裁的金额，还是仲裁机构最终裁决的金额。上海市高级人民法院《关于劳动争议纠纷若干程序问题的意见》（沪高法〔2008〕181号）第2条规定，"根据《劳动争

① 钱叶芳、王林清：《个人劳动争议处理的裁审关系研究》，载《法治研究》2016年第1期。
② 范愉：《非诉讼纠纷解决机制研究》，中国人民大学出版社2000年版，第636页。

议调解仲裁法》第 47 条第一款第（一）项的规定，追索劳动报酬、工伤医疗费、经济补偿或者赔偿金，不超过当地月最低工资标准 12 个月金额的争议，仲裁裁决为终局裁决。对此，一般应当以当事人申请仲裁时各项请求的总金额为标准确定该申请是否属于一裁终局的事项。"广东省高级人民法院、广东省劳动争议仲裁委员会《关于适用〈劳动争议调解仲裁法〉〈劳动合同法〉若干问题的指导意见》（粤高法发〔2008〕13 号）第 9 条规定，"《劳动争议调解仲裁法》第 47 条应作如下理解：（一）劳动者追索劳动报酬、工伤医疗费、经济补偿金或赔偿金，其仲裁请求涉及数项，分项计算数额不超过当地最低工资标准十二个月金额的，仲裁裁决为终局裁决。"可见，上海市、广东省规定以劳动者仲裁请求数额为依据来作出判定。《最高人民法院关于审理劳动争议案件适用法律若干问题的解释（三）》（法释〔2010〕12 号）第 13 条规定，"劳动者依据调解仲裁法第 47 条第（一）项规定，追索劳动报酬、工伤医疗费、经济补偿或者赔偿金，如果仲裁裁决涉及数项，每项确定的数额均不超过当地月最低工资标准十二个月金额的，应当按照终局裁决处理。"可见，最高人民法院的意见是以仲裁机构最终裁决数额为依据的。

还有一个问题是，在分项计算是否属于"一裁终局"下存在适用困境。根据广东省高级人民法院、广东省劳动争议仲裁委员会《关于适用〈劳动争议调解仲裁法〉〈劳动合同法〉若干问题的指导意见》（粤高法发〔2008〕13 号）第 9 条的规定，当以分项来判定，即区分不同诉请来判定，如只有某一项诉请低于当地最低工资标准 12 月金额的，则该诉请为"一裁终局"，其他诉请则不属于"一裁终局"。人力资源和社会保障部《劳动人事争议仲裁办案规则》（2017 年）第 50 条规定，"仲裁庭裁决案件时，申请人根据调解仲裁法第四十七条第（一）项规定，追索劳动报酬、工伤医疗费、经济补偿或者赔偿金，如果仲裁裁决涉及数项，对单项裁决数额不超过当地月最低工资标准十二个月金额的事项，应当适用终局裁决。"也就是说，人社部也是以分项计算作为判定"一裁终局"的标准。根据《最高人民法院关于审理劳动争议案件适用法律若干问题的解释（三）》（法释〔2010〕12 号）第 13 条的规定，也是按照分项计算来判定是否属于"一裁终局"。但是，对于同一仲裁案件，其中既有一裁终局事项，又有非一裁终局事项，如何认定整个案件是否属于"一裁终局"？如何认定一个案件中某些诉请是"一裁终局"，而另一些诉请非"一裁终局"？根据最高人民法院《关于审理劳动争议案件适用法律若干问题的解释（三）》（法释〔2010〕12 号）的规定，同一仲裁裁决同时包含终局裁决事项和非终局裁决事项，应当按照非终局裁决处理。然而，人力资源和社会保障部《劳动人事争议仲裁办案规则》（2017 年）第 50 条规定，仲裁庭裁决案件时，裁决内容同时涉及终局裁决和非终局裁决的，应当分别制作裁决书，并告知当事人相应的救济权利。一些地方将终局裁决和非终局裁决放在同一份裁决文书中表述，分别注明不同裁决的属性，并告知当事人相对应的诉权及行使期限。一些地方则出具两份仲裁裁决书，一份为终局裁决，一份为非终局裁决。①

实际上，由于"一裁终局"节约了仲裁、司法成本，可以及时处理劳动争议，有利于维护劳动关系的和谐稳定，因此有必要扩大"一裁终局"的范围，尽可能将比较简单、争议不大、标准明确、数额较小的案件都纳入进来。② 由此建议，第一，提高小额案件的认定基数。以最低工资标准为基数来计算并不妥当。我国确定最低工资标准的主要参照是劳动者本人及平均赡养人口的最低生活费用，因此各地的最低工资标准普遍偏低。由于这一计算基数较低，与劳动者实际工资水平相差较大，劳动者的诉请超过计算基数的比例较高，实际上导致仲裁裁决绝大部分都不属于"一裁终局"的范围，变相减少了"一裁终局"的适用范围。因此，应以当地职工社会平均工资为基数来作为小额案件的认定标准。例如，可以确立 12 个月的当地职工社会平均工资为基数。当然，也可以根据需要，调整为 24 个月。这一标准将大大提高认定的计算基数，使得更多案件进入"一裁终局"的范围，快速处理大部分劳动争议成为可能。第二，统一"一裁终局"的司法适用。如果将小额案件的基数提高了，就没有必要分项计算，而是统一计算。也就是说，如果劳动者的诉请包括劳动报酬、工伤医疗费、经济补偿金或赔偿金等多项，只要计算总的裁决数额即可，如果总的裁决数额超过了基数，则不属于"一裁终局"的范围，反之则是。不区分不同诉请而作出不同判定，如此，上述问题也可以迎刃而解。

3. 建立裁审衔接制度

（1）明确裁审的职能分工。劳动争议"裁审脱节"的关键在于，仲裁程序完成之后，法院需要重新按照一个新的案件来进行审理，完全置仲裁于无物，既不认可仲裁所认定的证据和认可的事实，也不依据仲裁裁决来作出判决。而且，法院与仲裁的关系也不是如同上级法院与下级法院一样，存在上级对下级的监督。这样，裁审标准不同、证据规则不一致、裁决结果改判率高等问题纷至沓来。

---

① 王少波：《一裁终局制度的适用困境与突破——〈劳动争议调解仲裁法〉制度与运行中的不一致性分析》，载《中国人力资源开发》2017 年第 11 期。

② 侯玲玲：《劳动争议一裁终局制度的反思与改革》，载《法商研究》2017 年第 3 期。

有学者认为，劳动争议仲裁才是争议解决的主要手段，而法院仅仅起到事后监督的作用，法院不应当对已经仲裁的案件重新审理，而只应当作书面审理，只是对于那些违反法定程序，或者对事实认定明显错误的，或者适用法律明显有误的案件，才对仲裁裁决作出纠正。而且，法院仅对仲裁案件中当事人存在争议的地方进行审理，对没有争议的事项则应先予执行。[①] 实际上，在实践中仍然需要法院对整个案件进行全面审理才能知道何种为违反了法定程序，何种为对事实认定错误，何种为适用法律错误。实现这种区分其实意味着法院已经全面审理了案件，因而这种观点不足以减轻"裁审脱节"的症状。

对于裁审关系的重置，按照事实审与法律审来进行分工，可能是更为合理的做法。所谓事实审，是指以案件事实审查为中心的审判程序，而法律审，是指以法律适用为中心的审批程序。在大陆法系国家，一般来讲，第一、二审着重于对案件事实的审理，当然，也会考虑法律适用问题，但是，第三审程序就不再对原判认定的事实另行审查，而只审查原判所适用的法律有无不当，故第三审程序称之为法律审。可见，法律审是对事实审的监督，一般是上级法院进行法律审，下级法院进行事实审。这种分工可以解决裁审标准不同、证据规则不一致等问题，避免不同审理程序的脱节，同时，也可减少司法资源不必要的浪费。因此，法院对于已经劳动争议仲裁的案件，如果认为事实已经查清，双方没有争议，仅对适用法律存在争议，就应当进行法律审。只有那些双方对案件事实存在较大争议，或者案件事实本身在证据上存在较大问题，且当事人理由较为充分，法院才可进行事实审，查清事实。正如有学者所言，在维持现有"先裁后审"模式下，对仲裁机构与法院的功能进行分工，诉讼以仲裁为基础，但对仲裁实施监督。因为法院在法律适用和程序法方面具备一定优势，法院可以专注于劳动争议案件的法律审和程序审，仅对少数主要案情事实不清或证据错误的进行事实审，从而在仲裁与法院之间建立一种监督与被监督的关系。[②]

然而在实践中，事实审属于事实判断，法律审属于价值判断，这两者并非分属于两个截然不同的领域，存在交叉，司法工作者可能也不知道事实审与法律审区分的确切标准，导致实践中划分标准不一而出现混乱。我们认为，可以从以下几方面予以区分：第一，区分自然事实与法律要件事实；第二，将证据真实性、关联性的认定纳入事实问题范围，合法性纳入法律问题范围；第三，将回答"是"与"否"的问题归入事实问题，将回答"对"与"错"的问题

---

①　董保华：《论劳动争议处理体制中"裁审关系"》，载《中国劳动》2004 年第 3 期。

②　王全兴、王文珍：《我国劳动争议处理立法的若干基本选择》，载《中国劳动》2007 年第 1 期。

归入法律问题；第四，以是否涉及法律专业判断为区分原则，将不涉及法律专业判断的问题归入事实问题；第五，法院"经审理查明"部分大体上属于事实问题，"本院认为"部分基本属于法律问题。①

当然，仲裁进行事实审与法院进行法律审并非绝对的，法院在某些情形下也可以实施事实审。也就是说，仲裁以事实审为原则，法院以事实审为例外。法院的事实审主要针对那些案件事实存在明显错误，或者当事人所提交的新证据足以推翻原先的事实认定，也包括那些原仲裁裁决被撤销的案件，可以由法院对事实进行审理，并遵循与仲裁相同的证据规则，禁止当事人在法院审理过程中提交旧证据。②

（2）建立裁审联合办案机制。据我们对一些基层法院和仲裁委的调查发现，法院与仲裁委缺乏沟通是大家一致认为的裁审无法衔接的主要原因。因此，除了通过对事实审与法律审进行区分之外，还可以通过仲裁委与法院联席会议、联办劳动争议案件等举措，达成解决劳动争议的共识。具体可以包括联席会议制度、案件交流学习制度、重大事项沟通制度、裁审开庭互听机制、裁判结果抄送制度、诉前保全机制、执行配合机制等。通过联席会议和联办案件，对劳动争议处理中的典型、疑难案例进行研究，分析仲裁委与法院处理的差异、成因及法律后果，统一执法尺度；对加班工资的认定方法及计算标准、双倍工资、经济补偿金的计算时限与标准等常见、疑难问题的事实认定和法律适用进行规范；对争议较大、有一定影响的劳动争议案件，仲裁部门立案受理后，可邀请法官共同对案件进行全面分析。

（3）统一受案范围。《劳动人事争议仲裁办案规则》第2条规定了劳动仲裁的受案范围。《最高人民法院关于审理劳动争议案件适用法律若干问题的解释（一）》第1条也规定了劳动诉讼的受案范围。两相比较可知，劳动仲裁受案范围采用的是列举式，而劳动诉讼的受案范围采用的是概括式，两者既有交叉亦有不一致之处。例如，在劳务合同纠纷中，因劳动者将用人单位的实际控制人作为被告，但这并不属于劳动仲裁的受案范围而不予立案。但此类纠纷如果未经仲裁前置程序，法院会建议其先去劳动仲裁，这样会导致劳动者无所适从。再如，社保未足额缴纳问题，根据《社会保险法》第63条的规定，仅由社会保险费征收机构责令用人单位限期补缴，而不属于劳动诉讼的受案范围，但根据《劳动人事争议仲裁办案规则》的规定，属于劳动仲裁的受案范

---

① 吴勇辉：《事实问题与法律问题区分规则的实践探索》，载《人民法院报》2018年12月12日；刘学在：《事实问题与法律问题区分》，载《人民法院报》2018年12月12日。

② 钱叶芳、王林清：《个人劳动争议处理的裁审关系研究》，载《法治研究》2016年第1期。

围。劳动者因此而起诉至法院，法院只能要求劳动者撤诉或裁定驳回，引致劳动者对法院的不满。因此，需要统一裁审受案范围。具体包括：一是劳动仲裁受案范围必须包含劳动诉讼的受案范围。这是因为司法救济是最后一道防线，任何人，包括劳动者，都有权寻求司法救济。二是对于一些新情况，诸如因个人承包、非法用工等出现的劳动争议也纳入裁审的受案范围。三是模糊或难点问题的协调解决。如果出现受案范围模糊或难以判断的情况，应通过双方沟通解决，并将解决方案记录在案，或者向上级反映，由上级部门共同协商解决，并出具指导意见。

（4）保全与执行程序的衔接。除了立案与审判的程序需要衔接之外，保全与执行程序的衔接问题更为严峻。劳动仲裁中的保全，均只能由法院审判庭审理，在审判庭对相关材料进行审理之后，裁定是否予以执行。这种处理方式既不利于仲裁委、法院，也对当事人不利。仲裁委在仲裁阶段，可能因为用人单位转移、藏匿财产等行为而难以执行裁决，更无权作出保全裁定，降低了仲裁委的权威性。而法院作为不了解案情的一方，也要在紧迫的时间内作出是否予以保全的决定。劳动者作为当事人，要在仲裁委与法院之间来回递送材料。法院裁定采取保全措施或裁定驳回申请的，还需将裁定书送达申请人，并通知仲裁委，加大了法院的工作量。因此，将财产保全与证据保全制度引入劳动争议仲裁程序，使得仲裁委有权对保全事项进行审理和裁定，既能提升其权威性，也能有效节约时间，帮助劳动者及时保全财产和关联证据，有利于完善裁审程序的衔接。

4. 创新劳动争议审判机构

目前，我国法院对劳动争议审理的专业化水平还不够，尚无法满足劳动争议审判的需要。主要表现在，许多审判人员并未专门接受劳动法的教育，也未受过专门的劳动法培训，对相关劳动法律法规政策不太熟悉，在具体的劳动争议审理中，不仅对法律适用问题难以准确把握，而且对劳动争议的社会属性这种特殊性缺乏应有关注，简单套用民事理念、规则和程序进行审理，不能对劳动者提供必要的倾斜性保护，从而影响案件审理的公正性。因此，与劳动争议仲裁的非司法化不同，劳动争议诉讼则应当强化司法审判功能，有必要设置专门的审判机构，至少应当设置专门的劳动争议法庭，由专人来处理劳动争议，确保司法最终解决的公正性。

通过法院组织法的国际比较可知，世界上并没有一种统一或主流的劳动争议审判机构模式。一些国家或地区设立了专门进行劳动争议审判的劳动法院，而另一些国家或地区则将劳动争议视为一般性的民事争议，由民事审判机构予以一并审理。在德国，共设立了三级劳动法院，即基层劳动法院、州劳动法院和联邦劳动法院，专门用来处理劳动争议诉讼案件。劳动法院的审判庭法官由专业法官和来自雇主代表、职工代表的名誉法官组成。在案件的审理中，名誉法官与专业法官的权力一样，享有相同的询问权、阅卷权、决议权等。虽然名誉法官来自劳动关系领域，并不具备法律专业背景，选拔程序和选拔标准亦有不同，但名誉法官对企业内部劳动关系的情况更为了解，熟悉劳动关系的产生、变更以及解除，有利于劳动争议的公正处理。①

在我国，应当设置何种劳动审判司法机构，存在一些争议。一些学者主张，可以建立独立的劳动法院，这种劳动法院并不同于现行的司法审判体制内的法院机构，而是具有一定特色的且独立于现有人民法院体系的专门审理劳动争议的劳动司法机构，除了劳动法院，其他机构不得行使劳动争议审判权，其审判组织的构成也应符合三方原则，由职业法官、工会、雇主组织共同委派的审判人员组成。一些学者主张，设立独立的劳动法院变动较大，可以维持现有司法审判体系基本不变，仅作微调，设立专门的劳动法庭，就如同设立行政法庭、刑事法庭、涉外民事法庭、金融民事法庭等一样，使得劳动法庭成为审理劳动争议的专门机构，其审判人员也由接受过劳动法教育或培训的职业法官组成。当然，另一些学者主张，可以在劳动法庭的基础上，授权其组建特别的审判形式，由职业法官、工会、雇主组织共同委派人员组成审判庭，共同审理劳动争议。②

根据我国《人民法院组织法》的规定，我国法院分为普通法院和专门法院。专门法院包括军事法院、铁路运输法院、海事法院、林业法院、农垦法院等，而普通法院内设民事法庭、刑事法庭、行政法庭等。实际上，上述主张在我国地方法院系统有一定的实践。例如，早在 1999 年，河南省南阳市淅川县法院就设立了"劳动维权法庭"。2005 年，深圳市中级人民法院设立民事审判第六庭——劳动争议审判庭。2006 年，南京市中院设立民事审判第四庭作为专门的劳动争议审判庭。2010 年，北京市首家劳动审判庭在北京市丰台区人民法院成立。2011 年，北京市海淀区人民法院成立劳动争议审判庭，对劳动争议案件实行专业化审判。2016 年，重庆秀山法院推行"审判庭与合议庭合一"模式，将民一庭重组为第一和第二合议庭，其中第一合议庭对劳动争议和人事争议案件进行集中管辖、专业审理（详见表 12-1）。

---

① 周培：《从德国劳动争议诉讼制度看我国劳动法院的建立》，载《中国劳动关系学院学报》2013 年第 1 期。

② 王全兴：《劳动法》（第三版），法律出版社 2008 年，第 434 页。

表 12-1　法院内部劳动争议审判制度的创新

建立时间	地区	创新制度	效果
2016 年	重庆秀山法院	推行"审判庭与合议庭合一"模式,将民一庭重组为第一和第二合议庭,其中第一合议庭对劳动争议和人事争议案件进行集中管辖、专业审理。	
2015 年	厦门市思明区人民法院滨海法庭	专门审理劳动争议案件的"劳动法庭"。 法院设立绿色诉讼通道,采取"三优先"措施,即对劳动争议案件优先送达、优先审理、优先执行。 法院推出夜间法庭、周末法庭、巡回法庭等"三庭"以及法庭义工、无讼社区建设等举措。	审结劳动争议案件的审理周期从 76 天减少为 55 天,缩短了 27.63%。
2015 年	福建石狮法院劳动法庭	方便快捷的立案机制,实行农民工案件的巡回立案、上门立案等立案方式,并加强与市司法局、市法律援助中心的联系,及时协调指派律师提供法律援助。	处理涉及劳动、劳务案件 1000 余件。
2015 年	辽宁沈阳市铁西区人民法院劳动法庭	专门负责审理劳动争议案件。	
2015 年	宁夏回族自治区石嘴山市总工会劳动人事争议仲裁分庭暨劳动法庭	在工会设立劳动法庭,建立劳动争议调解、仲裁、诉讼、法律援助联动对接模式,在宁夏乃至全国尚属首例。	
2014 年	厦门市中级人民法院	设立劳动争议巡回审判点。	
2012 年	郑州市中级人民法院劳动者权益保护审判庭	专门负责审理劳动争议案件。	

续表1

建立时间	地区	创新制度	效果
2012 年	河南挑选郑州、平顶山、周口、焦作、鹤壁中院和郑州市金水区法院等 9 个法院做试点，成立专门的"劳动者权益保护审判庭"	专门负责审理劳动争议案件。	
2011 年	重庆市沙坪坝区人民法院成立民事审判第四庭	专门负责审理劳动争议案件，这是重庆市 40 个基层法院中首家劳动争议案件专业审判庭。	
2010 年	江苏省常州市武进区人民法院常驻式劳动争议巡回法庭	2010 年 11 月成立的常驻式劳动争议巡回法庭，设立在武进区人社局内。法庭配备专职法官、书记员、人民陪审员各 1 名，建立电子签章系统，实行就地立案、就地审理、就地调处、就地制作裁判文书等"一站式"服务体系。	
2010 年	上海市第一、第二中级人民法院分别设立了民事审判第三庭	2010 年，上海市第一、第二中级人民法院分别设立了民事审判第三庭，专司劳动争议案件。各基层法院也根据自身情况，或专门成立劳动争议审判庭，或在民事审判庭内设立劳动争议专项合议庭，开展劳动争议安全审判工作。	
2010 年	无锡市中院成立劳动争议审判庭	2010 年，无锡市中级人民法院率先在江苏省中级法院中成立劳动争议审判庭，崇安、南长、宜兴和江阴等 9 个基层法院也相继成立了劳动争议审判庭和专业合议庭。	

续表2

建立时间	地区	创新制度	效果
2010 年	北京市丰台区人民法院成立劳动争议审判庭	是北京市法院系统首家劳动争议案件专业审判庭。开创"先调解，先给付，后判决"的审判模式。随后，北京市中、基层法院陆续成立劳动争议专业审判庭。	结案率为 95.7%，调撤率为 26.23%。
2006 年	南京中院民事审判第四庭	专门受理劳动争议案件的上诉。	
2005 年	深圳市中院"劳动争议审判庭"。	专门受理劳动争议案件的上诉。	
1999 年	河南省南阳市淅川县法院"劳动维权法庭"。	专门受理劳动争议案件的起诉。	

注：本表系课题组自行整理。

可见，司法部门较为认可在人民法院内部设立专门的劳动争议审判庭模式。这是因为，这种改革的成本较小，对我国现行的司法审判体制影响较小，也符合我国《人民法院组织法》第 19 条规定的法院可以成立若干审判庭的要求。这种内部设立劳动法庭的模式也是有一定效果的。例如，2010 年 1 月，北京市丰台区人民法院成立劳动争议审判庭之后，劳动争议案件的结案率从2009 年的 92.2% 上升为 95.7%，调撤率由 22.64% 上升至 26.23%。2011 年 1月，北京市海淀区人民法院成立劳动争议审判庭之后，劳动争议案件结案率为93.3%，调撤率为 36.6%。[①] 2015 年 1 月，厦门市思明区人民法院设立专门审理劳动争议案件的劳动法庭，采取"三优先"措施，即对劳动争议案件优先送达、优先审理、优先执行，推出夜间法庭、周末法庭、巡回法庭等"三庭"以及法庭义工、无讼社区建设等举措，审结劳动争议案件的审理周期仅为 55天，劳动争议案件的审结周期缩短了 27.63%。

基于对司法体系的统一性和权威性以及改革成本的考量，本书也认可这种

---

① 杭涛、李盛荣、张江洲：《关于加强劳动争议案件专业化审判的调研报告》，载《人民司法》2012 年第 7 期。

内部劳动法庭的模式。但是,仍然需要进一步完善这种内部审判机制。主要在于:第一,统一劳动争议审判庭的名称、行政编制,以便于当事人可以更好地寻求司法救济。① 第二,职能定位中劳动争议审判的专门化应当明确,并将广义上的劳动关系都纳入管辖范围。第三,审判人员组成应符合"三方原则"。专业法官可能缺乏劳动法和劳动关系领域的必要知识,因而在一些国家的劳动争议审判中,都有非职业法官的参与。例如,在德国,工会和雇主联合会会推荐一些人员作为名誉法官参与案件审理。② 因此,可以考虑工会和用人单位团体委派代表担任劳动法庭陪审员,以便在劳动诉讼中实现处理劳动争议的"三方原则"。③

---

① 重庆市第五中级人民法院课题组邹钢:《劳动争议审判机构专业化的障碍与出路——以重庆市劳动争议纠纷案件的仲裁审判机构现状为样本》,载《社会法学研究》2013 年第 1 期。
② 沈建峰、姜颖:《劳动争议仲裁的存在基础、定性与裁审关系》,载《法学》2019 年第 4 期。
③ 曹燕:《我国劳动争议处理制度的困境与突破》,载《河北法学》2012 年第 5 期。

第十三章 劳动争议司法调解制度研究

一、劳动争议司法调解概述

（一）劳动争议调解的类型

所谓调解，是由第三方居中调和，通过疏导、说服，促使当事人互谅互让，从而解决纠纷的一种方法。所谓劳动争议调解，是指劳动争议双方当事人自愿将劳动争议提交给第三方调解组织处理，由第三方调解组织在查明事实、分清是非的基础上，通过宣传、说服、劝导、教育等方法，使劳动争议双方当事人相互谅解，达成协议，及时解决劳动争议的一种活动。

在我国大调解的格局下，调解作为一种普遍适用的劳动争议处理形式，存在于劳动争议处理的各种程序中。劳动争议调解主要有民间调解、行政调解和司法调解。其中，民间调解是指人民调解委员会等调解组织通过说服、疏导等方法，促使当事人在平等协商的基础上自愿达成调解协议，解决劳动争议的活动。行政调解是指以当事人双方自愿为基础，由行政机关主持，以国家法律、法规及政策为依据，以自愿为原则，由行政机关对劳动争议双方进行说服与劝导，促使双方当事人互让互谅、平等协商，达成和解协议的活动。司法调解是指人民法院在审理劳动争议案件时，根据当事人自愿的原则由法庭进行调解，促使双方当事人互让互谅、平等协商，达成协议的活动，包括诉前调解、诉中调解、诉后调解以及判前说理之后的调解等。广义的司法调解还包括劳动争议仲裁委员会在审理劳动争议案件时对双方当事人的调解。

（二）劳动争议调解的基本原则

1. 自愿原则

自愿原则是劳动争议调解最重要的也是最基本的一项原则。发生劳动争议后，当事人可以自行协商，如果自行协商解决不成的，可以申请由第三方进行调解。调解的自愿性体现在：第一，当事人可自愿接受第三方的调解要求，或者自愿选择是否向第三方申请调解。调解不是劳动争议处理必经的程序，所以，当事人是否向第三方申请调解，以及向哪一个第三方申请调解，都是争议当事人双方自愿选择的。以基层调解为例，如果选择调解，既可以向企业劳动争议调解委员会、基层人民调解组织申请，也可以向乡镇、街道设立的具有劳动争议调解职能的组织申请。因此，如果有一方不愿调解，则不得强制调解。例如，一方当事人向第三方申请调解，而另一方向劳动争议仲裁委员会申请仲裁，则应由劳动争议仲裁委员会受理。第二，自愿原则体现于调解的全过程。在所有的调解过程中，争议双方都是在自愿平等的基础上进行的，采取互谅互让的方式，从而达成解决争议的协议。至于是否达成调解协议、达成什么样的调解协议，都取决于当事人的自愿，只要不违背法律的禁止性规定和公序良俗原则即可。任何机构都不得以任何方式变更此自愿原则，强迫当事人接受调解协议。一方当事人也不得恃自己的强势地位而强迫另一方当事人。

2. 平等原则

平等原则是指在处理劳动争议的过程中，第三方调解主体必须对双方当事人在适用法律上一律平等，一视同仁，不得对任何一方偏袒或歧视，对任何一方都应给予同样的保护，尤其是对处于弱势地位的劳动者。作为劳动争议双方当事人的劳动者和用人单位，其在法律地位上是平等主体，决定了其适用法律、法规也应当平等。只有真正实现平等原则，有争议的双方当事人才会对争议的处理结果心悦诚服，才会达到争议调解的最佳目的，定分止争。

3. 合法原则

调解解决劳动争议，并不是"和稀泥"，而是要在查明事实、分清是非，且不损害劳动者利益和企业合法权益的前提下，依法做好协调工作。在劳动争议处理过程中，第三方调解主体必须坚持以事实为依据、以法律为准绳，对所受理的劳动争议案件进行审查和处理，在查明事实、分清是非的前提下，依据法律、法规和政策的规定与集体合同、劳动合同的约定，通过说服、劝导和教育，运用调解技巧，促使双方当事人在平等协商、互谅互让的基础上自愿达成解决劳动争议的协议。

4. 三方原则

调解机构在处理劳动争议时，应尽量依据"三方原则"，即应尽量由工会代表、企业代表与国家机关工作人员共同组成调解主体。尤其是工会代表、企业代表的参与，可以从不同的角度反映劳资双方的意见和利益要求，保证调解主体在广泛、公正的基础上充分听取和反映劳资双方当事人的意见和要求，全面地、实事求是地分析争议案件，提出恰当的调解方案，防止调解工作的片面性和偏袒现象的发生，有助于使劳资双方当事人对调解的公正性、合理性增强信心，使劳动争议得到公正合理的解决，从而较好地维护当事人的合法权益。

（三）劳动争议调解协议的效力

如果劳动纠纷中涉及当事人劳动权利义务内容，经调解达成调解协议的，应当制作书面协议。如果双方当事人要求制作书面协议的，也应当制作书面协议。书面调解协议应当载明以下内容：一是双方当事人的基本情况；二是案件的简要事实、争议事项与双方责任；三是双方当事人的主要权利与义务；四是履行协议的方式、地点、期限；五是当事人签名，以及调解主持人签名，调解机构盖章等。

劳动争议调解协议既然是一种合同，就应当满足合同生效的一般要件。《最高人民法院关于审理涉及人民调解协议的民事案件的若干规定》第4条规定，只要签署调解协议的当事人具备签约能力，其意思表示是真实的，协议内容并无违反法律法规强制性规定或社会公共利益的，调解协议当然有效。除此之外，根据《劳动争议调解仲裁法》的规定，亦有其他一些生效要件，主要包括：一是除了当事人，调解员、调解组织等主体都要签名或盖章才能生效；二是签章生效。与一般的调解协议的送达签收生效标准不同，劳动争议调解协议遵从的是调解协议书由双方当事人签名或者盖章，经调解员签名并加盖调解组织印章后生效，即三方主体签名或盖章即生效。而一般的调解协议送达当事人签收后才发生法律效力，当事人拒绝签收或者签收前反悔的，调解协议不发生效力。

需要注意的是，调解协议能否得到法院的强制执行，即如果一方当事人不履行，另一方当事人是否可以向法院申请强制执行。《最高人民法院关于审理涉及人民调解协议的民事案件的若干规定》第1条明确规定，经双方当事人签字或盖章的调解协议具有民事合同性质。因此，生效的调解协议具有合同效力，当然应当得到签署当事人的履行，劳动争议调解协议也不例外。《最高人民法院关于审理劳动争议案件适用法律若干问题的解释（二）》第17条就规定，劳动争议调解协议具有劳动合同的约束力，可以作为法官裁判劳动争议案件的根据。《最高人民法院关于审理劳动争议案件适用法律若干问题的解释（四）》第4条规定，在人民调解委员会主持下，当事人仅就给付义务达成的调解协议，双方可以共同向基层人民法院申请司法确认。当然，劳动争议仲裁委员会也可以作出仲裁确认。即双方当事人可以自调解协议生效之日起15日内共同向仲裁委员会提出仲裁审查申请，仲裁委员会受理后，应当对调解协议进行审查，并根据《劳动人事争议仲裁办案规则》第54条的规定，对程序和内容合法有效的调解协议，出具调解书。也就是说，只有经过了司法确认，调解协议才具有强制执行的效力。

二、劳动争议司法调解的重要意义

劳动关系具有持续性和动态性，在其长期运行过程中，劳资双方当事人之间的矛盾不可避免。这是劳动关系内外多种因素影响的结果：第一，劳动关系的内在因素影响。市场经济下，劳动关系主体利益的独立性得以强化，这些主体利益之间存在对立统一，这是劳动纠纷不可避免的深层次内在原因。第二，劳动关系外在因素（包括法律、经济、社会、文化等方面）的影响。处于体制改革和社会转型的加速进程中的我国，市场化、城市化、工业化、信息化同步加速，由此导致劳动关系的规模不断扩大，其形式也日趋复杂，而相关的调整机制渐显滞后，司法处理能力尤其需要提升。因此，劳动争议不断出现，导致劳动关系并不和谐。既然劳动纠纷无法避免，劳动争议处理的关键就在于如何及时有效地化解纠纷，定分止争，让劳资双方尽快回归和谐稳定状态。毫无疑问，在所有的处理方式中，调解是促成当事人正确地面对并及时地弥合分歧，防止摩擦升级、争议扩大化的重要举措。设置行之有效的调解机制，就如同在利益对立的劳资双方之间设立一个"减压阀"一样，否则，一旦矛盾激化，双方的利益对立就将演变为行为上的对立与冲突，劳动关系的和谐稳定就将受到根本性的破坏。

根据《劳动法》《劳动争议调解仲裁法》等法律法规的规定，调解属于第一顺位的劳动争议处理方式。实践中，劳动争议调解以企业内部调解和外部的基层民间调解为主。[①] 然而，一方面，企业内部调解组织缺乏独立性，其虽然由职工代表和企业代表组成，即职工代表由工会成员担任或者由全体职工推举产生，企业代表由企业负责人指定，但所有人员皆来自企业内部，受制于企业，其独立性一直备受质疑，因而劳动者一般并不愿意将其争议提交企业内部调解组织；另一方面，基层民间调解组织的权威性不够，调解效果亦不太理想。

而在法院主导下的调解，具有如下特点：第一，司法调解具有一定的权威性，容易获得当事人的认可。法院是纠纷最终的裁断机关，由法院主导进行调解，当事人信赖调解协议可以得到有效执行。第二，法院可以最大限度地整合现有调解资源，通过与其他组织或机构的配合，克服单个调解组织或机构力量

---

① 侯海军：《劳动争议调解、仲裁和审判制度改革研究》，法律出版社 2011 年版，第 120 页。

不足的问题，为当事人创造一个沟通协商的平台。当前，司法调解注重与其他机构或组织的联动联调，尤其是与工会、劳动监察部门等的联合调解。这种调解的工作机制最大的优点在于可以有效弥补单个协调机制的不足，弥补法院力量的不足，实现法院、工会、劳动监察、仲裁、人民调解组织等多方面资源的优化配置。第三，克服劳动纠纷处理过程中的脱节现象。目前对劳动争议的处理可以分为企业内的处理和企业外的处理两种。内、外的处理是脱节的，企业外的各种处理也是脱节的。企业外处理可分为劳动部门的协调处理、劳动监察部门的处理、工会的协调处理、社会调解组织的调解处理、信访部门的处理、司法部门的处理、劳动仲裁委的仲裁处理、法院的诉讼处理等多个环节，这些部门和环节大部分毫无关联，各自为政，影响了劳动纠纷处理的整体效果，甚至造成了社会资源的浪费。司法调解可以将这些各自为政的调解打通，连接起来。同时，通过这种连接，可以针对劳动关系出现的一些疑难问题、重点问题，互通信息，统一执法口径和尺度，准确地运用法律法规予以结案。第四，司法调解具有较强的灵活性和追求高效、便捷的特点，法院可以发挥主观能动性，不断联调方式，尤其是通过互联网调解平台，将调解工作的触角延伸到基层的各个角落，建构起线下线上相结合的调解机制，预警与调处并行，主动排查群体性、对抗激烈的劳动纠纷，经过筛选和排查，对不同对抗程度的劳动纠纷，选择不同的调解方式，从而有针对性地应对不同类型的劳动纠纷，实现调解的高效率。

　　司法调解的重要意义可以充分体现在以下案例中。位于广州的某公司是我国液态船制造商。2017 年 5 月，该公司启动产能转移搬迁工作，8700 余名员工面临分流安置问题。因存在居住点与工作点相距甚远而不接受换岗、搬迁补贴不到位等，大量员工可能不愿跟随企业搬迁，极易引发群体性劳动纠纷。为此，广州法院为维护社会稳定，避免造成社会波动，在诉前就介入，深入调研企业状况，全面掌握该公司搬迁所涉 8700 余名员工的情况，科学研判员工的司法需求，推动出台员工安置整体方案。积极对接工会、人社部门，召开座谈会，形成劳动纠纷预防与化解联动合力，向员工和企业提供法律咨询和建议。其中，针对要求解除劳动合同的 1400 余名员工，协助该公司制订"协商解除劳动合同协议书"模板，派驻法官现场办公，专设"法院窗口"，成立专门合议庭派驻现场办公，及时释法疏导，就地化解矛盾，防范维稳隐患。同时，以笔录形式固定"协商解除劳动合同协议书"，依法审查并确认协议书合法性。

　　这种司法提前介入，实质上就是一种法院功能的合理延伸，即法院本是形式审判权的部门，通过审判权来解决社会矛盾。然而，法院不能仅仅局限于审判与执行，而必须以社会主体的角度灵活运用司法权威性，在其直接功能上进一步延伸其他功能，弥补多元化纠纷解决机制的不足，促进公平与正义。尤其是法院在处理纠纷中具有绝对的权威，在多元纠纷解决机制中，法院可以利用这一权威优势，通过司法确认、司法评估等方式衔接诉讼解决方式，提高可执行性。法院参与调解所具有的协调、引导作用，可以提高调解的效率。

三、我国劳动争议司法调解的现状与问题

我国民事诉讼制度仍具有浓厚的官本位思想，只把民事诉讼看作法院代表国家行使审判权的行为。[①] 实际上，司法调解虽然是法院行使审批权的其中一种优先程序，但司法调解不应仅仅局限在诉讼中。根据最高人民法院的《关于健全诉讼与非诉讼衔接的矛盾纠纷解决机制的若干意见》《关于深入推进矛盾纠纷大调解工作的指导意见》《关于扩大诉讼与非诉讼相衔接的矛盾纠纷解决机制改革试点总体方案》《关于全面推进人民法院诉讼服务中心建设的指导意见》《关于开展律师调解试点工作的意见》《关于适用简易程序审理民事案件的若干规定》《关于人民法院民事调解工作若干问题的规定》《关于进一步发挥诉讼调解在构建社会主义和谐社会中积极作用的若干意见》《关于进一步贯彻"调解优先、调判结合"工作原则的若干意见》《关于人民调解协议司法确认程序的若干规定》《关于人民法院特邀调解的规定》等司法解释，法院正试图从多方面加强司法调解，构建司法审判中的大调解格局。

（一）劳动争议诉前联动联调机制

源于"大调解"理念的扩展，建立主动应对和处理劳动争议的诉前联动联调机制，成为当下的热点。民间劳动争议调解的失效、劳动争议仲裁未能有效化解纠纷以及法院的案多人少，使得劳动纠纷发生后常常未能及时有效地得到解决，危及劳动关系的和谐与社会的稳定。此时，由某一机构牵头，并会同劳动争议处理的其他有关机构，来共同处理劳动争议，这一新型的部际联合协调机制谓之"联动联调"。这本是为了配合我国社会治安综合治理的维稳工作、减少信访案件而出现的，兼具政治性和法律性的特点。一般的参与者包括劳动与社会保障部门、劳动争议仲裁委员会、人民法院、司法部门、公安部门、工会组织、雇主联合会等。[②] 诉前联动联调主要表现为两种形式：一是当

---

① 卢腾达：《民事纠纷调解前置程序的法律规制研究——以上海法院诉调对接的"先行调解"模式为样板参考》，载《时代法学》2018 年第 2 期。

② 孙晓萍、吴式兵：《劳动争议联动联调机制探微》，载《广东外语外贸大学学报》2010 年第 4 期。

事人向除法院之外的联调成员单位（例如基层行政机关、街道人民调解委员会、行业协会等）申请调解；二是当事人到法院起诉，在立案前选择诉前联动联调方式，由法院委派调解员或调解组织进行调解。这种调解侧重于联合司法机关、行政机关、社会组织和法律专业工作者的优势和资源，进行集中调解，是一种调解工作的协同机制。

诉前联动联调的优势主要在于：一是劳动争议案件日益复杂化，牵涉面较多，常常涉及不同的部门，需要各相关部门协调配合、共同处理劳动争议。如果各部门仍然在传统的条块分割下各自为战，无法形成共力，不利于劳动争议的最终解决。而在劳动争议联动联调下，整合了各种力量，调动了一切可资利用的因素，采取各种综合手段，可以尽快平息劳资争议。二是劳动争议联动联调机制具有的灵活性、便捷性、全局性，使各参与机构可以充分发挥主观能动性，在不同的劳动争议中创新联调模式，并可以根据案件需要而组合不同的参与机构，例如，组建三方联调、四方联调等，也可以根据案件的对抗程序确定不同的调解方式，例如居中斡旋、强制协商、代垫付、强行干预等，保证联动联调的主动性。

法院作为诉前联动联调的主导者或者参与者，已经在实践中取得一定经验。在诉前联动联调机制中，法院参与调解可以视为司法调解的提前介入。一些法院构建了颇具特色的诉前调解机制，即在法院主导下，建立劳动争议调处中心，负责调处以下劳动争议案件：一是劳动仲裁申请前的调解；二是当事人自愿或经法院商请的诉前劳动纠纷案件的调解；三是基层调解组织移交的重大、疑难劳动纠纷的调处和指导。同时，法院可以制定以下调解程序：第一，法院委托调处中心调解案件时，应向调处中心出具书面调解委托函，并随函移送纠纷相关材料；调处中心接到材料后，应对纠纷简要情况进行登记备案，并指定调解人员。第二，调解人员接受指派后，审查纠纷相关材料，自行确定或在法院指导下确定调解方案。第三，法院委托调解的案件，调处中心一般应于15日内调解完毕，有特殊时间要求的，法院应在调解委托函中注明。第四，调解结束后，调处中心应及时向法院通报调解情况和结果。调解成功并经双方当事人协商一致达成调解协议的，当事人请求法院确认调解协议效力的，经法院审查符合法律规定的，确认调解协议的法律效力。调解不成的，应向当事人出具调解终结书。第五，当事人持调解终结书起诉的，法院应当及时审查，给予立案或裁定不予受理。对于立案受理的纠纷，调处中心前期审查的证据，可作为诉讼阶段的相关证据材料使用，从而解决诉调之间的证据衔接问题，也可相应减少诉讼阶段的证据审查的工作量。

2011 年，广东省综治委、广东省高级人民法院联合印发了《关于建立诉前联调工作机制的意见》，尝试构建劳动纠纷诉前联调机制，成立一个"横向到边、纵向到底、上下联动、权责明确"的联动联调网络，并具体制定了"联合办公、联合接案、联合调处"的制度和工作指引，各部门进行分工合作、各司其职，形成各方联动、合力调解的态势。① 这种联动联调网络，整合了各部门（包括公安、国土、工会、工商等部门）的调解资源，再通过具体的制度设计，有效地联动各部门、组织调处劳动纠纷。当前，广东省已经建立的以法院为主导的联动联调工作机制形式多样，包括了司法确认室、诉前联调工作室、流动法庭、劳动争议诉前联调中心等，多方位地开展劳动纠纷诉前联调。②

四川成都市中院与市人社局、市司法局等六家单位联合发布了《关于构建成都市劳动争议纠纷联动化解工作机制的意见（试行）》，探索建立党委领导、政府主导、工会协同、社会参与、司法助推的劳动争议纠纷联动化解工作机制，从源头上预防和减少劳动争议。主要措施包括：第一，将企业劳动争议调解委员会调解、工会调解、行业调解、人民调解、行政调解、仲裁调解、法院调解七类调解之间互联互通，打造共治共理的"七位一体"的劳动争议纠纷调解机制；第二，通过纵向到底的方式指导企业、街道、行业的基层调解组织，提前介入、调控，从源头上预防和减少劳动争议；第三，通过对企业劳动关系状况、职工权益维护情况进行预警监测，参与企业制定和修改涉及劳动者利益的规章制度，切实落实职工对涉及自身利益的重大问题的知情权、参与权和监督权，对可能引发劳动争议的不稳定因素进行分析研判。

江苏省高院与省人力资源社会保障厅、省劳动仲裁委、省总工会联合制定的《关于建立劳动人事争议联动化解机制的意见》指出，应当建立人民调解、行政调解、仲裁调解、司法调解等多部门的联动工作体系和诉调对接机制。同时，江苏省高院与省总工会联合选聘了 300 余名工会特邀调解员，参与劳动争议案件的调解工作。无锡、常州、扬州、淮安等中院分别与当地人社局、仲裁委、总工会等机关联合出台建立劳动争议联动化解机制的意见，建立完善多渠道的劳动争议调解体系，打造出具有地方特色的劳动争议联动调处机制。

在诉前联动联调中，各方主体的预期与付出是不一样的。首先，对于当事人来讲，其预期收益是可以在更为平和的氛围中解决纠纷，且这种解决方式可

---

① 广州市法学会：《市调解办、市法学会联合探讨建立劳动纠纷联动联调机制》，http：//www.gzsfj. gov. cn/fxyd/hydt/t20090702_ 6592. htm，2015-07-02。

② 肖伟、关壮：《诉前联调：和谐语境下的多元纠纷解决机制——以广州市两级法院诉前联调工作为样本的考察》，载《法治论坛》2012 年第 4 期（第 28 辑）。

以节省大量的诉讼成本，如果调解成功，可向法院申请出具有强制执行力的法律文书，使执行有保障。同时，也会面临一定的风险，即诉权可能被隐性侵犯，且参与调解存在耗费人力、物力、时间成本等问题，且调解失败可能导致其自身合法权益持续受损。其次，对于地方政府来讲，其预期收益是可以完成一项维稳政治任务，可以有效减少群体性案件和信访案件，使得社会稳定得以实现。而其面临的成本主要是，需要为诉请联动联调的人、财、物的配备提供财政支持。再次，对于法院而言，其预期收益是可以减轻劳动争议的办案压力，推动司法审判的结案率和调撤率的提高，减少群体性诉讼案件的发生。而其需要付出的成本在于，需要为辖区内的诉前联调单位提供法律专业支持的费用，及承担年度诉前联调工作培训的大部分费用。最后，对于其他的诉前联调单位来讲，也可以完成综治维稳工作，减少社会纠纷，有利于辖区内的社会稳定。其不利的方面在于，这些单位都为此而承担较大的工作压力，而且，调解失误导致的被追责的风险也是存在的。总体而言，在实践中，诉前联动联调力求化解调解在劳动争议处理中的尴尬境地，改变调解成功的案件数量与比例远远未达到制度设计预期且调解早已被边缘化的现状。[①]

（二）劳动争议诉调对接机制

所谓诉调对接机制，是指在法院的主导下，在司法行政机关和社会调解组织的参与下，以司法诉讼为中心，以纠纷当事人自愿选择为前提，通过协商、谈判、调解等非诉讼方式解决纠纷的机制。[②] 根据《最高人民法院关于健全诉讼与非诉讼衔接的矛盾纠纷解决机制的若干意见》的规定，诉调对接是诉讼与仲裁、行政调处、人民调解以及其他非诉讼方式的一种衔接机制，即在法院主导下，固定联合某些部门或机构来共同对劳动争议进行调解。

在广州，截至 2018 年末，广州市所有的基层法院以及广州市中级人民法院都已相继成立了劳动争议诉调对接工作室。在这种劳动争议诉调对接机制中，法院是劳动争议调解的主导者，固定的参与者为对应的各级工会组织。广州市中级人民法院与广州市总工会对应，基层法院与各区一级总工会对应。诉调对接工作室可以设在法院，也可以设在工会，目前基于便利的考量（即当事人在起诉立案之后就可以马上就近去诉调对接工作室），将工作室设在了法院的诉讼服务中心内。调解人员主要由法院和工会指派，其中，工会所派驻的调解员主要由工会法律服务团队的律师担任，并由这些调解员对案件提供调解、咨询、出具协议书等无偿服务。如果调解成功，则由法院出具调解书，对

---

① 侯海军：《劳动争议调解、仲裁和审判制度改革研究》，法律出版社 2011 年版，第 97 页。
② 赵旭东：《诉调对接的理论探索》，法律出版社 2015 年版，第 23 页。

劳动争议案件予以结案处理。据统计，不到一年时间，广州市已有近百名工会律师每周定期在劳动争议诉调对接工作室开展调解工作，提供法律咨询服务的案件272宗，参与调解劳动争议案件22宗，挽回劳动者经济损失共105余万元。

诉调对接中的调解，又可以分为委派调解、委托调解和协助调解三种形式。法院与工会联合制作的《广州市劳动争议诉调对接工作指引手册》《劳动争议诉调对接工作指引》中，详细介绍了劳动争议纠纷案件申请调解准备资料、三种劳动争议调解方式流程图、各劳动争议诉调对接工作室信息以及广州市劳动争议诉调对接工作室特约律师等，当事人可以通过阅读这些资料了解申请调解所需的材料、选择合适的法院以及自愿选择律师。具体的程序如下：法院在收到当事人提交的劳动争议案件材料后，首先对案件进行甄别，认为适宜在诉前进行调解的纠纷案件，法院应对当事人做诉前引导工作。换句话说，就是有可能"庭外和解"的纠纷案件，可以用庭外调解的平和方式解决问题，没有必要非"打官司"不可。如果当事人同意庭外调解，法院则将案件委派给工会备案的劳动关系协调员、调解员、工会律师等进行调解。在调解过程中，当事人双方达成调解并签订调解协议书的，可申请法院予以确认并可申请法院强制执行。如经调解仍不能达成调解协议的，法院才立案审理。如果当事人不同意庭外调解或法院甄别认为不适合诉前调解的劳动争议案件，则由当事人向法院起诉。即使是法院立案，在征得各方当事人同意后，法院也可委托工会备案的劳动关系协调员等进行调解，或邀请工会派员协助审判组织进行调解，调解不成的再由法院审理。需要注意的是，诉调对接的主要职能除了调解之外，还有为当事人提供免费劳动法律咨询服务，还参与涉诉信访化解，诉后为当事人提供心理疏导、释法疏导等服务。

可见，作为一种紧密型司法ADR模式，在诉调对接中，由法官与调解员组建若干个调解团队，法官负责指导调解员的工作。调解成功则由法官进行司法确认；调解不成，由法官利用调解过程中查清的事实和固定的证据，快速进行裁判。这种方式有诸多优点：第一，可以优化提高法官办案的效率，有效缓解案多人少的窘境，相当于组建了"1+N"个法官办案团队。第二，可以对劳动争议案件进行初步审查，调解员可以根据案件的事实关系、难易程度、当事人意愿等因素，将案件划分繁简，达到案件繁简分流的效果，其中简单案件通过诉前调解与速裁审判予以解决。① 第三，提高调解效率。根据《民事诉讼

---

① 李旭辉、胡小静、谢刚炬：《"多元调解+立案速裁"的紧密型司法ADR模式探索——以北京市22家中基层法院的改革实践为视角》，载《人民司法》2018年第1期。

法》的规定，当事人经过调解组织调解后，可在 30 日内向法院申请确认调解协议的效力。一般情况下，当事人不仅需要费时费力，还可能出现反悔的情形，导致调解协议不能被司法确认。而在法院内部诉调对接中心进行的调解，如果调解成功，可以马上进入司法确认程序，实现调解与确认的无缝对接，为当事人申请司法确认提供便利。

（三）在线劳动纠纷调处机制

在网络化社会下，借助互联网技术构建网络化的劳动纠纷解决机制势在必行。线上劳动纠纷调处平台（ODR），是指由法院组建和负责平台运行，并组织实施线上运行工作方案，引导适合线上解决的劳动纠纷到平台上解决的一种纠纷解决机制。

线上劳动纠纷调处平台的运行，需要解决如下问题：第一，线下调处机制与线上调处机制的结合问题。线下调处与线上调处各有优劣。线下的面对面调处可以形成一定的氛围，如果调解员具有一定的亲和力和感染力，可以更好地帮助当事人达成调解协议。线上的非面对面则具有效率高、成本低、方式灵活等优势。因此，线下调处与线上调处相结合是必然的选择。只是，一些案件可能更适合线上调处，这样，线下的引导就非常重要。一些法院构建了"线下引导与线上分流相结合"机制，通过诉前劝导、诉讼引导、法律指导、信访疏导等方式，引导当事人进行线上调解。第二，线上调处网络分布广泛。如果线上调处网络分布不广，当事人难以接触，或者接触非常不便利，则必将影响当事人通过线上调处的热情。一些法院将线上劳动纠纷调处平台与各调解组织建立在线对接，并与移动法院系统实现数据共享、业务无缝对接，对在各调解组织实施的劳动争议调处进行网上委派、网上指导调解、网上司法确认，做到线上争议调处的广覆盖。第三，线上调解程序完备。由于在线上调处中，参与者无须会面，而是利用平台的诸项功能进行解决纠纷的信息传输、交流、沟通，最终达成协议并获得司法确认，因而程序的完备和合理有助于保障各当事人的权益。因此，当事人身份确认、调解愿意的确认、调解启动、调解员的选择、沟通协商的基本要求、调解协议的电子签名以及调解不成的后续处理等程序，都需要明确规定。例如，一些法院规定，进入 ODR 平台在线调解的案件，可以是当事人自行申请的，也可以是经过调解机构登记的，或者是法院引导的案件。经过调解失败的案件，当事人可以在平台上点击"申请诉讼"，案件就会跳转到网上立案系统。当然，当事人进入 ODR 平台后，也可以直接通过诉讼解决纠纷，直接进行相应的网上立案操作即可。只是当事人如果同意诉前调解的，案件信息将自动导入 ODR 平台，由平台进行诉前委派调解。在这一过程中，平台管理员对在线引调案件进行初步筛选，将适合做诉前调解的案件进行批量"导入系统"操作。管理员决定将纠纷分流的，将在案件转移前与所选调解机构管理员取得联系，确定所选机构同意接收案件，接收纠纷的调解机构不得将纠纷再次分流。①

四、我国劳动争议司法调解制度的完善

1. 司法权主动介入与被动介入的选择

法国学者托克维尔就曾说过，司法权自身不是主动的，你只有请求它的时候，或只有在审理案件的时候，它才采取行动。② 司法机关不能过多介入社会生活，司法权必须遵循"不告不理"原则，具有被动性的特征，而且，司法权的行使必须依照法定程序，有其固化的操作模式。

劳动争议司法调解，是在司法审判过程中由法庭开展的调解工作，同样具有被动性的特征。根据我国《民事诉讼法》的相关规定，调解应贯穿于整个民事审判过程，力求调解结案，化解当事人的矛盾与纠纷。然而，司法调解的被动性和滞后性显而易见，当事人已经诉诸司法途径对簿公堂，可能更愿意接受法庭的判决而不愿轻易妥协，因而调解的难度加大，效果常常不尽如人意。

在非由法院主导的大调解下，要求法院主导介入，一直存在较大质疑。法院主动参与调解（也就是当事人还未诉诸司法途径的劳动争议）的优点在于，法院在处理劳动争议案件中具有绝对的权威性，因而对于当事人尚未进入司法诉讼途径的劳动争议，法院在调解中表现出来的态度，将对劳动争议调解的顺利进行发挥非常大的作用。在法官已经清楚表明立场和态度的情况下，当事人自然会明白，即便案件最终诉诸法院，也将获得如此处理的结果，这种预期将直接影响当事人是否同意达成调解协议。但是，法院的这种前期介入也将导致一种程序上的不公正，使得当事人失去了法律救济的最后一道屏障。法院本为一切纠纷的最终解决者，任何当事人都可将其纠纷交由法院作最终裁决。如果法院过早介入，将导致当事人可能丧失或部分丧失诉讼救济途径，导致不公平的结果。法院的提前介入，但不是正式的司法审判，当事人如果违反法官的意愿而不愿接受调解协议，会使当事人无法享有完整的司法审判程序和公正对待。况且，我国相关法律对法院的各种司法权行使行为都作出了强制性的规

---

① 朱继萍、梁凯凡：《"诉调对接"的"枫桥经验"及其在新时代的创新发展》，载《人民法治》2019 年第 4 期。

② ［法］托克维尔：《论美国的民主》（上卷），董果良译，商务印书馆 1991 年版，第 136 页。

定，任何于法不合的司法权行使行为都是违法行为。我国法律并未允许法院可以不经当事人提告即先行介入案件处理。

纵观其他国家的司法调解，都是严格遵循被动调解的原则。例如，在德国，受理各类劳动争议的为劳动法院。[①] 无论是基层劳动法院、地方劳动法院，还是联邦劳动法院，法院参与劳动争议调解的条件必须是当事人起诉才可。根据《德国劳动法院法》的规定，劳动法院受理雇员起诉雇主的案件后，应当安排职业法官在一定期限内主持调解审理，并要求，应在各个审级加快劳动法院的诉讼程序，此外在一审判决和裁定程序前，必须经过调解。[②] 同时，即便法院第一次调解失败，在继续审理的过程中，法院仍应力求以调解的方式解决劳动争议。如果是企业职工委员会与雇主发生争端，在进入裁定程序之前，应确定一个期限促成双方和解。[③]

因此，司法调解应以被动为其基本原则，以主动为其例外。在具体适用范围上，法院提前介入的情形仅包括以下事项：第一，在相关法律、法规、部门规章、司法解释等的适用方面，法院与其他组织或部门进行协调，统一纠纷处理的法律依据，而不应当在实体处理方面预先作出裁断。第二，在法院系统之外进行调解。法院在受理劳动案件时，认为可以通过调解解决的，可以向其他协调中心发出调解委托函，协调中心随即连同法院开展调解工作，调解不成的案件再由法院立案审理。

2. 诉前联动联调机制的改进

第一，联动联调的"调"字不仅应理解为"调解"，更应理解为"协调"。[④] 调解是劳动纠纷已然生成后所实施的行为，而协调涵括了调解的意思，亦有预防之义。在劳动争议由潜伏到萌芽、到公开、到激化的过程中，协调的工作重点应当尽可能往前移，且各阶段的协调工作应当有所差异，即在潜伏、萌芽阶段的工作应定性为预防争议，在公开后激化前以促使当事人协商解决为主，在激化后则以调解为主。法院主导下的联动联调，不应是法院对案件的提前介入，而更多是预防纠纷的发生，在劳资双方之间搭成一座沟通交流协商的桥梁，在源头上控制争议的发生，化解劳动纠纷于萌芽状态。这既不与现行的司法权被动行使的规定相违背，也有利于社会成本的节约。

第二，法院主导的联动联调，既要协调劳动法意义上的劳动关系，也要协

① 杨燕绥：《新劳动法概论》，清华大学出版社 2008 年版，第 270 页。
② 章武生、张大海：《论德国的起诉前强制调解制度》，载《法商研究》2004 年第 6 期。
③ ［德］沃尔夫冈·多伊普勒：《德国雇员权益的维护》，唐伦亿、谢立斌译，中国工人出版社 2009 年版，第 133～136 页。
④ 当事人协商解决，可分为自行协商解决、促使协商解决和主持协商解决（即调解）。

调非劳动法意义上的劳动关系。我国劳动法律、法规、司法解释等对于应受到法律调整的劳动关系作出了列举式的规定。然而，随着劳动力市场的发展，劳动形态的不断多元化，灵活就业所占比重加大，一些不受劳动法律调整的劳动关系其重要性日益增长，对社会稳定的影响也日益加强。这些劳动关系主要集中于特殊劳动关系领域，[①] 例如，实习生、学徒工、退休返聘人员、自雇工、家庭工、推销员、境外人员等。这些劳动者的数量较大，是影响整个劳动关系稳定的重要因素。联动联调并不是严格意义上的司法程序，就不应局限于劳动法律的严格限制，应尽量扩大协调范围，从而尽可能最大限度地维护劳动关系稳定以及社会稳定。

第三，健全联调风险告知制度。在劳动争议发生之后，劳资双方，尤其是利益受损一方，通常希望在短时间内解决争议。劳动者正是带着这种急迫心情而寻求司法机关的救济。诉前联调向当事人显现出的不收取费用与流程快速的第一印象，极易误导当事人武断选择这种方式来解决纠纷。然而，在诉前调解失败或达成的协议存在无效或可撤销的情形下，当事人因参与调解耗费了不少的时间、精力、财力，自身权益持续受损，严重背离当事人的心理预期。因此，在诉前联调程序启动前，不能让当事人只看到诉前联调的优点，还应当通过风险告知书等书面方式，辅以法院工作人员的口头释明，让当事人充分了解诉前联调存在的风险与不利后果。

第四，建立程序启动与调立适度分离。法院作为司法审判机关，本职工作是严格依照当事人的诉讼请求进行审理和裁判，这种审判是具有被动性的，因而，站在保护当事人诉权并充分尊重当事人意愿的立场上，法院不适宜在立案之前亲自对当事人起诉的案件进行甄别，并向当事人建议采取诉前联调。在全国各地法院以立案庭为基础建设诉讼服务中心的背景下，可以考虑在诉讼服务中心的窗口设立诉前联调窗口，该窗口工作人员应由法院以外的其他联调单位的调解员组成，例如可由司法部门派出。当事人到法院立案庭起诉时，可由诉讼服务中心的导诉人员接待，对于适宜进行诉前联调的案件，由导诉人员给予相关指引，当事人自主决定是否选择诉前联调。如果当事人选择诉前联调，可以再到诉前联调窗口进行咨询，由窗口工作人员向当事人释明诉前联调的相关流程、当事人的权利义务、优缺点等。当事人最终选择诉前联调的，经提交诉

---

① 严格意义上来讲，特殊劳动关系并不是劳动法上的法律术语，而是泛指那些在主体、用工形态、从属性程度等方面比较特殊的劳动关系，以区别于那些劳动者直接受雇于雇主，在雇主的直接指挥、监督下从事职业劳动，企业对劳动要素进行全过程的组织、管理的常态的劳动关系，并且在劳动时间、劳动报酬、工作场地、保险福利、劳动关系等几方面或至少一方面具备一定的特殊性。

前联调申请书并在告知书上签字的，诉前联调程序就启动。如果当事人坚持起诉，可直接到立案窗口提交起诉材料。

第五，完善诉前联调与诉讼的程序衔接。法院应当保障诉前联调机制与诉讼制度的衔接。为此，需要做到以下两点：一是诉前联调期限的规制。关于诉前联调期限，各地发布的联调工作细则中的规定存在不一致的情形。例如，江苏省高级人民法院《关于诉前调解工作的若干意见》规定的诉前联调期限为20日，从当事人同意诉前调解之日起计算。广州市则规定为受托之日起15日内完成。实际上，最高人民法院《关于人民法院特邀调解的规定》规定，法院委派的调解，其期限为30日。最高人民法院、司法部《关于开展律师调解试点工作的意见》规定，律师调解的期限为30日。《广东省实施〈中华人民共和国人民调解法〉办法》规定，人民调解委员会调解纠纷的，一般应在受理后30日内调结。这些司法解释和指导性文件所规定的30日较为妥当。因为期限过短，不利于调解员充分开展其调解工作，也无法给予当事人充分时间作出权衡、妥协。当然，期限过长，也不利于保护利益受损一方寻求其他救济途径，纵容加害方。二是调解期限不应纳入立案审查期限。我国法院采取立案登记制度，立案庭有7天的立案审查期限。在30日甚或更长的诉前联调期限下，如果调解期限被计算在立案审查期限之内，则会出现"立案审查期限已过，应当立案，与调解程序仍在进行中"的冲突。三是诉前联调能够引起诉讼时效的中断。当事人主张权利的方式多种多样，除了提起诉讼这一途径外，还包括寻求行政干预、申请仲裁、由调解机构调解、向对方发送主张权利的通知等方式。这些方式均应当产生中断诉讼时效的效果。因此，从当事人向联调单位提起调解申请之时，诉讼时效中断。实践中，调解员接收到当事人的申请书时，应当向当事人出具接收凭证。

3. 调解自愿原则下"柔性强制"制度的构建

所谓自愿原则下"柔性强制"制度，也就是说，虽然遵循调解自愿原则，允许当事人自愿将案件交由调解主体进行调解，但对于拒绝调解且最终败诉一方，应对其课以一定的惩戒责任。调解虽然需要遵循自愿原则，但完全任由当事人意思自治，则当事人必然在是否选择调解程序时以自己利益最大化作为考量标准。例如，在明显违反法律法规政策的情况下仍然拒绝调解，当事人可能仅仅是为了拖延时间以期逃避责任承担，属于浪费司法资源的行为。因此，当事人虽然有自愿调解的权利，但如果不愿调解一方为最终败诉一方，则其除了承担原本应当承担的责任之外，还应当承担诸如支付更多诉讼费的责任。例如，《香港调解条例》在某种程度上就体现出调解的"柔性强制"特征。根据《香港调解条例》规定，在案件进入诉讼程序前，法庭有义务通知当事人并鼓励当事人通过调解解决纠纷，如果当事人以不合理理由拒绝调解或没有任何理由拒绝调解，且其最终败诉，则该当事人需要承担不利的后果，例如承担更多份额的诉讼费。

当然，这种做法存在一定弊端，即有不当阻遏当事人依循诉讼途径解决争议的可能。这是因为，当事人并不能够清晰了解司法审理过程及其内在机理，也无法准确预判司法审理的结果，尤其是一些案件本身就对于一些事实争议较大，或者在法律适用时呈现出模棱两可的状态，就更增加了当事人判断的难度，因而要求每个当事人都像法官一样对案件事先作出准确判断并不必要，也不可行。因此，当事人如果判断不准而导致对审判结果过于乐观，则可能拒绝调解，却因此而可能需要承担更高的诉讼费，这对其并不公平。进而，当事人在法庭上被要求调解的情况下，可能会慑于高昂的诉讼费而被迫答应调解，并被迫在调解过程中作出让步，这种做法违背了自愿原则。

笔者认为，与其弊端相比，"柔性强制"亦有合理性，有必要在自愿调解基础上增加一定的强制性。主要理由在于：一是完全的纯粹的自愿，不可避免导致调解效率较低，进而浪费司法资源。因而，有必要给自愿原则辅以一定的加重责任。二是将"柔性强制"限定在合理的范围内，并不会导致不当阻碍当事人诉诸诉讼的后果。这种合理限定主要包括：事实清楚，即对案件的主要事实不存在争议；证据确凿，即证据交换中当事人对证据基本没有异议；法律适用简单，即对所适用法律不存在分歧或争议的情形。符合这种情形的案件，当事人没有合理理由拒绝接受调解的，应当属于适用"柔性强制"的范畴。

还有一个问题需要注意，即在事实清楚、证据确凿、法律适用简单的情况下，当事人虽然同意调解，但在调解中却坚持自己的主张，不愿做任何妥协和让步，尤其是当事人的行为本身明显属于违反劳动法律法规的行为时，仍然不愿达成调解协议。这种情形应当属于调解中的非诚信行为，视为不愿调解，可以按照上述"柔性强制"的规定处理。

4. 司法程序的刚性化与调解的弹性化的冲突及其解决

调解应以柔性手段让双方当事人心情平和地协商沟通，让双方清楚对方的需求和利益，尤其是要有一个让当事人宣泄不满的渠道，以便作出妥协，及时达成协议。因而，调解一般不依赖于僵硬的程序性规定，也无须繁杂的条条框框。

然而，我国的各类劳动争议调解都有一定的程序性规定，包括申请程序、受理程序、调解前准备程序、实施调解程序、调解协议执行程序等。例如，发生劳动争议，当事人可以口头或者书面形式向第三方调解组织提出调解申请。申请内容应当包括申请人基本情况、调解请求、事实与理由。口头申请的，第三方调解组织应当当场记录。第三方调解组织接到调解申请后，对属于劳动争议受理范围且双方当事人同意调解的，应当在 3 个工作日内受理。对不属于劳动争议受理范围或者一方当事人不同意调解的，应当做好记录，并书面通知申请人。第三方调解组织调解劳动争议，应当自受理调解申请之日起 15 日内结束。但是，双方当事人同意延期的可以延长。司法调解更因其属于诉讼程序的一部分，更具有刚性。这种程序刚性与调解的弹性存在一定矛盾。

调解为非诉讼纠纷解决机制，本来无须复杂的程序性规定，更无须规定刚性的调解员与第三人都必须遵守的程序，而应由调解主体按照实际情况自由发挥，以解决纠纷为宗旨，以达成协议为目的。因此，刚性调解程序与弹性的调解必然存在一定的冲突。例如，《香港调解条例》仅规定了调解的基本原则，对调解程序等没有进行详细规定，其目的是保证调解程序的灵活性。虽然具体的调解无需规定刚性的程序，但是，调解主体的组建、调解的启动、调解员的选任、调解期限等有必要通过程序予以明确。这种刚性的程序规定是为促进调解功能和效率最大化以及维护调解秩序所制定，与具体调解时的弹性与灵活并不矛盾。而且，在劳动争议司法调解中，程序尚不够刚性，有必要完善。

5. 诉调对接的问题及其解决

诉调对接近些年刚刚在各地法院开始试行。目前诉调对接最大的问题是调解的效率问题。主要包括：第一，法官的重复劳动。对劳动争议的调解就是一个熟悉案情的过程，提前介入劳动争议的法官，与之后进入诉讼程序的法官如果不是同一人，则会导致法官劳动力的重复使用，在法官人数与案件数量本来就存在较大矛盾的情况下，明显属于司法资源的浪费，造成司法效率低下。第二，调而不结，延长案件的积压周期。案件进入诉调对接中心，此阶段属于诉前调解阶段，不计入审理期限，在法官案多人少的情况下，这就会造成法官可能会有意拖延调解进入诉讼程序的时间。如果调解不成，即便当事人有强烈的寻求审判的意愿，法官也可能不愿审理该类案件，或者将该类案件排在后面，使得案件的处理周期大大延长。第三，诉调对接程序不规范使得调解效率较低。规范的程序有助于提高效率，然而，诉调对接中心的职能不清晰，定位不准确，不同法院的具体运作规则和操作流程差别较大，某些法院经常修改相关规则，不仅会让外来的当事人无法清楚获知，也将导致法院内部的工作人员缺乏明确的指引。例如，诉调对接中心最初可以决定案件是否适用公告送达并审理公告送达的案件，后来变为无权决定案件是否适用公告送达，最后变为只进行两周的诉前调解工作，不管案件是否送达、调解成功，均将案件移转到业务庭处理，如果案件已经调解成功，法院工作人员有权决定让当事人申请司法确认或将案件转立为普通民事案件，适用简易程序出具调解书结案。再如，调解不成功的案件转为诉讼的衔接程序，虽然最高人民法院规定了法院委托调解的期限与调解不成功移送案件材料至审判庭的期限，但是未规定如果调解不成功，审判庭接收案件材料后正式立案的期限，因此，会出现"调不成、案不立"的局面。①

因此，有必要在以下几方面予以完善：第一，参与调解的法官应为案件审判法官，即调诉结合。这样既可以避免法官的重复劳动，也可以杜绝法官积压案件。第二，明确法院接收案卷材料后的正式立案期限。可以规定案件从"预登记"到正式立案的最长期限，也可以规定法院接收调解不成功的案件后正式立案的期限，避免"以调代拖"，防止案件在诉前调解阶段被长期积压。第三，提升诉调对接工作效率。应保障坚持调解自愿原则，确立当事人接受调解的选择权，如果当事人不愿意调解，案件分流室应当及时将案件正式立案并移送到审判庭进行审判。同时，明确规定诉调对接的具体程序，使法院的诉调对接工作更加规范化、专业化，缩短送达期限和法官办案周期，让诉调对接中心工作人员拿出更多的时间和精力去开展案件的"诉"与"调"及"繁简分流"工作，专司其职，保障诉调对接的有效展开。② 第四，无争议事实的证据作用。当调解不成时，当事人对于一些没有争议的事实，可以在征得双方当事人同意的情况下，将其记载下来并作为今后审判的证据使用。第五，建立调解的流程规范，提高调解效率。对于立案部门初步审查程序、调解告知程序、委派调解程序、未调解成功转立案程序都作出明确规定。例如，明确规定调解期限为3个月，如果调解不成功，当事人可据此得到调解失败证明而获起诉资格。③

6. 三方原则在劳动争议司法调解中的适用

通过政府、雇主组织、工会这三方就与劳动关系相关的社会经济政策、劳动立法、劳动标准等问题进行对话、协商、谈判的机制谓之三方机制。④ 可见，三方机制的主要功能即是对话、协商、谈判。在三方机制中，各方都可以展开谈判，各方都可以阐明自己观点，听取其他方的意见，如遇意见不一致，可以反复磋商，最终取得一致意见。因此，由三方出面进行协商，是现代社会调解劳资矛盾，化解劳资冲突的较好方法。可见，三方原则已经成为劳动关系领域的重要原则，适用于劳动关系各领域，也应包括劳动争议处理领域。

---

① 张盟：《提升我国法院诉调对接工作对策研究》，载《菏泽学院学报》2018 年第 6 期。
② 张盟：《提升我国法院诉调对接工作对策研究》，载《菏泽学院学报》2018 年第 6 期。
③ 章武生、张大海：《论德国的起诉前强制调解制度》，载《法商研究》2004 年第 6 期。
④ 张荣芳、王桦宇：《劳动关系中的"三方机制"研究》，载《珞珈法学论坛》2005 年第 4 期。

劳动争议司法调解既应遵循自愿原则，也要倡导主体原则，即当事人可以自主决定何种调解方式，何种调解程序。其中，在劳动争议司法调解中引入三方机制，是提高调解效率的有效途径。在日本，由于私力劳动争议解决机制所起的作用并不明显，反而政府在其中发挥着至关重要的作用。因此，《日本劳动关系调整法》所规定的劳动争议调解制度，就是基于三方原则而设的处理模式。① 日本的劳动委员会是参与劳资纠纷调停和仲裁的机构，劳动委员会中又设有特别调整委员会和调停委员会。特别调整委员会由劳动大臣和都道府县知事设置在中央和地方劳动委员会中，并且由劳、资、公益方三方代表组成。劳方代表由工会推荐，资方代表由雇主推荐，公益方代表来自律师、大学教师、各界权威人士和离任或退休干部等，经劳动委员会的雇主委员和职工委员同意后任命。在司法调解中，所体现的三方原则并非一定要政府、工会、雇主组织皆来参与调解，而是指劳动者代表与用人单位代表参与进来，在调解方的主导下，对当事人进行劝解和沟通，可以减少司法调解的官方色彩，增加劳资双方当事人的信任。

7. 调解主体的多样化构建

2016 年，最高人民法院发布《关于人民法院特邀调解员的规定》，允许法院吸纳符合条件的人民调解员、行政调解、行业调解等调解组织或者个人成为特邀调解员，接受法院立案前委派依法进行调解，同时，要与工会、妇联、共青团、法学会以及专家学者等法律专业人士进行合作，将这些组织或人员纳入调解主体行列。对于特邀调解员的选任问题，应当要求其具备良好的法律专业知识和丰富的调解经验，完善入职测试体系，测试合格才能获得特邀调解员的资格。特邀调解员的组成，尤其要鼓励联调单位的工作人员加入，由法院对其进行专业化培训，普及调解工作的基本原理、操作方法、法律依据以及沟通技巧等。

除此之外，还有一类法律专业人士非常重要，就是律师。律师在劳动纠纷解决中具有专业优势、职业优势和实践优势，尤其是劳动关系领域的律师，是具有专业知识的争议解决专家。这些专业律师由于长期从事该领域的法律服务实践与理论研究，接触相对较多的劳动争议案例，熟悉名目繁多的相关法律、法规、政策，也熟悉企业的用工管理模式，能够形成横跨劳动业务与非劳动业务、民事与商事、民刑交叉等的业务知识结构，契合劳动纠纷解决的综合性要求。此外，律师具有专业性并且善于释法，有很强的可信度。律师也具有中立

---

① ［日］荒木尚志：《日本劳动法》（增补版），李坤刚、牛志奎译，北京大学出版社 2010 年版，第 142 页。

性，作为独立的第三方居中调解容易取得双方当事人的信任，有利于劳动争议的解决。而且，律师的非官方性可以减轻当事人的对抗心理，能够舒缓当事人的紧张情绪。这些都是律师参与劳动纠纷调解所具有的独特优势。

近来，中央政法委《关于建立律师参与化解和代理涉法涉诉信访案件制度的意见》，中共中央办公厅、国务院办公厅《关于深化律师制度改革的意见》，最高人民法院《关于进一步深化多元化纠纷解决机制改革的意见》，最高人民法院、司法部《关于开展律师调解试点工作的意见》都明确提出，要推动律师参与调解，充分发挥律师在预防和化解矛盾纠纷中的专业优势、职业优势和实践优势，设立律师事务所调解室（中心）。例如，根据《广州市律师调解工作办法（试行）》（穗司发〔2018〕40号）的相关规定，广州市律师调解工作领导小组在30家律师事务所设立了调解室，调解范围包括劳动争议案件。当然，实践中还存在一些问题，例如，律师参与劳动纠纷调解需要花费很大的精力，单纯的公益调解能否让律师调解机制长久运行；律师如何保持中立；案件如何分流；律师主持的调解协议能否为法院所认可；等等。因此，劳动纠纷之律师调解机制还需要在实践中不断探索和完善。

第十四章 繁简分流下劳动争议小额速裁机制研究

匮乏的司法资源与社会对司法的需求之间的矛盾是一普遍存在的矛盾，充分反映在法院的"案多人少"这一现象上。劳动争议数量的逐年提升并大量涌入法院，也加剧了法院"案多人少"这一矛盾。及时有效处理劳动争议，使劳动争议尽快定分止争，回归和谐稳定状态，是司法保障的主要功能和基本目标。基于此，借助司法审判体制改革的东风，通过繁简分流、对简单的小额案件实行速裁等方式，实现不同劳动争议案件的区别对待，对于提高劳动争议处理的效率，强化和谐劳动关系的司法保障功能，具有重要意义。

一、劳动争议小额速裁的界定

1. 小额速裁与简易程序的关系

为保障和方便当事人依法行使诉讼权利，也为了保证法院可以公正、及时审理民事案件，在我国司法审判体制中，实际上构建了小额诉讼、小额速裁、民事简易程序等多个类似或近似制度，需要加以厘清。

第一，民事简易程序。对于事实清楚、权利义务关系明确、争议不大的简单的民事案件，可以适用民事简易程序进行审理。根据最高人民法院《关于适用简易程序审理民事案件的若干规定》（法释〔2003〕15号）的规定，可以适用民事简易程序的审判机构只能是基层法院及其派出法庭，并只由审判员一人独任审理，且应当在立案之日起3个月内审结案件。适用简易程序审理的民事案件，在起诉方式、传唤方式、审理方式、宣判与送达等方面实行简便程序，以便加快审理进程，提高诉讼效率。例如，当事人可以口头提起诉讼。又如，如果双方当事人同时到达基层法院及其派出法庭，共同请求法院解决纠

213

纷，法院可以当即对案件进行审理，当然，也可以另定日期开庭审理。对于当事人、证人的传唤，法院也可以使用口信、电话、传真、电子邮件、微信等简便方式随时传唤。再如，适用简易程序一般应当一次开庭审结，当事人对案件事实不存在争议的，法官可以在听取当事人就适用法律方面的辩论意见后径行进行判决。当然，法院发现不应适用简易程序进行审理者，可以裁定将简易程序转化为普通程序。

第二，小额诉讼。这是根据 2012 年修订的《民事诉讼法》第 162 条的规定所建立的一种审判制度，是指由基层法院或其派出法庭审理的，标的额不超过所在地的省、自治区、直辖市上一年度就业人员年平均工资的 30% 的简单民事案件。这种诉讼实行一审终审制，其程序较之简易程序更为简便，便于争议双方快速行使诉权，节约司法资源。对于经过小额诉讼程序判决的案件，当事人、第三人或案外人可通过审判监督程序予以救济。

第三，小额速裁。根据《最高人民法院关于部分基层人民法院开展小额速裁试点工作的指导意见》（法〔2011〕129 号）的规定，民事速裁并非独立的诉讼程序，而是在简易程序和小额诉讼的基础上的一种新的尝试。与前两者相比，小额速裁就是通过设定专门的审理流程、设立专门的速裁机构，实现简易、快捷、方便的审理，创造一种最大限度简化的民事诉讼程序。民事速裁在适用对象、起诉方式、传唤方式、审理方式、宣判与送达等方面与简易程序、小额诉讼基本相同，但是更加强调快审快结。例如，最高院的指导意见规定，对于法律关系单一，事实清楚，争议标的金额不足 1 万元的案件，可以适用小额速裁。当然，各省、自治区、直辖市高级人民法院可以根据当地的经济发展情况，制定小额速裁案件的最高收案标的金额。小额速裁也是由一名法官独任审理，且可以安排在晚间、休息日进行调解或者开庭。在庭审中，可以不区分法庭调查、法庭辩论阶段。小额速裁应当在立案之日起 1 个月内审结，不得延长审限。

由此可见，小额速裁与小额诉讼、民事简易程序既有联系也有区别。小额速裁可以视为小额诉讼与民事简易程序的结合，并且更加追求简便与快速，是简易程序的进一步简化。当然，随着民事诉讼程序的发展，这几种程序可能会趋同，甚至可能会调整为一种程序。

2. 小额速裁与繁简分流的关系

根据《最高人民法院关于进一步推进案件繁简分流优化司法资源配置的若干意见》（法发〔2016〕21 号）的规定，小额速裁是在司法系统推进繁简分流基础上的一种配套程序，即法院根据案由、法律关系、诉讼请求、标的额等因素作出是简单案件还是复杂案件的判断，然后，再区分对待不同类型的案件，实行"简案快审、繁案精审"。在简单案件快速审理、复杂案件规范审理的情况下，分别适用不同的审理程序，做到"该繁则繁，当简则简，繁简得当"。这是建立多层次诉讼制度体系、发挥多层次诉讼制度体系整体效能的重要举措，可以根据案件特点、诉讼标的大小等因素，合理选择小额诉讼程序、简易程序、普通程序等民事审判程序，最大限度地解决民事审判中的"案多人少"这一矛盾。

经过繁简分流之后，那些确定为简单案件的，则适用简便的诉讼程序。这种诉讼程序的简易性主要体现为"快立、快调、快审、快执"，具体为：一是法律文书送达程序和方式的简便。法院可以将当事人自行约定的送达地址视为送达诉讼文书的确认地址。采取现代通信技术下的各类电子送达方式，例如，传真、电子信箱、微信、短信等，都可成为送达方式。而且，还可以中国审判流程信息公开网为平台，通过这种法院所建立内部的电子送达平台进行送达。二是审理程序的简便。删减或合并一些审理程序，实行集中时间审理案件的做法，集中立案、移送、排期、开庭、宣判，一些案件实行一审终审。三是组建专门化的审判机构来处理简单案件。由专门的人民法庭、速裁团队对简单案件进行及时审理，并保证同类案件原则上由同一审判机构审理。四是裁判文书的简便。复杂案件的裁判文书可以针对焦点问题进行详细的说理，有些具有指导意义的案件还需要加强说理，但简单案件的裁判文书则可以采取多样化的方式进行简化，包括使用令状式、要素式、表格式等范式裁判文书，简单说理即可。而且，当庭即时履行的民事案件，经征得各方当事人同意，可以在法庭笔录中记录相关情况后不再出具裁判文书。

小额速裁无疑是立基于繁简分流之上的，是繁简分流下审理简单案件的一种方式。这是因为，适用小额速裁之前，必须由法院对案件进行筛选，确定其属于小额诉讼的范畴，只有那些事实清楚、法律关系简单、诉讼标的额不大的案件才可以适用小额速裁。这项前提工作只有通过繁简分流工作机制，才可以作出初步判断。可以说，没有繁简分流机制，就没有小额速裁程序。

二、劳动争议小额速裁的意义

1. 效率价值的追求

效率是指人们对经济资源的有效利用和有效配置，从一个给定的投入量中获得最大的产出，也就是说，可以用最少的资源来获得最大的效果。① 效率并不仅仅是市场主体应该考虑的问题，也是制度的实施和运用应考虑的问题。② 原因如下：一是有效率的制度可以决定权利、权力等资源的社会配置；二是有效率的制度可以引导资源的配置、权利与义务的具体设定和落实；三是有效率的制度可以允许权利、权力资源的合理让渡和流通，使得这些资源从低效率或负效率的利用转向高效率的利用；四是有效率的制度可以衡平价值体系的多元性和流动性。③ 因此，在劳动争议案件井喷式增长的时候，劳动者运用司法手段维权的意愿强烈，案件在公正处理的基础上，兼顾效率价值，更能契合社会需求和当事人的诉求。司法效率可以通过制度设计，使当事人在诉讼中付出包括时间、诉讼费等最少的司法成本。毕竟，迟来的正义也是非正义。

2. 诉讼经济的要求

简单案件的性质决定了当事人往往在案件程序上的需求并不如复杂案件的那么高，而且，在案多人少的情况下，不加区分一律适用过于烦琐的司法程序，必然会造成司法资源的浪费。诉讼经济要求当事人能够适用最为简单、便捷的诉讼程序来实现诉讼目的，同时，还要求当事人的诉讼目的能够一次性达到，避免重复的诉讼程序，造成不必要的时间和金钱的浪费，因此，通过简案快审，实施流畅化的程序设计，简化、格式化的判决文书，用更少的司法资源审判大多数简单案件，提高司法资源的有效配置。实际上，当事人能够以最少时间、金钱耗费来解决纠纷，本身就是一种公正的体现。

3. 服务当事人的体现

在法律规定的范围内，允许当事人选择纠纷解决的程序和方式。当事人根据案情和自身实际诉讼成本的承受能力，选择相对经济、快捷的简易程序或小额速裁程序，让当事人不会因过高的诉讼费用而丧失维权的积极性，从某种程度上能够实现实质正义，让不同当事人选择不同的司法服务，各得其所，体现了当事人的意思自治，自己选择实现自身实体利益和程序利益的途径。让当事人参与到繁简分流、程序分流中来，提高当事人对诉讼结果的信任度，减少抵触情绪的产生。毕竟，一个富有活力的司法制度，应当是一种节俭地使用诉讼资源的制度，体现出司法公正与效率的结合。

---

① ［美］保罗·A. 萨缪尔森、［美］威廉·D. 诺德豪斯：《经济学》（第 12 版），中国发展出版社 1992 年版，第 45~52 页；［美］布坎南：《自由市场与国家》，北京经济学院出版社 1989 年版，第 97~108 页。

② 乔新生：《公平与效率的法律分析》，载《南方周末》2002 年 7 月 4 日。

③ 张文显：《法哲学范畴研究（修订版）》，中国政法大学出版社 2001 年版，第 217 页；齐延平：《法的公平与效率价值论》，载《山东大学学报（社会科学版）》1996 年第 1 期。

三、劳动争议小额速裁的司法实践

1. 小额速裁的司法实践

在《最高人民法院关于进一步推进案件繁简分流的意见》（〔2016〕21号）的指导下，各地在案件繁简分流的基础上，建立了处理简单案件的多种方式，其中就包括小额速裁。

以广州市为例。2016 年，广州全市法院受理案件达 362657 件，2017 年，广州全市法院受理案件 42.6 万余件，而结案数却同比上升了 21.25%，法官人均结案数同比上升了 50%，法官人均结案数提高至每年 325 件。这种审判效率的提高，与案件繁简分流与简单案件快审速裁工作机制的建立是密不可分的。2016 年 10 月，广州市中级人民法院制定了《关于进一步推进案件繁简分流优化司法资源配置的实施方案》，确立的工作机制主要包括：

第一，建立多层次分流模式。在收到案件时，先根据各类案件事实、法律适用、社会影响、诉讼请求、标的额等因素，适用"一级分流标准"对案件进行繁简分流，这是案件的初次筛选和分流；然后，再根据各业务庭审判团队的特点、专长等因素，适用"二级分流标准"，对案件再次进行分流。被确定为"快审"的简单案件，及时交给立案庭的快审团队予以处理，其余案件则标注为普通案件，交给专业化审判团队进行审理。

第二，组建专业化的且与繁简分流相匹配的审判团队。"简案快审、繁案精审"需要不同的专业化审判团队。尤其是要组建快审团队，保障"快立、快调、快审、快执"得以贯彻实施。为此，广州市法院以案定额、按岗设员，合理分配法官员额，组建多支快审（执）团队，这些团队由 152 名法官组成，法官人数占到全市员额法官的 13.91%。在 2017 年，广州中院以案配人，组建 6 个快审团队，共新收案件 10707 件，同比增长 97.47%，结案 10437 件，同比增长 98.42%，18 名法官分担了全院案件的 25.16% 和民商事案件的 33.62%，结案率 95.44%，人均结案 652.31 件，完成任务比例 343.45%。另外，审判团队按照"一审一助一书"或者"一审两助一书一警"模式配备相关办案辅助人员。办案辅助人员具体从事诸如卷宗扫描、送达、信息录入、排期开庭、文书上网等辅助性事务，辅助法官办案，使法官专注于审判，并从辅助性事务中剥离出来。这样，最大限度上减少法官的辅助性事务工作，尽可能提高简单案件的审判效率。

第三，简化简单案件的审判程序。除了常规程序的灵活处理之外，还创新了快审方式。例如，实行"门诊式庭审"，对简单案件采取集中高效审理。庭前准备中，向多个简案的当事人集中宣读法庭纪律、告知诉讼权利义务等，在庭审中，不再严格区分调查、辩论等阶段，而是紧紧围绕当事人的诉讼请求和争议焦点，由法官依次对多个简单案件进行实质审理，集中快速处理这些简单案件。同时，广州法院还引入语音识别引擎技术，实现了简案庭审语音同步转化为文字，同步生成庭审笔录，使庭审时间缩短 30%。

第四，简化裁判文书。对于简单案件的判决，要求法官广泛使用令状式、要素式的文书，通过简化事实的陈述和简化说理，减少裁判文书的撰写时间，当庭宣判的速裁案件基本实现当庭送达裁判文书。同时，通过实现诉讼档案的电子化，建立广州法院"律例注疏"法律知识库，设置争议焦点索引，为法官撰写裁判文书提供案件要素和结构化文本，法官也可以查找同类案件的相关法律法规和说理段落，既能提高撰写裁判文书的效率，也可避免同案不同判。①

2. 劳动争议小额速裁的司法实践

劳动争议案件具有几个显著特点：一是数量多。劳动争议案件逐年上升是不争的事实，且劳动争议案件在民事争议案件中所占比重较大，对于审理劳动争议案件的部门来讲，案多人少的情况尤为突出。二是金额小。大量的劳动争议案件中当事人索赔的金额都不大，实际上都可归属于"小额"范畴。当然，有些劳动者在诉诸司法时，由于对劳动法律的误解或无知，所申诉的金额较大，但实际上绝大多数劳动争议的标的额都是非常小的。三是双方当事人，尤其是劳动者，大都希望能够快速结案，并不在意诉讼程序是否完整和正式。劳动关系是一种持续性的社会关系，且劳动关系具有强烈的社会性，双方争诉的许多议题也是广大劳动者与社会都关注的重要问题，因而快速结案对于恢复劳动关系的和谐稳定至关重要。

而小额速裁所具有的特点刚好与劳动争议处理的特点相吻合。小额速裁是专门针对标的额较小的案件而设的，因而许多劳动争议案件都可以纳入小额速裁的审理范畴。而且，小额速裁在立案上的优先，排期上的优先，审理上的优先，以及在程序上的非正式化，采取的"调审一体化""门诊式庭审""令状式判决""当庭调解或宣判、立等可取"的审理模式，简化了审理程序和裁判文书，大大压缩了审理期限，发挥了小额速裁程序在处理劳动争议案件时简便、快捷的功能。因此，试点各地纷纷将小额速裁作为劳动争议处理的一个重

---

① 杨晓梅、隋岳、李志明：《推进案件繁简分流，广州法院的高效经验了解一下》，载《人民法院报》2018 年 5 月 7 日。

要改革方向。

广东省高院要求全省各地法院在劳动争议案件审判中确立"快立、快调、快审、快执"的理念，全方位推进依法及时处理劳动争议。具体包括：一是设立专门的劳动争议审判庭或专业合议庭，建立劳动争议案件的专业审判部门；二是积极推行劳动争议小额速裁，尽可能将劳动争议案件纳入小额速裁范围，尤其是权利义务关系清楚的追索劳动报酬、工伤医疗费、经济补偿金或赔偿金等案件，强化一审终审制，高效解决劳动纠纷；三是实行繁简分流及裁判文书改革；四是设立劳动争议案件绿色通道和处理机制。[①]

江苏省高院于 2016 年颁布《关于在基层法院开展民商事案件速裁工作的意见》，要求江苏省各基层法院均在诉讼服务中心设立速裁机构，对于那些事实清楚、法律关系简单，且诉讼标的额不大的劳动合同纠纷等 12 类案件，一律通过速裁程序进行审理。为此，江苏省高院要求，基层法院应最大限度地简化民事诉讼程序，主要包括：一是设置专门的速裁机构。在诉讼服务中心设立速裁组或设立专门的审判庭，负责速裁工作。二是在传票、法律文书送达上，可以利用现有的各类通信手段，如微信、电话、手机短信、电子邮件等简便方式，及时传唤当事人。三是坚持调解。在速裁案件的审理中，坚持"能调则调、当判则判、调判结合"的方法，适宜调解的，法院在立案登记前就应当以书面或口头方式主动引导当事人进行调解。四是尽量缩短速裁案件的审理期限，原则上应当当庭宣判，减轻当事人的诉累。当庭宣判的调解书、判决书等裁判文书应当当即送达。

海南省高院在推行案件繁简分流工作机制的基础上，开展劳动争议小额速裁审判工作。对于那些事实清楚、权利义务关系明确、争议不大、标的额较小的简单劳动争议纠纷案件，通过速裁审理模式进行审理。具体措施包括：一是设置专门立案窗口，对案件进行受理繁简审核，确定符合条件的速裁案件，减少了案件流转环节。二是送达方式灵活。法院可以采取打电话、捎口信等口头通知方式传唤当事人和证人；经受送达人同意，也可以采取微信、电子邮件、手机短信等方式送达应诉通知、开庭传票等诉讼文书。三是庭审程序灵活。在审理程序上采取非正式化的方式，简化审理程序。四是大大压缩审理期限。要求大量的小额案件的立案、开庭、调解、下达裁判文书在一天之内完成，充分体现小额案件快审快结的优势，节约司法资源，减轻当事人的诉累。

北京市各级法院在案件繁简分流的基础上，开展劳动争议小额速裁审判工作。针对简案标准不一、规模不大、入口偏窄的问题，北京市法院以"可调

---

① 广东省高院 http://static.nfapp.southcn.com/content/201704/29/c396767.html。

解、能速裁"为标准,不限案由,对各类民事案件进行全面导入。因此,在劳动争议案件的繁简分流标准上,尽可能将劳动争议简案导入快审速裁的范畴,将此分流标准贯穿于立案、调解、速裁三个阶段。注重劳动争议简案的调解,组建调解工作室,面向社会选聘 30 余名人民调解员,并编入法官团队。建立"一院多所"的联动巡回调解工作模式,联合乡镇司法所及人民调解委员会就地开展调解及司法确认。

四、劳动争议小额速裁机制的缺陷分析

在确定某些劳动争议属于简单案件之后,交由专门部门予以快审,由少数法官审理大部分简单劳动争议案件,而由多数法官审理少部分复杂劳动争议案件,这种劳动争议小额速裁对于快速解决劳动争议以及化解法院"案多人少"矛盾具有重要意义。然而在司法实践中,适用小额速裁的情形却较为少见,在法院审结的案件中所占比例也较低。以收案量排在全国基层法院前列的北京市朝阳法院为例,2013 年收案 62429 件,而通过小额诉讼程序审结的案件仅有534 件,占比仅为 0.8%;2014 年收案 70135 件,而适用小额诉讼程序结案的仅为 715 件,占比仅为 1%。2013 年至 2015 年期间,北京市朝阳法院小额诉讼程序年平均撤诉率 71.2%、调解为 18.5%,而判决率仅为 8.97%。[①] 这种情况在其他法院也是存在的,许多法院适用小额诉讼程序的年平均结案数在10 件至 100 件之间。当然,还存在一种情况,就是有许多小额诉讼案件通过调解,因当事人撤诉而结案了。但无论如何,真正通过小额速裁程序进行审理的案件数量非常少,这反映了小额速裁程序并未在案件量高、结案压力突出的法院发挥预设的作用。由此可见,小额速裁程序还存在一些问题。

1. 不同简易程序之间缺乏准确界定

前文已述,在繁简分流并被确定为简单案件的基础上,可以适用民事简易程序、小额诉讼程序以及小额速裁程序进行审理。这些程序存在一定的混同,并不利于法院的准确适用以及当事人的准确选择。当然,有人认为,小额速裁本身并不是一种独立的诉讼程序,而是简易程序的进一步简化,两者是种属关系。但这种观点并不能解决一个简单案件到底应当适用简易程序还是小额速裁程序的司法适用问题,毕竟两者还是存在一些细微的差别,不同诉讼程序的选

---

① 陆俊芳、牛佳雯、熊要先:《我国小额诉讼制度运行的困境与出路——以北京市基层法院的审判实践为蓝本》,载《法律适用》2016 年第 3 期。

择适用，无论对法院还是对当事人，都有着不同的意义。

实际上，小额速裁程序并没有一套完整的确定的程序性规定，仅仅是简易程序的再简化。对于适用小额速裁的案件，往往都可以通过调解而解决，因而当事人在小额速裁中达成调解合意，并通过撤诉了结纠纷，这完全可以通过简易程序就可办到，简易程序中调解及撤诉案件的审理程序已经非常简便，而不必另设小额速裁程序。从处理纠纷的效果来看，小额速裁与简易程序并没有什么差别。这也是导致小额速裁遇冷的一个重要原因。

2. 具体适用范围不明确

无论是二级分流还是三级分流，分流的一个基本前提就是判断案件是简单案件还是复杂案件。何为简单案件，目前的标准主要就是审查事实是否清楚、法律关系是否简单、标的额是否较小。在确定为简单案件之后，才可考虑是否适用小额速裁程序。一个问题就是，标的额是否能够成为判断案件简单与复杂的一个标准？在司法实践中，标的额常常成为判断繁简的一个重要标准。这个标的额的范围决定了适用简易程序的案件范围，越高则意味着更多案件纳入简易程序。在最高院试点时，规定的小额诉讼案件的标的额为 5 万元，而到了《民事诉讼法》修订时，适用小额诉讼的标的额仅为 1 万元。在认定为简单案件之后，就需要强制适用简单程序，甚至适用更为简便的小额速裁程序。在适用了简便程序后，当事人的诉讼权利受到抑制，一些正常的诉讼权利得不到应有保障。这样，标的额成为判断案件是否重要以及衡量当事人权益的大小的标准，这与我国民事诉讼基本理念是相违背的。[①] 另一个问题是，案件即便被认定为简单案件，是否就一定可以适用小额速裁？某些简单案件虽然符合小额速裁的标准，但当事人的分歧非常大，争斗较为激烈，处置不当容易引发当事人之间的其他矛盾，进而导致社会不稳定。例如，实行小额诉讼一审终审制，虽然可以实现把案件化解在基层的目的，但诉争较为激烈的简单案件，一旦当事人对小额诉讼的裁判结果不服，而又没有上诉的机会，必然将矛头对准基层法院，并可能通过投诉、信访等方式扰乱基层法院的工作。实际上，这样的简单案件即便符合小额速裁的法定标准，也不应当适用小额速裁这一审理程序。

3. 程序正当性备受质疑

小额速裁是简易程序的进一步简化，无论是庭前告知，还是庭前准备，抑或是证据交换、庭审程序、裁判文书的撰写、裁判文书的送达等，都追求快速处理。在许多地方法院，适用小额速裁审理的劳动争议案件，庭审次数基本上仅为一次，也就是说，一次庭审就能结案，当庭裁判率也非常高，某些简单案

---

① 郑赫南：《民诉法修正案草案三大焦点引起关注》，载《检察日报》2011 年 10 月 31 日。

件甚至"当天立案、当天开庭、当天调解、当天宣判、当天结案",将高效便捷的审理发挥到了极致。然而,值得注意的是,这种快速处理模式是以牺牲当事人部分诉讼权利换来的,需要考察在过度追求效率的情况下是否影响到正义的实现。

尤其是取消当事人的上诉权,其程序上的正当性备受社会的质疑。取消当事人的上诉权,实行一审终审,是小额速裁程序的最大特点。这对于审判效率的提高无疑是有较大助益的。但剥夺当事人的上诉权,缺乏法理基础,也与《人民法院组织法》相冲突。我国实行两审终审制,是为了保障当事人权利得到较好救济,即便一审法院处理出现失误,也可以通过上级法院的监督而予以改正。因而,当事人因为欠缺二审的机会而可能认为自己受到不公正的审判。一些人认为,小额的简单案件事实清楚、法律关系简单,法官对其判决失误的可能性非常低。况且,小额的简单案件大都通过调撤而结案,也证明这些案件纠纷其实并非需要完整的诉讼程序也可以化解。其实,一审终审需要法官普遍具备高素质的审判能力,对案件有较好的判断能力。而我国基层法院的法官尚不具备这种素质。[①] 因而,给予当事人更为完整的诉讼程序的救济,实有必要。况且,如果案件确实是小额的简单的案件,那么经过一审还不息讼的案件比率应当不高,这些少数案件的当事人不满意一审判决而上诉,二审法院的审理成本也不会很高,毕竟都是一些简单案件,二审法官也可以集中处理。因此,以节约成本、提高效率为由而取消当事人的上诉权,并没有充足的理由作为支撑。

4. 当事人程序选择权缺失

在最高院最初试点时,小额速裁程序是以当事人自愿适用为前提的,而《民事诉讼法》正式规定的小额诉讼程序,则是强制适用的。强制推行的繁简分流与小额速裁,导致当事人对诉讼程序选择缺乏自主权,在没有取得当事人同意的情况下,剥夺了当事人意图依靠完整诉讼程序救济自己权利的机会。

程序的自主选择是现代法治的基本理念之一。程序的自主选择是指当事人在纠纷解决过程中应当居于主体地位,由当事人主导程序的进行。[②] 劳动争议与其他争议并无本质不同,在处理劳动争议的程序选择中,也只有充分体现劳资双方当事人的程序主体性,这一处理过程才能被认为是公正的。然而在相关立法中,当事人的程序自主选择权常常被剥夺,法律强行为当事人设置各种程序,当事人不得不遵守,因而所形成的处理结果也常常不被当事人所认可。在

---

① 严仁群:《小额诉讼程序移植困境之省思》,载《江苏行政学院学报》2015年第3期。

② 季卫东:《法治秩序的建构》,中国政法大学出版社1999年版,第18页。

劳动争议处理中，我国立法常常对劳资双方当事人的程序主体性予以不必要的限制，典型事例有如，将仲裁强制规定为诉讼的前置程序，剥夺了当事人直接向法院提起诉讼的权利。再如，《劳动保障监察条例》第 21 条规定，对于已经按照劳动争议处理程序进行处理的劳动争议，包括已经申请调解、仲裁或已经涉诉的劳动争议，劳动监察部门对于当事人的投诉不予受理。也就是说，将劳动争议处理程序视为优先地位，在劳资双方当事人申请基层调解或提起劳动仲裁之后，当事人是没有资格同时向劳动监察部门投诉并要求劳动监察部门处理的。这实际上也是剥夺了当事人程序上的选择自由。[①]

在小额速裁程序中，是否为简单案件，是否适用小额速裁，小额速裁应当适用何种简易程序，皆由法院强制规定，当事人作为利益攸关方，却完全没有程序上的选择权。其实，考察那些设置了小额速裁制度的国家，是否适用小额速裁，皆需征得当事人的同意，充分体现了当事人的程序自主性。

五、劳动争议小额速裁机制的完善

1. 不同简易程序的统一

无论是简易程序，还是更为简便的小额诉讼或小额速裁，其实质都是简单案件的快审程序。小额速裁程序是借鉴域外民事诉讼立法的成果，但考察实施小额速裁程序的一些国家的立法例可知，这些国家皆非常注重保障当事人的诉讼程序，规定了非常严格的程序性规定，而不仅没有像我国一样设置如此之多的简便程序，其适用范围也不如我国这样广泛，更没有强制剥夺当事人程序上的选择权。在法国和德国，虽有速裁的做法，但没有设置专门的速裁程序，其相关规定散见于普通程序中。例如，《法国新民事诉讼法典》分为"适用一切法院的通则""各种法院之特别规定""某些案件的特别规定""仲裁"等四个部分，速裁程序主要体现在前两部分中，但《法国新民事诉讼法典》全文未见"速裁程序""简易程序"等字样，只是将速裁理念贯彻于《法国新民事诉讼法典》的一般性程序规定中。[②] 再如，《德国民事诉讼法典》也没有明确规定"速裁程序"或"简易程序"等简便程序，而是在法典中规定"简化和加快诉讼程序""不致拖延诉讼程序""及时而完全的为诉讼行为"等，实为

---

① 刘焱白：《从实体到程序：劳动者实体权利的程序救济》，载《社会科学家》2011 年第 7 期。

② 乔欣、郭纪元：《外国民事诉讼法》，人民法院出版社、中国社会科学出版社 2002 年版，第 169 页。

一种速裁理念。①

专门设置多种近似或类似的诉讼程序，不仅使得程序上出现混乱，让当事人和法官难以适应，也导致在具体适用时存在不公平的现象，毕竟是应当适用简易程序还是应当适用更为简易的程序，对当事人的程序利益会产生不同的影响。因此，有必要统一各种简易程序，以快审或速裁的理念来作为根本性的指导，由当事人在法官的指导下自行选择快审或速裁来审理案件。

2. 繁简界定标准的细化

何为"简案"，何为"繁案"，理论上，我国仅做了原则性的规定，主要从事实是否清楚，法律关系是否简单，标的额是否较小等来作出判断。但实践中各法院对于简案识别不仅标准不一，而且程序混乱。在简案识别标准方面，有的法院没有明确规定，对不属于法定排除适用简易程序但案情相对复杂的案件，如当事人达成适用简易程序的合意，亦可适用简易程序。② 有的法院照搬《民事诉讼法》有关简易程序的适用条件来作为简案的认定标准。实际上，民诉法的简易程序规定对繁简案件的区分仅具指导意义，但是并未建立科学系统且精确化的繁简案件识别标准，因而应该另行制定细化的识别标准，例如，快审案件甄别操作指引，不宜照葫芦画瓢。

其实，在判断案件繁简之时，仅仅审查事实是否清楚、法律关系是否简单、标的额是否较小，尚不足够和充分，还应在判断标准中确立更多考量因素，包括案件类型、诉讼请求、证据情况、当事人情况、矛盾情况、相似案件裁判规则成熟与否、送达难易程度、社会影响等因素。其中特别需要注意：第一，案件类型。案件类型反映案件所涉及的民事法律关系的性质，是由法院将诉讼争议所包含的法律关系进行的概括。案件类型反映了诉争法律关系，不同案由的案件，其繁简是不一样的。当然，具体案件中当事人的诉讼请求、争议的焦点可能有多个，争议的标的也可能是两个以上，但为保证案件类型的高度概括和简洁明了，民事案件案由的表述方式原则上确定为"法律关系性质+纠纷"，一般不再包含争议焦点、标的物、侵权方式等要素。这就需要进一步对案件进行分析，以便确定繁简。第二，诉讼请求。诉讼请求越多，意味着案件更为复杂，而且，也意味着诉争的激烈程度。第三，矛盾情况。案件虽然简单，但如果当事人争斗激烈，矛盾难以调和，也不应属于速裁范围。在劳动争议中，劳资双方本来在工作中已经发生较大争执，因而对于涉诉的法律事务虽然事实清楚、法律关系简单，但双方存在"争一口气"的斗气行为，对于这

---

① 王晓双：《速裁理念下小额诉讼发展新方向》，载《怀化学院学报》2018年第1期。

② 冯俊海、翁秀明、王妮：《发挥程序优势实现简案快审》，载《人民法院报》2017年1月19日。

种案件，适用速裁程序只能激化矛盾。第四，社会影响。劳动争议案件常常牵一发而动全身，个别劳动争议可能引发群体劳动争议，因而对这类案件，法院应当高度重视，不可因其简单而归入速裁范畴。例如，事实清楚、关系简单的拖欠加班费的单个案件，背后可能有众多劳动者的权益面临同样的境遇，适用速裁程序就需要谨慎了。

总结劳动争议司法实践，我们认为，下述劳动争议案件，即便符合小额速裁条件，也不能纳入小额速裁范畴：（1）用人单位主体存在关联企业，需要追加或调查的；（2）劳动者存在加班事实，需要大量计算加班费用的；（3）劳动者情绪激动、难以沟通且可能败诉的；（4）涉及劳动者人数众多，且存在维稳因素的；（5）劳动关系难以认定，或涉及案外人的；（6）按工伤待遇处理时，医疗费用报销金额需要向行政部门查询的；（7）案件存在中止情形，如工伤尚无定论，或工伤待遇尚无定论的；（8）存在关联案件的；（9）是否存在劳动关系难以认定的；（10）用工单位难以认定，或需要追加的；（11）劳资双方劳动关系持续时间较长的；（12）劳资双方均提前诉讼的；等。

3. 简案识别机制的创新

简案识别机制可以采用人工判断和电子甄别两种方式。如果是人工判断，有的法院由立案庭的法官对案件进行初步审查，有的法院由具体办案法官来判断案件是繁案还是简案。总的来说，当前简案识别机制的建立仍然受制于法律、人力、地缘等种种因素。现阶段通过调配具有较高审判能力和办案经验的法官从事立案审查，准确识别案件难易程度，提高立案阶段选择程序的稳定性，可以减少审判阶段程序转换。用人工来实现案件繁简分流，其判断过程本身就是工作量，给原本就超负荷运转的法官又增加了新的负担。同时，可能导致案件分配不当、程序空转的现象发生。采用人工判断分流的方法，只能解决个案是繁案或简案的问题，而既不能将这种判断类型化，也不能形成可以重复利用的数据化要素，更不能给后期的送达、庭审、判决提供可参考的帮助，也就是不能解决简案简办的具体方法。[1]

为此，可以依靠人工智能来作出简案筛选与鉴别。运用大数据与云计算充分挖掘分析法院的数据资源，并依托法律规则库和语义分析模型，按法律要素对电子卷宗进行文档化编辑，[2]自动生成全要素案件数据，再根据设定的简案标准，自动对案件进行分析，从案件类型、诉讼请求、证据情况、当事人情

---

① 高伟、秦洁：《大数据视野下民事案件繁简分流机制研究》，载《深化司法改革与行政审判实践研究（上）——全国法院第 28 届学术讨论会获奖论文集》2017 年 5 月。

② 左卫民：《关于法律人工智能在中国运用前景的若干思考》，载《清华法学》2018 年第 2 期。

况、矛盾情况、相似案件裁判规则成熟与否、送达难易程度、社会影响等方面作出繁简的判断。在广州市中院，基于300多万案件建立了裁判文书辅助撰写系统，能够自动提取案件要素，从纸质材料、庭审语音数据中提取案件信息，特别是对性质相同、事实较为清晰、法律关系较简单且数量巨大的快审案件识别率更高，通过一键生成辅助裁判文书，让快审法官集中精力撰写裁判理由。对于以类型案件为主的快审案件，通过类案识别技术，向法官主动推送类似案例，并提供参考。文书自动生成和类案推送极大地提高了快审法官的工作效率。

4. 当事人程序选择权的赋予

适用小额速裁的劳动争议诉讼，其送达、庭审、证据交换等程序更为简便，且劳动者丧失上诉的机会。对于是否适用这种小额速裁程序，应给予双方当事人选择的自主性，赋予双方当事人对于小额诉讼程序的选择权以及通过合意方式排除小额诉讼适用的权利，而不应由法律直接作出强制规定。这是劳动诉讼程序立法设计中应当考虑的一种理念，即尊重当事人的自主、负责和理性的主体地位。也只有这样，当事人对于自己选择的简便程序而得到的判决结果也会更容易接受，而不会在诉讼程序终结后再通过信访等方式继续争斗。让当事人享有程序上的选择权是一个保证案件公正的重要举措，这样可以从程序选择上增强当事人的满意度，当是劳资双方自行选择适用小额速裁程序，而非法院强加于劳资双方时，即便适用小额速裁程序的结果对其不利，也是自己选择的结果，对自己选择程序所产生的结果更有认同感。"这种效果并不是来自判决内容的'正确'或'没有错误'等实体性理由，而是从程序本身的公正性、合理性产生出来的。"[①]

因此，无论对简便程序的正当性是否存疑，也无论取消当事人上诉的做法是否恰当，更无论当事人的救济程序是否完整，只要是当事人自己自愿的选择，就具有正当性和合理性了。正如有学者所言，虽然保障当事人的基本诉讼权利是国家的基本职责，但当事人基于理性考量而自愿放弃诸如上诉等诉讼权利，这并非法律对基本诉讼权利的不当扩大或者缩小。[②]

5. 一审终审的合理救济

虽然小额速裁程序适用的一审终审可以降低当事人和法院的诉讼成本，但

---

① 柳佳佳：《小额诉讼当事人程序选择权探析——基于强制适用的原则与一审终审的立法规定》，载《山东审判》2014年第2期。

② 李浩：《论小额诉讼立法应当缓行——兼评〈民事诉讼法修正案（草案）〉第35条》，载《清华法学》2012年第2期。

也会产生一些弊端，可能因法官权力过大而失去制约。因此，在德国和日本，对小额速裁案件实行一审终审，与之相配套的是，实施严格的法官遴选以及法官对法治理念的高度忠诚。但在我国，基层法院法官的素质还有待提高，法治理念还有待普及和培育，针对小额速裁案件的判决不可避免存在错误。劳动争议中的小额速裁案件虽然标的较小，但对于劳动者来说也是利益攸关的，如果因事实认定错误或法律适用错误而导致错判，又因一审终审而导致其无法得到救济，则必然影响和谐劳动关系的建立。因此，对于劳动争议小额速裁案件，可以实行有限的一审终审制，即一般情况下一审终审，但如果当事人认为且有证据证明一审判决事实认定错误、程序严重违法、法律适用存在重大错误，当事人有权向上一级法院提起上诉。当然，为了避免大量的当事人都去寻求上诉，可以规定，如果上诉人没有取得与一审判决相比更为有利的判决的话，则需要承担对方当事人上诉期间的合理费用，以此来遏制当事人对上诉的滥用。

6. 速裁工作平台的构建

快审案件答辩期较短，开庭时间灵活，同类型、同性质案件尽量采用"门诊式庭审"的特点，"门诊式庭审"和"令状式"裁判以类似医生门诊看病开处方的方式快速审理简易案件，使双方当事人争议不大的案件真正实现高效庭审、当庭宣判、判决书立等可取。[①] 为此，制定快审案件"门诊式庭审"集中告知事项及审理流程，通过播放录音的方式对当天参加庭审的全部当事人一次性告知法庭纪律、各项权利义务等内容，开庭审理时不再涉及。快审案件庭审不再区分调查、辩论阶段，直接进行质证、焦点辩论等实质审理。加强案件要素式审理，总结常见类型民事案件的事实查明、法律适用等基本要素，制定标准化庭审提纲、审判指引。全面推进快审案件庭审记录方式改革。具体如下：

第一，简案快审工作平台。根据案件大数据分析预测简单案件规模和类型，合理确定快审团队人员数量，并建立人案平衡、动态调整机制。通过调整内设机构职能，抽调其他资深法官等方式设置快审团队；针对简案快审的特殊需要，有针对性地增加快审团队辅助人员配备比例。形成组长统筹管理、主审法官与辅助人员紧密配合的团队化运行模式，法官集中精力处理开庭、合议、裁判等核心审判事务，独立高效行使裁判权，排期、送达、保全等辅助事务由快审团队集约办理。对于送达，通过送达的集约化提高工作效率、节约司法成本，还通过对送达工作的统一管理，促进送达工作的规范化，保障当事人诉讼

---

① 黄振东、邱碧媛：《"繁简分流"的深圳探索——以裁判文书和庭审方式改革为重点》，载《人民法治》2016 年第 10 期。

权益，要将送达辅助性事务从审判工作中分离出来，减轻法官团队审判事务性工作负担，保障法官集中精力坐堂问案、拍板定案，实现送达工作的信息化、智能化，依靠现代科技手段解决送达难问题。①

第二，案件甄别分流平台。根据案件的案由类型、法律关系、诉讼请求、争议性质、诉讼标的、矛盾程度等因素，制定快审案件甄别及退出机制的操作指引，建立快审案件甄别、分流和退出机制。在立案阶段，适用快审程序案件特殊标识制度，及时给予程序提示，标注为"快审"的简单案件均一律由快审团队办理，识别为"复杂疑难"的案件优先分配给专业审判庭的庭领导、审判长精审。对于审理过程中发现不适宜快审的案件，及时将其退出转到专业审判庭审理。

第三，审理方式创新平台。推行"门诊式庭审"，引导当事人缩短举证期限，对简单案件统一排期开庭，集中时间多案同审、多案连审。简化庭前准备工作，集中告知事项及审理流程，通过播放录音的方式对当天参加庭审的全部当事人一次性告知法庭纪律、各项权利义务等内容，开庭审理时不再涉及。简化庭审程序，庭审时不再区分调查、辩论阶段，直接进行质证、焦点辩论等实质审理。简化审理方式。对案件进行要素式审理，总结常见类型劳动争议案件的事实查明、法律适用等基本要素，制定标准化庭审提纲、审判指引。对于属于管辖权异议上诉等程序性案件，试行电子审理，无须法院间移送电子卷宗，直接制定简化文书样式，在该类案件中全面推广适用。对劳动争议常见案件类型，逐步推广简化裁判文书，并积极完善令状式、要素式、表格式裁判文书格式，逐步建立快审案件裁判文书说理库。

第四，案件集中流转平台。一是在快审团队中实现集约化送达，积极适用邮箱、微信号、QQ 等电子送达方式，提高送达效率。审判团队在立案后 5 日内签收案件材料并完成排期、传票等诉讼文书的送达工作，并在审判管理系统对排期、送达设定节点，超过时限将通过短信或系统消息等方式警示、提醒。二是为缩短快审案件上诉移送时间，设计新版"民事案件上诉移送函"及"送达信息明细表"，基层法院在移送卷宗前必须将表格填写完毕，相关时间节点届满前系统自动发出警示。三是在基层法院与中院之间实行案件移送条码扫描跟踪，实时掌握案件卷宗动向。

第五，智审信息化应用平台。一是建立裁判文书辅助撰写系统，通过一键生成辅助裁判文书，让快审法官集中精力撰写裁判理由。对于以类型案件为主

---

① 郭京霞、赵岩、韩宇、李卫华：《优化公告送达服务　合力解决送达难》，载《人民法院报》2017 年 8 月 16 日。

的快审案件，通过类案识别技术，向法官主动推送类似案例，并提供参考。二是建成六个科技法庭，推行庭审记录方式改革，引入语音识别引擎技术，对于快审案件使用录音录像记录方式并使用智能语音转换技术直接形成法庭笔录，用科技手段提高庭审效率，使庭审时间缩短 30%。三是通过使用"法官通"APP 整合法官"碎片时间"，让手上案件较多、开庭任务较重的快审法官可以随时管理在办案件、调取电子卷宗、在线合议、语音撰写裁判文书，突破办案时间、空间限制。人工智能的合理利用对减少司法任意性，提升司法质量、司法效率和司法公信力具有十分重要的意义，而且将大数据、人工智能等现代科技融入审判活动中，能充分促进司法的进步。①

①　沈竹士、高远：《人工智能与司法实践深度融合》，载《文汇报》2017 年 7 月 2 日。

第十五章 劳动争议诉讼中 电子证据的认定

根据 2015 年 2 月 4 日起施行的《最高人民法院关于适用〈中华人民共和国民事诉讼法〉的解释》第 116 条的规定，电子数据是指通过电子邮件、电子数据交换、网上聊天记录、博客、微博、手机短信、电子签名、域名等形成或者存储在电子介质中的信息。存储在电子介质中的录音资料和影像资料，适用电子数据的规定。可见，电子数据专指以电子、光学、磁学或其他相似形式创造、转换或存储的数据信息。当电子数据进入诉讼程序时，电子数据成为电子证据。[①] 我国修订后的三大诉讼法都将电子数据作为一种法定证据类型加以了规定。

一、劳动争议诉讼中电子证据认定的现状与问题

随着"互联网+"时代的来临，在互联网上形成的电子数据，进而在诉讼中成为电子证据，这种证据类型在司法实践中也越来越多。人力资源管理的互联网化现象也愈发普及，一些公司内部的管理，诸如通知、公告等重要文件，一律都通过 OA 系统或其他互联网渠道进行发布，因而电子证据已经成为劳动争议诉讼中主要的证据形式之一，包括公司内部 OA 系统、支付宝转账记录、邮箱通信、门禁记录、电子考勤记录、手机短信、微信聊天记录、QQ 聊天记录等。据广州市南沙区人民法院 2018 年披露的数据显示，近年涉及互联网电子证据案件的绝对数量和所占比例大幅增长，较之 2017 年同比增长了 130%，在部分劳动争议案件中，微信聊天记录甚至成为当事人证明自己主张的唯一证据。例如，在一个劳动者追索劳动报酬的案件中，劳动者可以提供的证据只有与其公司主管的微信聊天记录以及公司客户群、公司内部群的聊天记录，这些

---

① 汪闽燕：《电子证据的形成与真实性认定》，载《法学》2017 年第 6 期。

聊天记录显示劳动者的员工身份、入职时间、离职时间、社保缴纳情况以及劳动报酬的支付情形。因此，电子证据在劳动争议诉讼中的作用凸显，直接关系到劳动关系当事人的利益，在司法实践中日益发挥着重要的作用。

然而，电子数据证据具有如下一些特征，导致其在司法实践中的适用受到诸多限制：

第一，电子数据具有易篡改性和不稳定性。由于电子数据是由"0"和"1"构成的，并以非连续性的各种电子形式呈现，任何人都可能介入并蓄意删除、篡改、伪造、破坏或毁灭相关数据或程序，也可能因技术故障（包括误操作、病毒、硬件故障或冲突、软件兼容性所引起的数据丢失、系统崩溃、突然断电等）的出现而导致数据被改变或灭失。这使得电子数据非常脆弱和易变，难以证明客观真实。而且，一旦数据被篡改，如果没有可资对照的副本、映像文件则难以查清原来的数据。例如，在用人单位 OA 系统及企业邮箱中的电子证据，用人单位可自行通过后台操作系统进行修改，这表明电子证据可删改性较强，或者被伪造的可能性较大。

第二，电子数据具有虚拟性、模糊性和不确定性。电子数据存在于一个虚拟空间，采用二进制换算，通过"0"和"1"呈现文字、图案、音频、视频。存储在介质中的无序排列的 0 和 1 才是原始形式，其内容不能被人感知，只能通过特定的软硬件设备、系统和软件编译才能呈现出文字、图像、声音来，这也是电子数据通常需要转换成书面材料、声音影像以及其他证据形式才能在法庭上质证的原因，但是这已不是电子数据原件本身。① 电子数据的虚拟性同样导致其存在较之传统证据的易于篡改、伪造、删除的风险。

第三，电子数据具有分散性和不完整性。在信息化时代，大量信息交换、交易都是通过电子数据的形式进行的，完整存储在介质中的电子数据往往有上百万条，可用"海量"来形容。仅在某个系统中采集的电子数据可能并不能完整展示一个案件的事实，需要在多个系统中采集，然而有时这种采集无法做到。因而，将电子数据作为证据采集时，不可能全部采集和提交，只能选择与案件有关的部分内容。从内容上看，电子证据一般只截取其中一段文字或录音，所表达的主要内容一不清晰二不完整，难以据此判定当事人拟证明的事实。因此，电子数据的分散性和不完整性较为突出。

电子数据上述的这些特征，再加上在收集、保全、审查、判断、运用电子数据证据方面缺乏统一标准，直接影响到了审判人员对电子数据证据的真实

① 陈涌涛：《电子数据的证据规则研究——以手机数据为研究对象》，载《江西警察学院学报》2017 年第 6 期。

性、关联性和完整性的准确判断，给电子数据证据的审查判断带来了一定的困难。尤其是在司法认定中存在两大难点：一是如何确认电子数据所属人的真实身份；二是如何确认电子数据内容未经篡改，是符合法律规定的原件。这将导致司法审判人员在认定电子证据时，往往较为审慎和保守。法官认为，根据这些可能被伪造、篡改的证据或者存在模糊性和不确定性的证据来定案，存在较大风险，因此采信电子证据的比率较低。据学者统计，在司法实践中，绝大多数情况下审判人员对电子数据证据未明确作出是否采信判断，占比达 92.8%，明确作出采信判断的只是少数，仅占比 7.2%，后一情形又可区分为完全采信、部分采信、不采信三种情形，分别占比 29.2%、2.0%、68.8%。①

在"互联网+"背景下，劳动纠纷处理可能面对的绝大部分证据都是电子数据证据，有必要重新审视电子数据证据的司法采信标准。证据如要被审判人员采信并作为定案的根据，必须要具有真实性、关联性与合法性才可。审判人员能否对电子数据证据审查与核实，电子数据证据有无证明力和证明力大小，也主要是从真实性、关联性与合法性三个方面来认定的。当然，需要特别指出的是，虽然"真实性、关联性、合法性"是证据采信的三大标准，但电子数据证据的合法性审查标准与一般证据的合法性审查标准并无不同，都是对其生成、取得等环节的合法性进行判断。如果当事人以侵害他人合法权益或者违反法律禁止性规定的方法取得证据，且这种收集手段的不法程度对证据真实性有足够影响，或者对当事人其他重大权益有重大影响，则需对其加以排除，认定其为非法证据，包括在制作、储存、传递、获得、收集、保全、出示电子数据证据等各个环节，不得通过窃取、入侵他人网络系统等非法方法取证，也不得侵犯他人隐私权和个人信息权等合法权益，更不能通过非法搜查、扣押等方式获得电子证据，以及通过非法软件获得证据。因此，下面主要针对电子证据的真实性和关联性的采信规则进行论述。

二、劳动争议诉讼中电子证据真实性的采信规则

（一）证据真实性的一般审查标准

证据的真实性，亦称证据的客观性或确实性，是指证据所反映的内容应当是真实的、客观存在的。证据的真实性是证据最本质的特征，一切证据材料必

---

① 刘品新：《印证与概率：电子证据的客观化采信》，载《环球法律评论》2017 年第 4 期。

须经过查证属实，才能作为定案的依据。① 根据《最高人民法院关于民事诉讼证据的若干规定》的规定，法庭应当根据案件的具体情况，从以下方面审查证据的真实性：一是证据形成的原因；二是发现证据时的客观环境；三是证据是否为原件、原物，复制件、复制品与原件、原物是否相符；四是提供证据的人或者证人与当事人是否具有利害关系；五是影响证据真实性的其他因素。

（二）目前电子数据证据真实性的主要采信标准

在司法实践中，因没有统一的法律规范，目前对电子数据证据真实性的审查主要还是以法官的"自由心证"为主，主要考察电子证据的来源是否可靠以及内容是否被改变。具体采信标准主要如下：

1. 对于不是原件的电子数据证据的真实性不予认可

在（2016）浙 0106 民初 11526 号案中，原告提供了借款协议、杭州天谷信息科技有限公司出具的电子证据报告各一份，原告提交的证据均系原件，符合证据形式要件，法院对原告提交的证据予以确认。在（2016）粤 06 民终 2690 号案中，法院认为证据 1 是电子证据打印件，并未能与原始文件核实，亦无其他证据予以佐证，被告对其真实性不予确认，法院对该证据的真实性和证明内容也不予确认。在（2016）苏 12 民终 2422 号案中，张俊灿提交的借款协议、承诺书、收款确认函、借条等资料的录音录像资料光盘，系电子证据，未在举证期限内提交相应证据的原件，以致无法确认借款协议、承诺书、共同还款承诺书、收款确认函等书证的真实性，法院对此不予认定。在（2016）苏 13 民终 378 号案中，当事人提供的证据 2 是 365 易贷网站截屏的借款流程图一份（复印件），旨在证明该案借款真正出借人为 365 易贷网站用户名 yangjiangwei 名下载明的放款人，而韵乾担保公司对其真实性不予认可，故法院对证据 2 的证据效力不予认定。

2. 不是原件但形成证据链的真实性予以认可

在（2016）鲁 1525 民初 2488 号案中，法院认为，原告提交的电子数据证据系打印件，不能进行司法鉴定，被告对原告所提交的证据不予认可并提出反驳意见，但法院认为，原告所提交的电子证据，符合现今流行的网上借贷交易惯例及规则，相互印证，形成了有效的证据链条，能反映原告诉称的被告赵泽雨、被告张莉萍通过开开贷网站向青岛开开贷电子商务有限公司及周茂东借款，并由其余被告进行连带担保的事实，法院认可该类证据的真实性。在（2014）黄浦民五（商）初字第 6199 号案中，法院审慎认定了 P2P 网站上的电子证据，在 P2P 网贷平台提供完整证据链的基础上，赋予电子证据打印件

---

① 何家弘、刘品新：《证据法学》，法律出版社 2011 年版，第 10 页。

与原件同等证明力。

3. 未经公证的不予认可真实性

在（2017）晋01民终2110号案中，法院认为，因被告提交的电子数据证据既未经过公证，也未经专家鉴定，无法确定其真实性，故对该证据不予认可。在（2016）苏02民终1382号案中，法院认为，关于孙佳所称其开户、交易过程存在诱导，因其所举证的QQ聊天记录的采集未经过公证取得，故其真实性无法确认。

4. 未经公证但形成证据链予以认定真实性

在（2016）浙0402民初3299号案中，被告韩曦东对证据1的真实性有异议，认为原告提供的证据均系网页截图，没有类似于网页提取公证书形式的文件，但法院认为，原告提供的证据1虽系网页截图，且相应网站已无法打开，但该部分借款标的数量、名称及金额，均与证据6中平台发送的还款邮件一一对应，两组证据能够相互印证形成证据链，对其真实性予以认可。

（三）存在问题及采信标准的改进

实际上，这些采信标准尚存较大问题：一是电子数据的原件难以获取；二是何谓形成证据链尚未有统一标准；三是公证只能证明提交公证时的事实，不能证明交易发生时的事实，且关联性无法证明。因此，有许多法官对电子数据证据的真实性持保守态度，一般不予认可。但是，不能因为电子数据证据的载体或表现形式比较新颖，或者由于证据本身的易变性，就抬高其证明待证事实的门槛。[①] 因此，应考虑电子数据证据外观隐蔽性、物理脆弱性、易篡改性、可修复性等特征，依据证据规则的基本立法精神，对其真实性的审查建立一套特殊的采信标准。主要包括：

1. 没有提交原件不应成为否定真实性的理由

一般的证据规则规定，证据提交应以原件为基础，原件是判断其真实性的重要标准。但电子证据的虚拟性、易篡改性等特征，使得收集、保全原始电子数据确实存在困难，如果一定要求提交原件，将可能导致当事人无法举证。鉴于电子数据的原件难以获得，应规定没有提交原件不能作为否定其真实性的理由。

2. 规定"视同原件"的具体情形

一些电子数据证据以截屏、打印、照相、录像等方式简单地在法庭上出示，只要符合一定情形，也应视为提交了原件。我国《电子签名法》第5条就规定，符合下列条件的数据电文，视为满足法律、法规规定的原件形式要

---

① 祝芳、洪婧：《对电子证据效力的审查认定》，载《人民法院报》2017年1月19日。

求：一是能够有效地表现所载内容并可供随时调取查用；二是能够可靠地保证自最终形成时起，内容保持完整、未被更改。然而，这些规定尚不能满足电子数据证据的要求。对此，有学者就认为，满足以下任一条件者，即视为提交了原件：一是它准确显示了原始电子数据的内容；二是它是完整的并且在任何时候可以被获取；三是双方对电子证据的真实性没有异议；四是它被有效和合法地公证，而且另一方没有提出相反证据；五是电子证据被电子签名或其他安全程序安全保存；六是电子证据依法被双方保存。① 因此，我国今后所确立"视同原件"的具体情形，应大于《电子签名法》第 5 条规定的范围。笔者认为，除了该学者的主张之外，还应包括：第一，经专业第三方机构证实存储介质（电子设备）处于正常运行状态中，且该电子数据收集于该存储介质中。第二，通过设定的介质和程序重复操作而得出同样电子数据。例如，允许当事人采用书面形式记录收集电子数据的全过程，包括从何处收集了数据、收集时间、数据来源、数据格式、收集时使用了哪些检索关键词、数据主题、数据收集人以及收集方式等，任何人都可依此得到同样的电子数据。② 第三，网络服务提供商或者电信服务提供商提供的电子数据。第四，多个电子数据证据之间可以相互印证，不同证据之间在细节上是吻合的，不存在无法合理解释的矛盾。

3. 公证电子数据证据的采信规则

根据《民事诉讼法》第 69 条和《最高人民法院关于民事诉讼证据的若干规定》第 77 条的规定，被依法公证的电子数据证据会被法庭采纳并作为定案依据。但其实，公证书只能证明电子数据是真实存在的，却不能证明电子数据是否被删改过，也不能证明该电子数据的具体形成时间。③ 以电子邮件为例，公证书只能证明某封电子邮件在公证时的存在状态及其内容，不能证明电子邮件是否被添加或被篡改，公证时存在的邮件和最初收发时的邮件是否一致，邮件服务器是否为当初当事人所使用的。因此，经公证的电子数据证据并非可以直接采信并作为定案依据，而是应当结合电子数据的形成、存储、传送、收集方式等，综合判断该证据本身是否完整，进而认定其真实性。如果公证证据自身存在瑕疵，系孤证，法官就应结合日常生活经验法则、正常的法理逻辑等进行综合判定。

---

① 石现升、李美燕：《互联网电子证据运用与司法实践》，载《北京航空航天大学学报（社会科学版）》2016 年第 2 期。

② 毕玉谦：《论民事诉讼中电子数据证据庭前准备的基本建构》，载《法律适用》2016 年第 2 期。

③ 汪闽燕：《电子证据的形成与真实性认定》，载《法学》2017 年第 6 期。

4. 适格技术证明的采信规则

易篡改性是电子证据的一大特征。除了使用者自己篡改或伪造之外，互联互通的网络还可能遭到黑客的侵入和攻击。黑客在侵入计算机系统后，会篡改文件。要识别哪些电子证据被篡改或被修改过，需要借助计算机法庭科学技术。因此，可以通过采用技术来证明系统未被侵入，或者证明数据未被篡改。一是负责底层技术的主体。电子证据的运行离不开互联网等底层技术的支持，以及这些负责维护和运营底层技术的主体（包括公司或技术人员）。基于这些主体的独特身份和能力，他们完全具备专业知识与经验，也经常需要对电子证据实施核验与检查，甚至是他们的日常工作，由其对底层技术下产生的电子证据是否真实或者是否被篡改、伪造的事实作出陈述，来查明电子证据是否真实，这既是可行的，也是可信的。例如，公司提供的电子考勤系统生成的电子证据，如果由生产商或供货商出庭作证或以书面证言出具证明，以证明该考勤系统未经篡改，对于该系统下的电子证据，一般应予采纳。二是专门的鉴定机构。目前，还没有专门从事电子证据鉴定的机构，但可以请求公安部门的计算机犯罪监察部门等专业机构来进行鉴定。例如，劳动争议案件当事人要证明一份电子邮件是否真实，可以向公安局公共信息网络安全监察处申请鉴定，由监察处出具一份"电子邮件书证意见书"，法院可以就当事人提交的电子邮件打印件的真实性予以确认。政府相关部门出具的这种鉴定结论无疑具有较高的证据效力。

三、劳动争议诉讼中电子证据关联性的采信规则

（一）证据关联性的一般审查标准

证据的关联性，又称相关性，是指证据与案件事实之间存在客观联系。与案件情况没有联系的客观事实，不能起到证明案件真实情况的作用，不能成为定案的证据。判断证据的关联性，需要考察证据与案件事实的联系，而证据与案件事实的联系方式多种多样，既有因果联系，也有条件联系、时间联系、空间联系、必然联系和偶然联系等。其中，因果联系是其中最主要的联系。一切倾向于证明待证事实可能存在或可能不存在的证据均为相关证据，否则不具有关联性。① 当然，在司法实践中，对证据关联性的审查与对真实性的审查存在一定交叉重叠。例如，有些证据因缺乏与当事人主体之间的关联性，也可能被认定为不具真实性。而且，较之真实性，关联性问题在证据认定中更为重要，

---

① 何家弘、刘品新：《证据法学》，法律出版社 2011 年版，第 11 页。

因为"关联性问题是法官必须直接和正面作答的，而对真实性问题的回应法官可以借助司法鉴定或检验报告来完成，即法官可以拒绝直接表态"，"关联性问题在裁判文书中必须作出认定，真实性问题则可以通过举证责任规则来处置"。①

（二）目前电子数据证据关联性的主要采信标准

基于电子数据的虚拟性等特征，当事人通过网络空间进行交流、达成协议并最终完成交易，但当事人却常常素未谋面，主体的确认和内容的确认是关联性的重要考察内容，也就是说，应重点考察是否为当事人本人实施了该行为，以及当事人确认的协议内容。

1. 符合法律规定的电子签名应予认可

在（2016）浙 01 民终 4526 号案中，上诉人陈建忠提出阿里信用贷款合同上没有本人签名，对合同不予认可。法院认为，案涉阿里信用贷款合同系陈建忠以其名下的支付宝账户与阿里小贷公司通过网络数据电文的形式签订的，陈建忠名下的支付宝账户也已通过上传本人身份证照片、绑定的银行卡验证等实名认证程序注册成功。所绑定的手机号码系陈建忠目前使用的手机号码，故在支付宝账户名、登录密码、支付密码经验证一致的情况下订立的案涉合同，应视为陈建忠本人与阿里小贷公司签订。

2. 对于没有验证或不符合电子签名的不予认可

在（2013）濮中法民开终字第 213 号案中，当事人贺某向法庭提交了一份从某公司网名为"春天的故事"的员工的 QQ 邮箱所发的收据打印件，用以证明其已归还公司借款 100 万元。而某公司声称，公司从未通过 QQ 邮箱向贺某发送过收款收据，公司中也没有一个网名为"春天的故事"的员工。最终法庭认定，由于贺某没有提供证据证明名为"春天的故事"QQ 邮箱与某公司存在关联，因而认定该电子收据不具关联性。②

3. 证据链可以相互印证的应予认可

在（2016）粤 03 民终 9476 号案中，借款人、出借人、担保人在线签订借款合同和担保合同，合同约定："本合同经当事各方通过合拍在线网站以网络在线点击确认的方式订立，正常操作后自动生成电子合同，为各方同意和认可，生效后对各方均具有法律约束力。"法院据此认为，涉案的委托担保协议书、担保函、借款合同虽为数据电文形式生成的合同，无当事人的线下签章，中兰德公司亦未提供杨更欣的电子签名认证证书，但是，上述合同均通过合拍

---

① 刘品新：《电子证据的关联性》，载《法学研究》2016 年第 6 期。
② 刘品新：《电子证据的关联性》，载《法学研究》2016 年第 6 期。

在线公司的在线网络平台签订,合同中均载明通过在线点击生成的合同具有法律效力,合拍在线公司也出具了相关证明,并实际向杨更欣支付了借款,上述证据能构成完整的证据链,故借款合同成立且合法有效。在(2016)粤 03 民终 22809 号案中,针对担保保证书无线下签章、合同未载明可以进行线上点击生成并生效等意见,法院认为,担保保证书载明的"自保证人签章/且法定代表人或授权代理人签字之日起生效"虽没有明确可以进行线上点击生成并生效,但结合该网上交易模式的特点以及根据《电子签名法》第 14 条有"可靠的电子签名与手写签名或者盖章具有同等的法律效力"的规定,电子签名也应属于上述合同条款中约定的签章、签字的范畴。结合合拍在线公司关于注册、认证和签约的程序陈述以及北京天威诚信电子商务服务有限公司出具的"天威诚信数字认证中心数字签名验证意见书"可以看出,在合拍在线公司平台上进行注册,须进行实名认证,特别是绑定了注册会员的银行卡,具有身份确定的客观性,且会员每次发出指令,均会取得相应的验证码,以保证电子指令系由适格的注册主体发出。该交易流程设计在程序和技术上,基本保证了交易的客观性。对于中兰德公司而言,其基于合拍在线平台会员资格的认证程序和签约程序,有理由相信林春莲的注册认证资料属实、担保保证书亦是林春莲通过线上点击的方式与中兰德公司签署的。

(三) 存在问题及采信标准的改进

大部分学者都认为,对关联性的审查其实没有一个固定的标准,只是一个经验的问题,很大程度上依赖于人们的常识与经验来作出判断。法官在判断证据的关联性时,也主要是依据一般的逻辑和经验进行。[①] 因此,对于电子数据证据的关联性审查,也是缺乏专门的标准或规则,这对电子数据证据的适用造成一定的阻碍。例如,涉及电子数据证据时,即便不否认其真实性,但通常会以该上传或下载等行为不是当事人所为来抗辩。

对此,有学者建议从人、事、物、时、空等多因素来审查电子数据证据的关联性。具体包括:一是身份(人)关联性,即涉案的电子账号归当事人所有或所用;二是行为(事)关联性,即当事人是否实施相关行为;三是介质(物)关联性,即电子介质同当事人的关系;四是时间(时)关联性,即确定涉案时间;五是地址(空)关联性,即地址信息同当事人的关系。[②] 以此来证明,是否为当事人在涉案时间在涉案介质上使用电子地址实施了涉案行为。本书对此赞同。除此之外,本书还建议设立如下认定制度:

---

① 汤维建、卢正敏:《证据"关联性"的含义及其判断》,载《法律适用》2005 年第 5 期。
② 刘品新:《电子证据的关联性》,载《法学研究》2016 年第 6 期。

第一，认证电子签名证明力优先。根据《电子签名法》第 16 条的规定，电子签名未强制要求进行认证，因此电子合同涉及的电子签名存在经过认证和未经认证两种情况。针对电子签名本身，对于经过认证的电子签名，可以在诉讼中请认证机构提供认证证书，以证明电子签名的关联性；未经认证的电子签名，当事人要确保自身具有存储和呈现电子签名的必备条件，同时需要其他辅助证据加以证明。

第二，私人密码使用即为本人行为。即只要客观上在电子化交易中使用了私人密码，如无特殊事由，则视为交易者本人使用私人密码从事了交易行为。当然，也可设置限制情形，具体包括：软件密级程度过低，交易密码失窃、失密后已经及时挂失，操作系统受到黑客攻击等。

第三，特殊情形下的举证责任倒置。有证据证明电子数据证据主要控制在某一当事人手中，包括 IP 地址证据、上网终端归属证据、网上活动记录证据、数字证书等，当另一方当事人提交了部分初始电子数据证据后，如果控制电子数据的当事人不予确认，应提交证据予以反驳。如果没有提交反驳证据，则应推定关联性存在。

四、第三方电子证据存证平台的适用

电子证据存证平台是顺应电子证据的广泛存在而生的，通过第三方存证平台对相关电子证据进行收集、保存并出具证明，以提高电子证据的证明力。实际上，电子证据具有高技术性，这就要求电子证据的保存和证明也是一项具有较高技术含量的工作。而且，如果用人单位自我存证，其中立性受到较大质疑，导致其证明力低下。因此，众多第三方电子数据存证平台出现了，且这些第三方电子证据存证在司法证明的舞台上发挥着越来越大的作用。

（一）第三方电子证据存证平台取证的司法确认问题

第三方电子数据存证平台运作的基本机理是，通过利用计算电子数据完整性校验值、电子数据的云托管、对称算法、非对称算法、哈希算法、加密传输、云存储等技术手段，辅以司法鉴定、公证等证据保全手段，为用户保存电子数据以备用作提交法庭的电子证据。例如，北京联合信息技术服务有限公司运营的"可信时间戳"电子数据平台，即是通过法定时间源和密码技术的结合，为当事人的电子数据提供一个"可信时间戳认证证书"，主要用于证明该电子数据的生成时间和内容是否完整。作为电子证据时，当事人可以在任何时候通过登录北京联合信息技术服务有限公司的网站以便验证该电子证据的生成时间和是否被篡改过。又如，杭州安存网络科技有限公司开发的存证产品包括：语音取证、电子邮件取证、网页取证等，对语音、邮件、交易凭证、数字作品及侵权取证的数据进行保全，再进行公证，并作为电子证据递交法庭。又如，厦门市美亚柏科信息股份有限公司旗下的中证司法鉴定中心主要运营"互联网+司法鉴定"的"存证云"。如有需要，用户可以通过"存证云"手机端、Web端、PC端、PAD端进行取证、存证，包括语音、邮件、网页、视频、照片等多种电子数据，如有需要，可以对电子证据进行司法鉴定。又如，杭州天谷信息技术有限公司提供的"e签宝"电子签名服务平台，终端用户可以直接使用标准签通过该平台签署电子文件，或者完成某个审批流程。这种应用"数字签名+时间戳"技术，生成符合PADES标准的数字签名，电子文件以PDF形式来保全和展现，证明所签署的电子文件的时间点，防止所签署的电子文件被篡改。再如，国信嘉宁数据技术有限公司为当事人提供电子证据收集、固定服务，通过即时加密固化电子信息数据的内容和形成时间，生成文件的唯一数字身份证，确保数据的真实性、公正性和有效性。

用人单位利用第三方电子数据存证平台对已经存在的或者正在产生的电子证据进行收集固定，或者经当事人申请由第三方电子数据存证平台对已经存在的或者正在产生的电子证据进行收集固定，从而确保该被收集固定的电子证据在之后不被篡改、保持完整，且能够确定收集固定电子证据的时间，这种证据的真实性、完整性和生成时间都是比较确定的。而且，由于第三方电子证据存证平台是专门从事电子证据收集、固定服务的独立第三方机构，其独立于双方当事人之外，不太容易受当事人立场的影响，具有较为中立的地位。在某些第三方存证平台中，任何人都可进入平台进行电子数据的存证，也就是说，平台仅为当事人提供一种保全手段，具体如何保全、保全哪些电子数据，都由当事人自己决定和具体实施。

然而，对于经过了第三方电子存证平台存证的电子证据，其在法庭上被采信的情形却存在差别。在一些案件（例如〔2015〕宁知民终字第243号案）中，法院直接采信当事人通过第三方存证平台保全的网页，认定经过第三方存证平台保全的电子证据具有权威性和可信赖性，有证明效力。但在另一些案件（例如〔2015〕京知民终字第1868号案）中，法院没有认定当事人经过第三方存证平台保全的电子证据的证明力，对第三方平台的资质以及电子证据的真实性提出了质疑。因而，从证据效力来看，第三方存证平台所固定的电子证据仍然是一种证据而已，并不因利用了第三方的平台或有第三方的参与而具有特殊的证据推定效力，其能否被采信仍然需要结合其他证据进行综合考量。

实际上，经过存证的电子数据，与其他的电子数据一样，同样存在来源的真实性、客观性、完整性的问题。无论第三方平台如何中立，也无论第三方平台是否采取鉴定或公证等强化手段，当事人提交到第三方存证平台的证据本来就是非真实的、非完整的，无论经过什么手段，也不能使该证据具有真实性、完整性的属性。然而，第三方平台所存证的电子数据都是当事人自行提供的，第三方平台没有也无法确定其在提交到平台前的情况。因而即使网络环境是安全的、所用设备是清洁的、存证取证符合程序等，也不能保证电子证据完整性、真实性以及是否经过了篡改。例如，即使有录像设备对劳动者或用人单位操作过程进行了全程录像，也不会免除对方当事人对所固定的网页是否来自真实环境的质疑。况且，由于第三方平台大都是以营利为目的的公司，所提供的皆为有偿服务，一方当事人缴纳费用就可以存证，而没有缴纳费用的另一方当事人就处于不利境地，第三方平台天生具有为当事人的利益篡改电子证据的倾向，使得第三方平台中立性地位受到质疑，第三方平台收集、固定证据的身份和资质也受到质疑。

（二）第三方电子证据存证平台取证司法确认制度的完善

根据《最高人民法院关于互联网法院审理案件若干问题的规定》（2018年9月7日施行）第11条的规定，当事人提交的电子数据，通过电子签名、可信时间戳、哈希值校验、区块链等证据收集、固定和防篡改的技术手段或者通过电子取证存证平台认证，能够证明其真实性的，互联网法院应当确认。这是我国首次对包括区块链等技术电子存证进行了法律确认。随后，杭州互联网法院、北京互联网法院、广州互联网法院允许第三方电子证据存证平台接入法院系统，并发布了电子证据平台接入、存储、使用的相关管理规范。

这些管理规范的内容主要包括：第一，规定了可以接入互联网法院的第三方电子数据存证平台的条件。接入总体而言具有一定的开放性，只要是依法获得电子数据的机构或者组织，或者依法为用户提供电子数据存储、传输和使用等服务的机构或者组织，或者依法提供公证、鉴定等服务的机构或者组织，都可申请接入互联网法院系统。具体的接入标准包括：一是第三方证据平台要具备可持续提供存证服务的能力和被市场有效验证；二是通过严格的实名认证；三是第三方证据平台必须通过国家授权的第三方电子认证机构为其颁发认证，确保网上传递信息的机密性和完整性；四是在申请接入时，需向互联网法院提供主体身份资料、联系方式等信息，经过互联网法院管理员审核同意才可。第二，规定了电子证据的取证。法院依职权或者应当事人申请，可依法调取证据平台存储的电子数据。证据平台对当事人或者平台接入方提交的原始文件副本进行加密运算后，取得电子数据摘要值，并与先行存储的电子数据摘要值进行自动比对验证。当事人提交的原始文件副本经证据平台比对一致的，推定该副本在保存过程中未被篡改。证据平台根据当事人提交的存证编号向平台接入方调取原始文件副本，经比对一致的，推定该副本在保存过程中未被篡改。经法院证据平台核验未经篡改的电子数据，可以作为认定案件事实的依据。

因此，在互联网法院的证据平台设立并接受第三方平台的接入之后的电子证据，其作为证据的证明力无疑大大提升了。然而，该制度仍然存在一定问题，需要完善：

第一，在互联网时代，电子数据无处不在，仅仅规定接入互联网法院的第三方电子证据存证平台的电子证据具有更高的证明力，尚无法满足当前电子证据司法认定的需要。对于没有接入互联网法院的第三方电子证据存证平台中的电子证据，应当对其司法确认作出明确规定，以便司法实践有章可循，使司法更好地与互联网时代相吻合。

第二，接入互联网法院的第三方存证平台的电子证据的相关规则，能否适用于非互联网法院的案件审理；或者从某一互联网法院接入的第三方存证平台获取的电子证据，能否在其他互联网法院的案件审理中拥有相同的证明力，这些都需要明确。

第三，无论是接入互联网法院的第三方电子证据存证平台，还是没有接入的，都无法回避这些第三方存证平台逐利性的本质。当然，我们相信大多数第三方平台都是较为自律和遵守必要的商业道德的，但这些已知的第三方平台都是商业性的存证服务提供商，追逐利益最大化是其经济人的本性，不排除有些第三方平台在面对暴利时作出有违行业准则的不道德行为。因此，对第三方平台还需要制定严格的从业标准，防范存证服务提供商本身的中立性出现问题。尤其是，第三方平台不能与互联网金融机构交叉持股，使得第三方平台既当裁判又当运动员，损害第三方存证行业的中立性和公正性。当然，有条件的话，最好能够建立纯公益性的综合公共信息服务平台。

第四，即便有第三方存证平台的辅助，电子证据的司法确认规则仍需进一步细化。例如，对电子证据真实性的判断，并非仅指是否在第三方存证平台上存证过，甚至是否经过公证，而是指进入第三方存证平台前或公证前该电子数据就未曾被篡改，且也真实反映了事实。但是，电子证据具有对高科技介质的依赖性，因此误操作、病毒、软件或硬件故障、计算机通信网络故障等都会造成电子数据的改变。电子数据具有易被破坏性，在其生成、存储、传送与接收、收集等各环节中都可能被改变，且被破坏后往往不留痕迹，因此，需要保证或查证这些电子数据在进入第三方存证平台前就是真实的。还有的当事人串谋作假，刻意制造虚假的电子数据，并使其经过第三方存证平台的存证，故意伪造事实。因而，对于经过存证的电子证据，还需细化其确认规则。

第十六章　智慧法院下劳动争议智能裁判研究

现代信息技术的勃兴给人类社会带来了从工业社会向信息社会转变的深远影响。以人工智能、物联网、云计算、大数据等为代表的信息技术产品与服务，深刻地改变了人们的生产方式、工作方式、学习方式、交往方式、生活方式和思维方式，有力推动了社会发展。得益于计算机运算能力和人工智能深度学习技术的提升，近些年来，人工智能进入法院审判领域的实践也在快速发展阶段。[1] 但是，人工智能能否辅助法官进行裁判，甚至取代法官进行裁判，以及如何进行智能裁判，成为学界和实务界热议的主题。

一、劳动争议智能裁判的司法实践

（一）智能裁判的运行模式

从技术上来说，智能裁判借助 AI 技术对复杂的案件信息进行处理。[2] 在复杂算法基础上，经过深度学习，智能裁判系统具备自主更新、自主优化处理法律数据的能力。深度学习技术是一项计算机视觉数据处理的智能技术，以客观事物为基础，深入地发掘和利用数据信息，达到图像识别等功能。[3] 而就智能裁判而言，深度学习意味着计算机通过视觉数据处理技术，识别众多法律文书，如裁判文书、证据文件、辩护词、起诉状等，将文书要素化、规则化、模型化，进而对文书内容进行分析。借助人工智能技术，计算机对既有判例进行分类、整理、区分、归纳，进行深度学习，构建法律知识图谱，形成自己的信

---

[1] 孙志远、鲁成祥等：《深度学习研究与进展》，载《计算机科学》2016 年第 2 期。

[2] ［英］玛格丽特·博登：《人工智能哲学》，刘西瑞、王文琦译，上海译文出版社 2006 年版，第 45 页。

[3] 马俊：《深度学习在计算机视觉分析中的应用》，载《电子技术与软件工程》2019 年第 7 期。

息数据库，在数据库的基础上对后续输入的案件进行分析，并自动进行相关案例智能推送、裁判结果预测、偏离预警、裁判辅助、裁判文书自动生成等。

研发者希望借助人工智能使法官更为高效准确地处理案件。总的来说，无论是北京高院的"睿法官"智能研判系统，还是苏州中院的"智慧审判苏州模式"，抑或是贵州高院的"法镜大数据系统"等，各地法院研发的智能裁判系统在功能上各有千秋，但它们在本质上都是通过让计算机深度学习数据对案件进行计算，这些系统的本质就是算法和数据。因此，有学者将数据生动地比喻为"萃取人工智能所必需的火焰"①。通过计算机深度学习，计算机对繁杂的案件信息进行研究，从而构建规范的智能化算法和裁判依据。

大陆法系的裁判过程离不开三段论的推理，同样的，运用人工智能进行智能裁判，是借助计算机人工智能进行三段论推理。一个优秀成熟的司法判决需要一头联系着法律条文，一头联系着特定的案件事实。裁判行为就是法官将规范的法条应用在具体的生活事实中的过程。要使得裁判结果达到法的可预测性和可接受性的统一，需要法官的目光在事实和法律之间来回穿梭。②

具体而言，在传统裁判中，大前提是法官根据案件具体情节在成文法体系中检索得出的法律规范，小前提是个案的案件事实。法官裁判依据的大前提并非天然堆放在法官面前，而是要求法官结合具体案件在法律体系中反复检索得出。而且，上述的检索也包含着法官对不同学术观点的筛选、判断及选择。事实上，这也是法官裁判最关键的步骤。因此，有观点认为，法官裁判行为从寻找大小前提，特别是寻找大前提的时候就开始了。③智能裁判系统以超高的运算效率与储存容量为武器，首先提取双方争议事实的关键信息，其后选择适用个案的观点并在此基础上寻找法律规范；然后将检索得出的法律规范适用在案件事实中；最后通过法律解释，自动生成裁判文书或提供裁判结果预测。当然，这是功能较为全面、智能化程度较高的智能裁判系统的运作模式。

（二）劳动争议智能裁判在法院的实践

智能裁判在各地法院的实践方兴未艾，存在多套运行模式不同的智能裁判系统，主要有北京高院的"睿法官"智能研判系统、苏州中院的"智慧审判苏州模式"、广州中院的"智审"系统等。④

---

① 谢慧：《"智能+"模式下裁判形成的过程分析》，载《济南大学学报（社会科学版）》2019年第4期。

② 焦宝乾：《事实与规范的二分及法律论证》，载《法商研究》2005年第4期。

③ 焦宝乾：《事实与规范的二分及法律论证》，载《法商研究》2005年第4期。

④ 叶锋：《人工智能在法官裁判领域的运行机理——实践障碍和前景展望》，载《上海法学研究》（集刊）2019年第5卷。

最高人民法院建设了"类案智能推送系统"，从案件性质、案情特征、争议焦点、法律适用等四个维度进行案例智能推送，能够覆盖全部案由。

北京高院"睿法官"系统的工作机理是，依托大数据，按照程序设定好的审理逻辑，在法律知识图谱的基础上对过往案件的裁判倾向进行分析，产生具体个案的裁判结果预判，再运用训练模型，通过语言处理等技术，自动生成裁判文书。

苏州中院的智能裁判系统则主要针对数量多、案情相对简单的案件类型。其同样是基于智能研判系统，计算机自动提取电子卷宗关键信息，依据类案裁判规则，自动生成裁判文书，经法官简单复核确认，则可以快速制作裁判文书。

广州中院的"智审"系统以司法数据的集中管理和深度应用为基础，实现数据自动汇集和数据智能分析。数据资源库依托数据传输交换系统，自动汇聚广州全市法院 381 项审判执行数据、146 项政务人事数据、46 项司法研究数据和 26 项信息化管理数据，并实现数据实时上传、自动更新。为确保海量司法数据的储存安全，建立数据定期备份机制，全部应用系统均实现以日为周期的数据备份。同时，建成司法数据管理分析平台、裁判文书说理库以及文书辅助生成系统。文书说理库通过设置争议焦点索引，系统自动识别争议焦点并向法官推送相关法律法规、同类案件以及说理段落供法官参考。文书辅助生成通过提取加工在立案、庭审、合议等环节形成的案件信息，并将加工后的信息自动回填进诉讼文书模板，生成裁判文书的制式部分，帮助法官集中精力撰写"本院认为"部分。按照"建立模型、特征学习、有效应用"思路，以劳动争议等法律关系相对简单、裁量尺度相对固定、规模效应明显的案件为突破口，实现类案识别与推送。2017 年初全面启用专门服务法官办案的"法官通"手机 APP 移动办案平台，支持人脸识别安全登录，实现案件管理、远程阅卷、在线合议、语音撰写文书、调阅裁判文书、视音频执法取证等办案功能，开庭排期、审限变更申请、办案日志自动生成、案件报结等管理功能。

现阶段，各地法院研发的劳动争议智能裁判系统虽然功能上不尽相同，但总体上基本能够涵盖劳动争议案件裁判的主要过程。

1. 庭前准备工作

由书记员、法官助理将案件在开庭前的所有文件电子化，包括但不限于劳动争议仲裁裁定书、起诉状、答辩状、证据清单、书证物证等，智能裁判系统同步生成电子卷宗，在人工智能算法运作下，依托知识图谱，智能裁判系统自动生成庭审提纲，法官结合自身经验选择性地增加提问提纲。智能裁判系统并非只能"一条龙"式地直接产生裁判文书，其可以分阶段地助力法官裁判，提供辅助工作。

2. 类案推送

智能裁判的本质是"数据库+算法"。经办法官将案件电子化后,智能裁判系统自动识别劳动争议案件的情节、争议焦点、证据等重要信息,在数据库中进行检索对比,与以往的裁判进行比较,当符合了一定的算法,部分既往的判例被认为是类案,自动推送到经办法官的系统终端。智能裁判系统扮演着"数据库"的角色,法官可以通过输入电子案卷的方式进行检索,也可以以输入案件关键词的形式进行检索。

3. 裁判文书自动生成

经过了前面的运作,智能裁判系统中最关键的也是最困难的场景莫过于裁判文书的自动生成。裁判文书自动生成是智能裁判的核心,也是"智慧法院"建设最关键的一环。智能裁判系统通过识别电子化卷宗,按照逻辑算法,结合同类案件的裁判尺度,自动逐段生成劳动争议案件裁判文书中的当事人信息、原告和被告提出的事实与理由、认定事实、争议焦点、经审理查明、裁判结果、裁判依据等。当然,现阶段裁判文书的自动生成无一例外地只能实现简易裁判的生成,特别是针对数量多、案情共性强的简单案件。

4. 同案同判监测

尽管部分智能系统已经实现了裁判文书自动生成的功能,但一方面该功能只能针对简单案件,疑难案件仍需法官进行传统裁判,另一方面,部分案件即使应用了裁判文书自动生成技术进行裁判,不意味着法官对于该裁判文书完全放任不管,直接作为最后判决。这些自动生成的裁判一般仍需要经办法官把关。在此情况下,同案同判监测系统显得尤为重要。同案同判监测是基于智能裁判数据库进行的同案不同判预警的平台,经办法官输入最终定稿的劳动争议纠纷案件,系统自动匹配类案进行深度学习和对比。若产生案情证据相似度较高而裁判结果有重大偏差的案件,则会进行自动预警,该预警自动发送到经办法官的分管领导如庭长、副庭长处,方便其进行监管。[①]

就各地法院的实际应用来看,苏州中院的"智慧审判苏州模式"在各个模块场景都表现得相当出色。而且,苏州中院的智能裁判场景并不限于以上四点,还包括"电子卷宗智能编目""庭审语音智能转写""智慧法庭随讲随用""'云柜'流转同步跟推""文书制作左看右写"等平台。2017年1月23日,最高人民法院院长周强作出批示:"应大力推广智慧审判苏州模式。"同年4月6日,时任中共中央政治局委员、中央政法委书记孟建柱视察苏州中院,对

---

① 焦宝乾:《事实与规范的二分及法律论证》,载《法商研究》2005年第4期。

智慧审判苏州模式给予充分肯定，要求全国法院推广。①

二、智能裁判对劳动争议司法处理的重要意义

最高院以及各地法院的实践表明，智能裁判已然铺开。然而，学界对此却褒贬不一。赞同者认为，人工智能在裁判结果预判方面已经超越了人类。② 智能裁判可缓解快速增加的司法服务、公正诉求与司法资源紧张之间的矛盾。③ 但批评者认为，智能裁判无法实现实质正义，因为智能裁判的本质是均值判断，将类似案件中法官的平均理解运用在个案中，而每个个案的独特性（如文化背景、人伦伦理等）少有特别考虑。④ 有学者还认为，智能裁判意味着对司法主权的削弱，将裁判行为外包给人工智能公司，将影响司法公信力。⑤ 从现阶段看，尽管各地法院已经研发出数个智能裁判系统，但无论是业界公认最成熟的"智能审判苏州系统"还是北京高院的"睿法官"智能研判系统，在裁判文书的生成上，都只能实现简易裁判的一键生成，只能针对数量多、案情相对简单的案件进行文书快速生成，而且，目前的智能裁判系统的适用领域集中在对民商事案件的处理上，且集中在案情共性强、案件体量大的案件上。⑥ 可见，批评者主要认为，一是囿于技术水平，智能裁判不能很好地考虑复杂个案的特殊性，特别是难以处理存在价值和文化冲突、知识覆盖面大、非法律专业性强的复杂案件；二是智能裁判将审判工作外包给专业的计算机公司，有碍司法公信力。⑦

然而，信息技术的发展为司法审判工作带来了新的机遇。习近平总书记就全国政法工作作出了要"深化智能化建设"的重要指示。2015 年 7 月，最高人民法院提出"智慧法院"，在法院的第四和第五个五年改革纲要中，均将人工智能的运用列为重要任务。2016 年 5 月，国家发改委、科技部、工业和信

---

① 见法制网报道：《江苏省苏州市中级人民法院智慧审判苏州模式》，http：//www. legaldaily. com. cn/zt/content/2018-06/19/content_ 7572421. htm？ node＝92486。

② 左卫民：《关于法律人工智能在中国运用前景的若干思考》，载《清华法学》2018 年第 2 期。

③ 李飞：《人工智能与司法的裁判及解释》，载《法律科学》（《西北政法大学学报》）2018 年第 5 期。

④ 叶锋：《人工智能在法官裁判领域的运行机理——实践障碍和前景展望》，载《上海法学研究》（集刊）2019 年第 5 卷。

⑤ 徐骏：《智慧法院的法理审思》，载《法学》2017 年第 3 期。

⑥ 徐清宇：《智慧审判苏州模式的实践探索》，载《人民法院报》2017 年 9 月 13 日。

⑦ 吴习彧：《司法裁判人工智能化的可能性及问题》，载《浙江社会科学》2017 年第 4 期。

息化部、中央网信办制定了《"互联网+"人工智能三年行动实施方案》，提出建设"算法与技术开放平台"。2018 年 1 月召开的中央政法工作会议，首次将"智能化建设"与平安中国建设、法治中国建设、过硬队伍建设等"三大建设"并列，定位为政法工作的"四大建设"，提出要用智能化提升政法机关核心战斗力。因此，尽管智能裁判尚不成熟，但智能裁判的建立具有重要意义，尤其是对于劳动争议。智能裁判具有如下重要意义：

（一）智能裁判可以化解司法需求与司法资源之间的矛盾

目前，存在人民群众日益增长的司法需求与人民法院工作发展不平衡、群众权益保障不充分之间的矛盾。当前主要需要化解如下三对矛盾。

1. 化解日益增长的群众需求和有限的司法资源之间的矛盾

1999 年，广州法院受理案件数首次突破 10 万件，达到 122495 件。2012 年首次突破 20 万件，达到 232183 件。2015 年首次突破 30 万件，达到 301704 件。2017 年首次突破 40 万件，达到 426144 件。受理案件数实现第一个十万级的跨越用了 13 年时间，第二个十万级的跨越仅仅用了 3 年时间，第三个十万级的跨越更是只用了 2 年时间。不断增长的案件数量反映出人民群众日益增长的司法需求，即在经济社会不断发展，民主法治建设进一步推进，群众权利意识、法治意识不断增强的背景下，案件的数量将会持续增长，且出现更多的疑难、复杂以及新类型案件。与此同时，广州法院法官人数并未随案件数量水涨船高，2006 年到 2017 年，全市法院法官从 1362 名降至 1350 名。有着"全国法院案件繁简分流机制改革示范法院"之称的东莞市第一人民法院，法官人均结案数量更是达到了 438.01 件。① 从全国来看也是如此。在员额制改革下，截至 2017 年 6 月，全国共计有 21.2 万名法官，其中员额法官仅约 12 万名，每名员额法官每年人均办案数量达到 233 件。② 劳动争议案件近年来也是快速增长，特别在民营企业聚集、经济活动频繁的地方更是如此。如 2012 至 2018 年，浙江省每年平均劳动争议案件量保持在 11 万件以上，位居全国第三，2018 年案件量增长 14.8%，达到 13.07 万件，涉及劳动者 20.04 万人。③

伴随不断增长的司法需求，增加员额法官数量并非最优的方案，信息技术的介入成为必然。在法院推进案件繁简分流改革的同时，借助科学技术协助法

---

① 见东莞阳光网报道：《东莞第一人民法院去年法官人均结案 438.10 件》，http：//news.sun0769.com/dg/headnews/201801/t20180131_7724716.shtml，最后访问日期 2019 年 6 月 1 日。

② 包献荣：《我国员额法官退出机制的构建与完善》，载《法律适用》2019 年第 9 期。

③ 见浙江省劳动人事争议仲裁院副院长张送智在由浙江省法学会社会法学研究会、东南学术杂志社主办，温州大学法政学院、温州大学人工智能+司法改革研究基地承办的"智能裁判和社会法治建设"学术研讨会上作的主旨报告：《浙江省劳动人事争议仲裁互联网+仲裁的实施情况》。

官办案，有利于提高裁判效率。智能裁判将现代信息技术和审判工作深度融合，通过技术手段，最大限度地减轻法官、书记员的事务性工作，让员额法官专注于劳动争议审判的核心事务。加上劳动争议案件相对简单重复，大量集中在劳动合同纠纷中，智能裁判甚至可以帮助法官处理大部分的审判工作，大大提升法官在处理劳动争议案件时的效率。法官节省的时间可以应用在其他案件的审判中，可以增加年结案数。全国智能裁判领先的苏州中院，正是在智能裁判系统的辅助下，员额法官、非员额法官、法官助理、书记员的事务性工作压力得到很大程度的缓解，案件处理效率提升了 30%。①

2. 化解日益繁重的办案任务和司法效能相对滞后之间的矛盾

1999 年广州全市法院法官人均结案 93 件，2012 年法官人均结案 141 件，2015 年法官人均结案 162 件，2016 年法官人均结案 275 件，2017 年这个数字跃升到 325 件，在广州各区法院中，办案任务较重的法院如越秀区法院，2017 年法官人均结案数超过 500 件。一年以 200 个工作日来计算，这意味着每名法官日均需结案 2.5 件以上。扣除案件需要开庭的时间，以及庭前阅卷、外出调查、合议、撰写文书等工作所需的时间，法官几乎没有时间思考，没有多余精力充分分析研判案情。案多人少矛盾直接决定了在信息化时代通过信息技术手段辅助法官进行案件办理成为必然，通过科技手段分担法官大部分程序性事务，减轻工作压力，以便让法官将更多精力放在案件的"审"与"判"上。

3. 日益复杂的司法外部环境和提高司法公信力之间的矛盾

近年来，广州法院审理的案件受社会关注的程度越来越高。媒体的迅猛发展，尤其是自媒体、新媒体的发展，一方面活跃了民主法治建设的舆论环境，为法院发展提供了强大动力；另一方面，也对法院的司法能力提出了更高的要求。任何程序上不规范、实体上有瑕疵的问题都可能在公众视野中被放大，成为司法舆情事件。因此，人工智能的运用，可以更加客观地回应疑问，推动社会形成认同司法、信任司法、尊重司法的氛围。

这三对矛盾制约了人民法院工作的健康发展。在司法资源短期内不可能大幅增加的情况下，破题的关键在于如何立足现有资源办更多的事。从运行机理上看，智能裁判的数据库基于司法实务中大量已生效案件，通过深度学习，在其基础上进行整合、适用。由于智能裁判的依据源自现实生活对法律规则的理论构建，并在此基础上形成新的法律知识混合体系、极具效率的反复检索案件事实和法律规范，因而智能裁判能更为贴近公正的判决。而且，由于智能裁判按照既定的裁判流程得出裁判结果，智能裁判与传统的裁判有高度的共性，且

---

① 徐清宇：《智慧审判苏州模式的实践探索》，载《人民法院报》2017 年 9 月 13 日。

智能裁判能更严格地按照"事实—规范—事实—结论"的"来回检索"进行规范裁判，更具逻辑性。[①] 因此，将信息化建设作为优化资源配置的主要抓手，通过提高互联网+、云计算、大数据、人工智能等技术运用的深度广度，推动信息化工作与司法审判的深度融合，进而实现审判体系和审判能力现代化，提升司法能力水平。

（二）智能裁判契合劳动争议审判的特点

现阶段的人工智能技术水平只适合对类型化的相对简单的案件（事实清楚、证据客观真实、案情共性强的案件）进行信息识别、类案推送、裁判结果预测，而对于涉及独特事实认定、价值评价的非类型化重大疑难案件，较难作出合理的判断，难以胜任其工作。[②] 而劳动争议案件普遍具有如下特征，适合由智能裁判处理。

1. 案由数量较少

根据最高人民法院《民事案件案由规定》，民事案件案由共有 424 条，劳动争议案件的案由仅有 3 条。相比之下，合同纠纷的案由多达 74 条，海商法纠纷的案由 55 条，公司法纠纷的案由 39 条，由此不难看出，劳动争议案由数量较少，意味着案件数据库组建相对容易，人工智能开展深度学习、进行智能裁判的技术难度相对较小。

2. 类型较为集中，主要集中在劳动合同争议

如 2017 年上海市浦东新区人民法院劳动争议案件中，劳动合同纠纷案件数量为 1901 件，占全部收案数 2403 件的 79.08%。[③] 又如，北京市第二中级人民法院于 2008 年至 2017 年的劳动争议案件 60% 以上系由解除或终止劳动合同引发。[④] 可见，绝大多数的劳动争议案件不仅案由单一，且过半数集中在劳动合同纠纷。

3. 案件数量逐年上升，案情总体上较为简单

自 2008 年《劳动合同法》实施以来，劳动争议案件逐年上升。如 2008 年至 2017 年，北京市第二中级人民法院共计受理劳动争议案件 31101 件，案件数量持续呈现高位运行态势。又如，2017 年浦东法院受理各类劳动争

---

① 叶锋：《人工智能在法官裁判领域的运行机理——实践障碍和前景展望》，载《上海法学研究》（集刊）2019 年第 5 卷。

② 李晨：《论类型化案件智能审判系统的建构——以 J 区法院为样本》，载《东南司法评论》2018 年第 12 期。

③ 见上海市浦东新区法院：《上海市浦东新区人民法院 2017 年度劳动争议审判白皮书》，http://shfy. chinacourt. gov. cn/article/detail/2018/06/id/3287864. shtml，最后访问日期 2019 年 6 月 1 日。

④ 《北京二中院发布劳动争议审判白皮书》，中国日报网 2018 年 4 月 27 日。

议案件 2403 件，与 2016 年的 2283 件相比，增加了 120 件，增幅为 5.25%。而该持续增加的案件，主要集中在劳动报酬追讨、奖金追讨、加班工资追讨、未休年休假折算工资等争议事项上，相比合同案件、侵权案件动辄需要借助学界观点来回检索判断、严格按照请求权基础逐一检索请求权，商事案件、知识产权案件不仅需要法官在法律领域公正裁判，还需要法官对该商业领域、知识产权领域进行判断，劳动争议案件总体上较为单一，争议焦点较为简单。

4. 争议标的额相对较小

以深圳市劳动争议案件为例，2013—2017 年全市仲裁机构立案劳动争议案件人均诉求金额约为 6.01 万元。①

因此，劳动争议案件具有案由数量较少，且主要集中在劳动合同争议领域，争议标的额相对较小，同类型案件数量较多，案情总体上较为简单的特征，正适合由智能裁判进行处理。

（三）智能裁判有利于实现劳动争议审判体系能力现代化

1. 有利于统一裁判尺度，提高审判能力

同案同判既是人民群众的热切期待，也是司法正义的必然要求，但基于司法自身特性和我国审判实际，裁判统一困难重重。一是司法裁量权、自由心证、经验法则选择的多样性，使司法裁判客观上无法绝对统一；二是我国法官人数多，分布范围广，对裁判的统一管理存在较大技术困难；三是司法责任制改革后，庭办领导对案件的统一协调机制弱化，法官独立行使审判权加剧了司法裁判个体化差异趋势；四是群众持续增长的司法需求与司法资源供给不足的结构性矛盾使法院疲于应对具体案件，无力对新情况、新事物进行系统性类型化的整理分析。然而，法律的平等价值和审判体系能力现代化要求对同案不同判进行合理控制，这需要寻找新的技术手段。人工智能可对大数据进行"全样本"统计分析，通过图文语言识别、法律关系分析、司法要素抽取等人工智能手段，自动整合典型案例和办案经验，对案件进行类型化处理，实现类案推送和智能分析自动纠错，实现裁判统一，确保类案同判。

2. 有利于解放人力资源，提高司法效率

在人案矛盾日益激化的背景下，既不能忽略发挥办案人员主观能动性，也不能置客观规律于不顾，只强调人的主观意志。尤其是，人的思维能力有边界，精力体力有极限，面对越来越多的案件，传统办案模式越发难以为继。对

---

① 深圳市劳动人事争议仲裁委员会：《深圳市劳动争议裁审衔接工作白皮书（2013—2017 年）》。

当事人而言，一方面，案多人少直接影响正义实现时效，迟到的正义不是正义，因为效率本身就是正义所在；另一方面，在未发生技术变革且正义整体供给不变的情况下，需求增多，为实现更大范围的普遍正义必然牺牲个案正义。对法官而言，案均用时越来越短，案件质量愈加难以保障；案件审理强调人的经验和逻辑理性，但其本身并不完全可靠；工作强度大，职业尊荣感、自豪感、获得感低，平衡工作、家庭、生活难度越来越大，离职率高，不利于队伍建设。对社会而言，纠纷化解资源的相对短缺意味着定分止争功能的失灵，不利于社会和谐稳定。

解决人案矛盾需要跳出法院本身寻找出路。借助科技手段可极大释放人力资源，提高司法效率：通过人工智能克服人的经验和逻辑理性缺陷，对数据进行全量分析，精准高效地辅助完成裁判中的事实和法律的发现与推断的证成，利用人工智能实现审判辅助、类案推送、智能纠错。

3. 有利于内部精细管理，提升政务水平

智慧法院建设将极大促进法院管理规范化、高效化、精准化，提升法院审判工作效率。一是通过信息化智能化手段实现对案件质量的技术控制，减少人为监控的主观性、片面性和滞后性。二是实现对案件办理的即时记录，实时留痕，审限预警，动态监督，对审判执行实施全流程动态监控。三是全面提升管理水平，审判管理更精准科学。智慧法院建设使大数据开发应用得以实现，令全样本数据的统计分析成为可能。这将为司法决策提供科学支撑，促进法院审判体系和审判能力实现现代化。四是电子卷宗汇聚应用实现自动化、规范化、便捷化，既强化了卷宗归档贮存的及时性和安全性，也提升了法官和当事人调阅卷宗的便利性和高效性。而且，司法责任制改革要求司法透明，如裁判文书的上网、部分案件细节的公开、案卷材料电子化备案、"全程留痕"等。传统的以人监管人的模式已经难以胜任新时代司法改革的要求。通过智能裁判，从起诉状到答辩状，从庭审笔录到裁判文书，所有诉讼环节的纸质材料都以电子文档的形式被记录下来。法官网上公开裁判文书一键即可完成，文件的归档整理全程做到电子化管理，能大大减少司法人员的事务性工作。同时，智能裁判中的自动预警系统，可以及时发现裁判结果的偏离，提醒经办法官仔细斟酌。①

① 见东莞阳光网报道：《东莞第一人民法院去年法官人均结案 438.10 件》，http：//news. sun0769. com/dg/headnews/201801/t20180131_ 7724716. shtml，最后访问日期 2019 年 6 月 1 日。

三、劳动争议智能裁判存在的问题

（一）系统研发方面的问题

文书辅助生成目前还局限于将已有案件信息回填，尚未实现人工智能技术的深度应用，系统对自动生成文书内容的精细化处理能力还需提升，距离真正的"一键生成"还有很长的路要走。不同于书记员人工记录会对出庭人员的发言进行规范化的整理，语音识别系统转写的庭审笔录大量充斥着口误、口语、意思重复等情况，导致法官在庭后回看笔录时还需花费精力对笔录内容进行筛选，影响工作效率，且庭审语音识别系统尚不能精确识别带有口音的发音，识别准确度还需进一步提升。业务需求与系统研发存在脱节，实践中存在"工程师不懂业务，法官不懂技术"的情况，业务需求不能有效转化为"技术语言"，开发人员难以理解法官需求，部分系统的开发未能有效满足业务需求，技术和业务"两张皮"现象亟待消除。

智能裁判的本质是数据库在算法的运作下产生的裁判结果。面对海量的数据流，往往需要线性的量化思维，如运用相关、回归、聚类等推断型统计方法对客观世界进行阐释。[1] 然而，算法具有不透明性，诸如上海高院"智能辅助办案系统"等智能裁判系统，有着共同的运行机理，即输入案件材料，经过智能裁判系统深度学习，在算法运作下，自动进行类案推送、裁判文书自动生成等司法辅助工作。然而，智能裁判系统是如何具体进行推理的，输入的劳动争议仲裁裁定书、证据清单、证据、起诉状、答辩状是如何转化成裁判文书初稿的，法官不能得知，这就是算法的不透明性，算法的运作只有算法知道。[2] 为此，当出现了算法偏差的时候，如类案推送有误差、不准确，非算法研究人员的法官无法调整算法让智能裁判更加精准，而对于非法学出身的算法研发人员，让其理解不透明的算法本身已经难度很大，再让其结合法学理论，进行算法的调整，更是难上加难。

（二）外包对司法公信力的冲击

目前智慧法院的建设多采用 JEC 开发机制，业务需求需通过外包服务公司落地，而当前司法人员普遍较为缺乏技术知识，不得不依赖于外包团队进行系

---

[1]　左卫民：《冷与热：中国法律人工智能的再思考》，载《环球法律评论》2019 年第 2 期。

[2]　高学强：《人工智能时代的算法裁判及其规制》，载《陕西师范大学学报（哲学社会科学版）》2019 年第 3 期。

统研发。在智审辅助系统的建设日趋深入的今天，关于科技企业是否会通过改变系统算法等方式影响裁判结果的质疑，无疑会对司法公信力产生不利影响。此外，案件信息多通过法院数据库或第三方服务器进行储存，若负责开发系统的公司涉诉，因其掌控专业技术，相关数据、证据的安全风险也是需要考虑的问题。

（三）司法大数据的挖掘和应用能力不足

离形成尊重数据、利用数据的局面尚有距离，对基础数据的收集和整理还需进一步加强，如在案卷随案同步生成和深度应用、在立案和审判阶段产生的基础数据录入工作等方面有待加强。包括劳动争议案件在内的所有智能裁判的核心是数据库和算法，无论多成熟的算法，如果数据库的参考数据不足也会产生有偏差的裁判结果。现阶段我国智能裁判的数据库仍不够完善，相当数量的诉讼文件没有上传至智能裁判的数据库中，导致智能裁判的类案推送不够准确、知识图谱构建不够全面完善，最终影响到裁判文书自动生成的准确性。以数据库中的裁判文书为例，尽管我国已经是世界上裁判文书公开数量最多的国家，截至 2019 年 5 月，我国裁判文书网公开的裁判文书已经达到 6753 万份，但裁判文书上网的数量一般仅占当年全国结案数量的 46.13%。具体而言，以2014 年和 2015 年的统计来看，裁判文书上网占实际结案文书数量比例最高的省份是陕西省，达到 78.14%；而最低的西藏自治区，仅有 15.17%。[1] 又如，广东省法院 2018 年全年结案数量为 204.5 万件，[2] 而截至 2019 年 8 月 1 日，广东省法院在 2018 年上网的裁判文书仅有 84 万余件，裁判文书上网率不足50%。数据库的不完整、不全面势必影响智能裁判的准确性，对劳动争议案件智能裁判的庭审提纲生成、类案推送、裁判结果预测、裁判文书生成都有或大或小的影响，甚至影响智能裁判的合法性。因此，系统对大数据的深度挖掘、分析能力，服务审判监督管理、智能裁判辅助的能力有待进一步提升。

（四）法官参与建设的积极性不强

部分法官依旧习惯于传统的办案和工作模式，排斥信息技术的应用，未能充分认识到信息化建设的意义，且一线法官往往是基础数据的录入者，若得不到法官的配合与支持，对司法大数据有效、精确运用的基础将不复存在，智慧法院的建设完善以及进一步推广亦会受到极大掣肘。实践中，新模式和旧模式并行，重复劳动的现象始终存在，不利于效率提升和管理规范化。

---

[1] 马超等：《大数据分析：中国司法裁判文书上网公开报告》，载《中国法律评论》2016 年第 4 期。

[2] 见 2019 年 1 月 30 日广东省高级人民法院院长龚稼立在广东省第十三届人民代表大会第二次会议上作的法院工作报告。

因数据库不完善导致的裁判不准确问题，降低了法官使用智能裁判系统的热情。以类案推送系统为例，一些类案智能推送并不能准确地推送法官想要检索的类案，抑或是推送的类案太多，法官难以甄别或者需要大量时间成本甄别哪个个案中有经办案件类似点，在法官办案压力巨大的情况下，法官宁可选择咨询经验丰富的前辈法官而不借助类案检索功能辅助裁判，甚至有的法官坦言，还不如接外网用其他商业公司的搜索引擎进行主动检索。① 这样一来，智能裁判系统中输入的案件信息则更少，形成恶性循环。

（五）证据判断仍存难题

法官眼里无事实，只有证据。有观点认为，案件的裁判本质上是对证据的取舍和判断。② 尽管劳动争议案件中证据认定相对于其他案由如民事案件的案由而言已经比较简单，但是在证据的取舍，特别是证明力大小方面，智能裁判系统还面临着困难。以用人单位依据《劳动合同法》第 40 条"劳动者不能胜任工作"为由解雇劳动者为例，这是劳动争议案件中较为疑难的情形。在疑难案件中，证据的采纳与否、证据的证明力大小尤为关键。《劳动合同法》第 40 条规定，用人单位可以以"劳动者不能胜任工作，且经培训或调整工作岗位，仍不能胜任工作的"为由解除与该劳动者的劳动关系，学界称为"两次不能胜任"解雇条款。③ 问题是，如何界定"不能胜任"？一方面，用人单位在举证"不能胜任"上出于证据优势地位，另一方面，实践中用人单位往往不善于给出足够的证据证明劳动者不能胜任，不能证明其尽到了培训劳动者或者调换岗位的努力，④ 这就需要经验丰富的法官对证据进行取舍。在实践中，往往需要法官结合双方当事人在开庭时对证据的质证、结合证据三性的要求作出判断。当然，智能裁判系统在证据三性认定上有重大突破，其可以在算法的运作下快速进行证据链印证和逻辑判断，这方面的准确性甚至高于人类，然而由于智能裁判系统的算法思维是线性的，是照算法严谨进行推演的，不具有思维的活泼创造性和跳跃性，因此人工智能在感性认知取舍证据的能力上，尚需不断提高。⑤

---

① 左卫民：《如何通过人工智能实现类案类判》，载《中国法律评论》2018 年第 2 期。

② 张中：《法官眼里无事实：证据裁判原则下的事实、证据与事实认定》，载《浙江工商大学学报》2017 年第 5 期。

③ 叶珊：《论雇员不能胜任工作的解雇规则》，载《现代法学》2017 年第 6 期。

④ 罗恒：《〈劳动合同法〉第 40 条第 2 项的司法适用困境及建议》，载《中国劳动》2018 年第 6 期。

⑤ 潘庸鲁：《人工智能介入司法领域路径分析》，载《东方法学》2018 年第 3 期。

（六）造成新的诉讼障碍

目前，人民群众的文化水平、基础素质存在差异，对信息技术的认识、掌握存在很大差距，在当前大力推进智慧法院建设的背景下，同等适用信息技术进行诉讼，可能对不懂技术、处于劣势地位的当事人造成新的诉讼障碍，相对于能够通过新技术及时掌握裁判趋势、了解案件情况的优势当事人，劣势方更加难以充分维护自己的合法权益。

（七）缺乏内部系统整合和互通共享

法院的立案、审判、执行等各个环节是密不可分的，但目前存在多个业务系统之间数据共享不畅、业务协同不足的问题。据统计，最高法院已开发百余个应用系统，各地法院也基于不同业务模块进行应用系统开发。随着智慧法院建设向纵深发展，应用系统的数量还将不断增加，法院内部应用系统缺乏有效整合和共享，许多应用系统"各自为战"，将极大限制审判执行工作效率的提高。如广州法院减刑假释业务协同系统与法院审判系统相互独立，不利于数据统计、案件信息及结案归档的统筹管理。

四、劳动争议智能裁判的完善建议

（一）构建信息共享的数据库

数据库的建设质量直接影响智能裁判的质量。王全兴教授认为，当前智能裁判应用的速度可能过快，需要注重智能裁判的质量。[1] 智能裁判质量不够的原因有许多，但最重要的原因就是数据库建设存在缺陷。具体缺陷包括数据不全、数据失真等。例如，裁判文书上网的比率仍不够高，且公开案件的范围、公开案件的时间跨度和公开的内容都存在不够全面的问题。数据不全直接影响智能裁判的知识图谱，进而影响智能裁判的准确性。

首先，应当持续扩大数据库的公开范围，主要是增加公开案件的时间跨度、增加案件公开比例。有学者甚至认为，需要公开裁判文书以外的案件文书。对此，我们并不赞同。裁判文书以外的案件文书包括起诉状、答辩状、辩护词、庭审笔录等，这些信息涉及案件经办的许多细节，可能给案件双方当事

---

① 见王全兴教授在由浙江省法学会社会法学研究会、东南学术杂志社主办，温州大学法政学院、温州大学人工智能+司法改革研究基地承办的"智能裁判和社会法治建设"学术研讨会上作的主旨报告。http://fzxy.wzu.edu.cn/content.jsp? urltype = news. NewsContentUrl&wbtreeid = 1090&wbnewsid = 8589，最后访问日期 2019 年 6 月 1 日。

人、律师以及经办法官带来不必要的困扰。这些案件文书只要存在于智能裁判系统的数据库中即可，没有必要向公众公开。

其次，利用大数据和人工智能技术，对数据库中重复的案件、法官缺乏说理的案件、裁判质量不高的案件进行定期清理。可以给裁判文书进行评级，将优秀等级的裁判文书作为智能裁判的优先范本。

最后，数据库应该在全国法院系统共享。目前，不同法院开发了不同的智能裁判系统，这有重复建设之嫌。在数据库建设方面，应该全国资源共享，一方面避免重复建设，另一方面避免出现地域性的同案不同判的问题。这种信息共享主要体现在：一是法院信息化建设各个板块之间打通信息共享机制，实现信息数据深度融合，实现"审、执"共享。人民法院的立案、审判、执行是一个有机整体，而忽视共享机制建设造成弊端在诉前或诉讼中的财产保全中尤为明显，财产保全过程中无法通过审判系统自动与执行案件关联，导致执行案件立案后，如申请执行人未能主动提交保全财产信息，执行法官必须先进行一次网络查询工作，耗时耗力，还有可能造成超标查封等情况。大数据是智能服务的基础和源泉，全国范围内的审判、执行案件数据应进一步加强实时联动，最高法院应加快出台开放、共享的标准，促进案件信息数据库在跨行政区域案件管理、执行指挥、网络查控、失信惩戒等方面发挥整合作用。二是法院与政法机关和政府部门等外部单位之间的数据共享和业务协同应得到加强，实现数据互联互通，方便获取当事人财产、身份、地址等关键信息。一些需要跨部门协同的案件只有通过数据共享才能实现智慧解决，应探索建立可实现案件电子卷宗随案同步生成，跨部门流转的一体化信息平台。

（二）强化法官深度参与智能裁判系统的开发

现阶段的智能裁判系统没有达到法官预期的效果，很大程度上是因为智能裁判系统开发者对法律不熟悉，缺乏法律思维，是以计算机程序员的思维对整个系统进行研发的。当算法出现偏差或者使用效果不佳时，如劳动争议案件类案推送不够精准，自动生成的裁判文书不尽如人意，应当考虑让法官深度参与到智能裁判系统的研发调试中。缺乏法学背景，智能裁判系统研发人员很难理解一线办案法官的真实需求。当开发应用和实际需求产生差别时，最高效的做法应当是让实际需求者加入应用开发团队，取长补短共克难关。

智能裁判系统缺乏准确性，直接影响办案法官的使用热情，进而影响智能裁判系统的整体实践情况。让法官深度参与智能裁判系统的开发，以法官思维调整智能裁判系统的整体算法逻辑，可以使得该系统更具可操作性，以提高智能裁判系统的整体利用率。最高人民法院何帆法官也认为，推动智能裁判系统在法律领域的深度学习，重要的因素之一就是让法律人深度参与。[①]

由于法律及规范性文件经常调整和修改，如何把握法律与政策的调整是智能裁判系统不断适应审判需求的关键。尽管智能裁判系统可以通过网络更新自动获得法律、政策等数据，但对于政策的理解，人工智能和智能裁判系统的研发人员不一定能够胜任。[②] 因此，法官介入智能裁判系统的调整更新，可以及时防范和校正智能裁判系统对于新的法律政策的理解出现价值差异、伦理风险。

（三）让智能裁判结果符合公众期待

不可否认的是，司法裁判有时是一件特别复杂的工作，司法裁量更加关注经验、逻辑，而立法和司法语言模糊、司法裁量标准不明确、价值判断的实效性和地域性，都使得裁量结果具有不确定性。劳动争议案件虽然总体上较为简单，然而，个别劳动争议案件仍然牵涉到重要的利益和深刻的感情，这种案件可能在现有智能裁判数据库中是缺位的，需要法官结合社会道德、法律情感、公共认知、法律正义、成本效益等多个方面进行考量。[③] 这些案件的类案是否充足，裁判结果是否合理，因果关系是否相当，正反计算是否对称，[④] 在现阶段智能裁判尚没有完全成熟的情况下，劳动争议案件经智能裁判后，经办法官还需要仔细考虑以上几个问题。法官既要相信人工智能的技术，也不能完全依靠它，尤其应当关注社会环境变化下，智能裁判是否进行了及时的调整，其裁判结果是否符合公众的预期，是否达到了法的可预测性与可接受性的统一。

人工智能的迅速发展，总是试图在杂乱无章的物质运动中寻找规律，具有自主学习、自主组织、自主适应的特点，对处理非线性和模糊问题具有独特优势，假以时日，学科的融合有利于我们跳出法律反观法律，使得法学获得更强的生命力，智慧审判的前景更光明。人工智能技术与法律学科的交叉融合为司法科学定量分析提供了可能性。人工智能是研究计算机模拟人的学习、推理、思考、规划等思维过程和智能行为的学科。探索使用人工智能的方法建立基于规则和案例的法律推理模型或专家系统，是人工智能和法律科学研究的重点。大数据采集和分析是信息化建设的核心，通过一定时间的积累和全国法院系统

---

① 见法制网报道：《江苏省苏州市中级人民法院智慧审判苏州模式》，http：//www. legaldaily. com. cn/zt/content/2018-06/19/content_ 7572421. htm? node=92486。

② 李飞：《人工智能与司法的裁判及解释》，载《法律科学》（《西北政法大学学报》）2018 年第 5 期。

③ 熊秉元：《正义的成本》，东方出版社 2014 年版，第 259 页。

④ 李飞：《人工智能与司法的裁判及解释》，载《法律科学》（《西北政法大学学报》）2018 年第 5 期。

信息化平台的努力建设，在保证精准和关联性的情况下，收集充足的案件信息数据，智慧法院信息系统可以通过对裁判事实、裁判依据、既往案例的定量分析，形成服务审判决策的参考性结论。

（四）建立基于信息化平台的案例指导制度

从分析裁判文书、法律规范、事实逻辑、法律文化、地域特点等裁判因子入手，建立数字化司法裁量模型或者专家系统，可以缩小裁量差异，真正实现类案同判，促进司法公平公正。尤其在我国，司法资源在各地分配很不均衡的情况下，基于大数据平台的案例指导意义更加凸显。审判信息平台的建设和运用，客观上能减少法官人为因素对判决结果的影响，促进裁量统一和判决结果的一致性，保障法律的可预期性。同时，也可以为法官提供裁量参考值，减少法官查找相关案例的时间。通过案例分析，根据同类案件的裁量情况促进立法，增强法律法规、政策制定的实用性和针对性。

结　论

一、劳动关系司法保障的地位

我们认为，应确立所有的劳动争议司法最终处理的原则。司法乃国家审判机关通过适用法律解决纠纷的活动，是国家提供给争议双方当事人最正规、最权威的争议解决手段。通过司法化解劳动关系矛盾，较之自行协商、社会调解、行政处理等解决方式，具有更为重要的意义。然而，实践中仍有一些影响到劳动关系和谐的争议事项被排除在司法保障之外。典型的有：

其一，社会保险争议。基于社会保险法律关系而发生的争议具有多样性与复杂性，且由于社会保险的强制性，非由司法审判亦需得以执行的属性，导致在实践中行政处理占据主流，而司法处理一般被排斥。实际上，社保争议的行政处理与司法处理各有其优缺点，应在确保司法最终处理的基础上，注重两者的协调与配合：一是先行政处理，再司法处理，行政处理程序前置；二是司法处理与行政处理并行，由当事人选择，在司法处理中，将行政机构设置为第三人或鉴证人。

其二，群体劳动争议。群体劳动争议是一种不同于集体劳动争议和多人劳动争议的新型劳动争议现象。引发群体劳动争议的原因是多方面的，应对群体劳动争议的思路，从预防和处理这两个层面展开。处理的要点在于确立司法最终处理的原则：选择以劳动争议仲裁机构为中心、相关机构或组织协同参与的群体劳动争议处理体制；处理程序设计应当注重查明争议内容和原因、平息群体对抗行动、协商调解和强制仲裁等环节。

另外，司法保障与其他保障机制的关系问题也需要研究，尤其是与行政保障（以劳动监察为代表）的关系问题。我们认为，劳动监察虽然具有综合地、共同地解决劳动争议等优点，但其缺陷也是明显的，需要与司法保障分工合作。在受案范围上，劳动监察与司法处理存在一定重合，导致程序选择上、职能处理上和实体权利处分上存在冲突。为此，应当确立劳动者的程序选择权，以当事人主体性的要求为标准修正相关规定。

二、劳动关系司法保障的实践效果

我们拟定了以法院内部案件质量评价标准为基础的劳动关系司法保障社会评估指标，对珠三角地区的司法审判体系之外的劳动者、用人单位、律师等进行了问卷调查，得出了劳动争议审判质效的社会评价结果。调查发现，珠三角地区劳动关系并不太和谐，相关司法保障的实践效果也不理想，劳动争议司法审判外部评价的几个重要正面指标得分都不高。由此可见，司法保障制度尚存问题，导致其保障劳动关系的作用尚未得到有效发挥。

鉴于劳动关系司法保障的具体实践涉及面广，我们仅选择了较为典型的案件类型进行调查。其一是对加班工资争议司法实践的调查，在统计分析了广州法院的 579 份判决书之后，我们发现，在过半数的案件中劳动者获得了胜诉，但劳动者败诉的案件也比较多。而特殊岗位的加班、加班工资的计算基数、加班工资的仲裁时效以及举证责任的分配等审判规则，尚存缺陷并需要予以修正。

其二是对劳动规章制度效力审查司法实践的调查，在查阅了北京、上海、重庆、武汉、广州等地法院近五年的 265 份判决书之后，我们发现，法院大多仅审查程序性问题，较少对内容进行审查，即便审查内容，也仅审查其合法性，而不审查其合理性。实际上，规章制度涉及劳动者切身利益，需要对其内容进行司法审查，尤其是内容的合理性，需要确立与生产经营、与履行劳动合同等的相关审查标准。

三、司法审判中对劳动法律的正确适用

第一，需要研究劳动争议司法裁判标准的统一问题。劳动争议案件"同案不同判"现象较为严重，影响了社会公众对劳动争议司法裁判的信心。出现"同案不同判"的原因较多，既可能是法律制度本身的原因，也可能是司法能力和审判经验不足的原因，还有诸如自由心证主义之判断独立性、证明标准降低之认识分歧、经验规则之选择多样性等因素。为此，需要完善类案案例库建设、类案指导、示范案例报送、案例引证等制度，并借助法院内部多层次

协调机制的构建，实现劳动争议司法裁判标准的统一。

第二，由于司法审判中对劳动法律的适用牵涉众多的劳动法律，只能择其典型进行探讨。其中，用人单位违法解雇赔偿金责任的司法认定值得研究。现行立法中的违法解雇赔偿金责任制度存在问题，亟须完善：一是为凸显惩戒功能，应将违法解雇赔偿金定性为惩罚性赔偿；二是应以违法行为的轻重为依据划分"一般""严重"和"特别严重"三个层次，在各层次中再考量其他因素确定赔偿数额，并且应与经济补偿金分开计算；三是惩罚性赔偿应为加重责任，但应将其限制在违反实体性义务的范围内。

第三，用人单位年休假民事责任的司法认定也值得研究。用人单位年休假民事责任制度存在缺陷：基于表面形式的意思自治而豁免用人单位的责任，或者未加区分用人单位不安排年休假的不同事由而混同责任，以及未明确用人单位不安排约定年休假的责任。因此，需重新设计用人单位年休假民事责任制度：一是基于真实合意确定是否豁免用人单位责任；二是区分不同事由设置不同程度的责任；三是按照有利于劳动者原则确定不安排约定年休假的责任。

第四，对于小微企业应当实行差别化的司法保障。与大中企业相比，小微企业劳动关系具有一定的特殊性及对法律调整的特殊需求。我国应改变目前劳动法的统一调整模式，通过差别调整来满足小微企业及其劳动者对法律的特殊需求，同样在司法保障方面也实行差别化保障。

四、公正高效的劳动关系司法保障制度的构建

第一，探究我国劳动争议裁审关系。虽然我国劳动争议裁审衔接存在问题，但劳动仲裁仍有其存在的价值。我们认为，无须推倒重来，但需理顺裁审关系。一方面，改变现在的劳动争议仲裁司法化倾向，以"三方原则"对劳动争议仲裁进行改革，注重其协商和调解功能的发挥，扩大一裁终局的情形；另一方面，强化劳动争议诉讼机制，成立专门审判机构，并使之与仲裁紧密衔接，在劳动仲裁的基础上进行必要审理，统一裁审标准。

第二，研究劳动争议司法调解制度。在大调解格局中，司法审判机关是重要的参与主体。然而，在劳动争议诉前联动联调、诉调对接、在线调处等机制中，尚存诸多问题亟待解决，主要包括：司法权主动介入与被动介入的选择、调解自愿原则下的"柔性强制"、司法程序的刚性化与调解的弹性化的冲突问题、"三方原则"在劳动争议司法调解中的适用问题、司法调解主体多样化问题等。

　　第三，探讨繁简分流下劳动争议小额速裁机制。在劳动争议大量涌入法院并加剧"案多人少"这一矛盾之时，需要在繁简分流下强化小额速裁机制。然而，劳动争议小额速裁机制存在如下缺陷：不同简易程序之间缺乏准确界定、具体适用范围不明确、程序正当性备受质疑、当事人程序选择权缺失等，因而需要统一不同简易程序、细化繁简界定标准、创新简案识别机制、赋予当事人程序选择权、构建一审终审的合理救济途径。

　　第四，研究劳动争议诉讼中电子证据的认定问题。电子证据在劳动争议诉讼中愈发普及，影响到司法审判的质效。然而，电子数据的易篡改性、虚拟性、不完整性等特征导致其在适用中受到诸多限制，因而有必要制定专门针对电子证据的采信规则。在真实性方面，应确立原件及视同原件和公证电子证据的新规则；在关联性方面，应从人、事、物、时、空等多因素来审查电子证据的关联性，并建立认证电子签名、私人密码使用、电子数据掌控者举证责任的新规则。同时，确立第三方存证平台收集、保存电子证据的较高证明力。

　　第五，探讨智慧法院下劳动争议智能裁判问题。近来，人工智能大量进入法院审判领域，存在多套运行模式不同的智能裁判系统。然而，学界对此却褒贬不一。我们认为，尽管智能裁判尚不成熟，但智能裁判具有重要意义。当然，需要应对外包对司法公信力的冲击、司法大数据的挖掘和应用能力不足、法官参与建设的深度不够、证据判断困难、缺乏内部系统整合和互通共享等问题，通过构建信息共享的数据库、强化法官深度参与系统开发、建立基于信息化平台的案例指导制度等方式完善智能裁判。